Sé Transformado

Descubriendo Soluciones Bíblicas Para los Problemas de la Vida

Una serie de estudios para los Grupos de Descubrimiento ofrecida por Scope Ministries International

Las citas bíblicas han sido tomadas de las siguientes versiones de la Biblia:

Santa Biblia, Nueva Versión Internacional	(NVI)
La Biblia de las Américas	(LBLA)
La Santa Biblia (De Reina, De Valera) Rev. 1960	(RVR)
Biblia de Jerusalén. Rev. 1998	(BJ)

Cualquier referencia al ministerio de consejería bíblica personal es equivalente al ministerio de consejería individual.

Acerca de la Portada

La composición de la portada esta basada en las imágenes verbales expresadas por el profeta Jeremías y por Jesús en los versículos siguientes:

"Bendito es el hombre que confía en el SEÑOR, cuya confianza es el SEÑOR. Será como árbol plantado junto al agua, que extiende sus raíces junto a la corriente; no temerá cuando venga el calor, y sus hojas estarán verdes; en año de sequía no se angustiará ni cesará de dar fruto." Jeremías 17:7-8 (LBLA)

"Si alguno tiene sed, venga á mí y beba. El que cree en mí, como dice la Escritura, *'de su interior correrán ríos de agua viva'*". Juan 7:37b-38 (RVR)

Scope utiliza el árbol para representar las tres partes de la naturaleza humana: espíritu, alma y cuerpo.

- Las raíces del árbol representan el *espíritu* del hombre, a través del cual conocemos y adoramos a Dios.

- El tronco representa el *alma* del hombre, a través del cual expresamos nuestros pensamientos, voluntad y emociones.

- Las hojas representan el *cuerpo*, el más notable y cambiante aspecto del hombre y el vehículo de sus hechos.

- El cielo representa al soplo del viento del Espíritu de Dios obrando en nuestro mundo.

- El río de agua viva es el Espíritu Santo morando en el espíritu (raíces) del Creyente llenando su alma (tronco) y produciendo fruto en su cuerpo (hojas).

- Las raíces del árbol están arraigadas en el amor de Dios y son uno con el Espíritu de Cristo.

- El creyente esta bebiendo del agua de la vida y siendo lleno del Espíritu Santo.

- Las hojas del árbol apuntan hacia arriba y describen una vida de adoración y alabanza.

- Jesús es visible en el árbol, reproduciendo Su vida en el alma (tronco) y expresándose asimismo a través del Cuerpo (hojas).

Agradecimientos

Scope Ministries International desea dedicar este libro de tareas al doctor Pedro Gismondi y a Glenda su dulce y paciente esposa por sus esfuerzos incansables en acabar esta traducción. Tambien queremos agradecer a un número de hermanos hispanos por su esfuerzo colectivo en traducir y editar, particularmente al Hno. Fredy Montoro a travez del Ministerio de "The World Needs Christ - International Team" bajo la dirección del Hno. Alberto Salazar; a Peggy Pierce de Oklahoma City, a Luis Cárdenas Gismondi de Lima, Perú, y a Liliana Gismondi de Concord, North Carolina.

Un agradecimiento muy especial a Jim y Doris Craddock por ser instrumentos escogidos por nuestro Padre Celestial para traer al mundo a *Scope Ministries Internacional*. Jim, gracias por dejar que el Espíritu Santo provea materiales a través de ti, los cuales han traído libertad, verdad y transformación a tantas vidas.

Prefacio

Este libro de tareas fue escrito originalmente para asistir a todo el que busca ayuda espiritual a los problemas cotidianos a través de la asistencia a los Grupos de Descubrimiento de *Scope*. Un grupo de descubrimiento es un pequeño grupo de personas que estudian la Palabra de Dios y su aplicación a las necesidades emocionales, espirituales y las de interrelación personal. Existen dos divisiones en un Grupo de Descubrimiento: La presentación de la Lección y la interacción de grupos pequeños, Su propósito es ayudar a la persona a superar los retos de la vida. Un Grupo de Descubrimiento no es un estudio bíblico, grupo de apoyo, terapia o grupo de asesoramiento.

Estas lecciones le inducirán a nuevas maneras de confrontar los problemas, ya sean personales, emocionales o interrelacionales. Por cada lección existen cinco tareas diarias que tienen como objetivo ayudarle a interactuar con Dios de tal manera que pueda entender las razones causales y directivas fundamentales allí plasmadas.

Sé Transformado pone un fundamento de Verdad Bíblica que invita a una relación de Experiencia interpersonal con Dios. Ya sea que decida usar este libro individualmente o en un grupo pequeño, es nuestra oración que el Espíritu Santo sea su consejero y pueda utilizar este material para que logre un acercamiento mas íntimo con nuestro Padre Celestial, y pueda de esta manera experimentar un cambio glorioso es su vida, una Vida Transformada.

Las lecciones de Sé Transformado están disponibles en video en inglés, lo mismo que la Guía del Maestro de Sé Transformado. Para averiguar cómo formar parte de un Grupo de Descubrimiento de Sé Transformado o solicitar materiales, póngase en contacto con:

Scope Ministries International
700 NE 63rd Street
Oklahoma City, OK 73105-6487
USA
405.843.7778

resources@scopeministries.org
Página Web: www.scopeministries.org

Este libro de tareas no intenta cubrir a los diversos tipos de problemas que enfrentamos; sin embargo, **trata de proponer un fundamento Bíblico correcto para una saludable relación con Dios, y demostrar cómo la Palabra de Dios tiene aplicaciones para la totalidad de la vida.**

Tabla De Contenido

Parte Uno: Descubriendo el Punto de Vista de Dios

Parte Dos: Obstáculos que Encontramos

Parte Tres: Cómo Integrar estas Lecciones en su Vida

Introducción

Estimado Lector,

Está usted a punto de emprender una aventura emocionante de la vida Cristiana. Desde 1973 *Scope Ministries International* ha estado tomando de la Biblia verdades que pueden cambiar la vida, y desarrollando esas verdades para descubrir soluciones prácticas que transforman vidas.

Desde su concepción, *Scope* ha procurado ocuparse en soluciones en lugar de síntomas, ver el potencial de las personas en lugar de sus problemas. El libro de tareas *Sé Transformado* es el resultado de muchos años de observación y búsqueda. Diseñado no solamente para dar información sino para traer transformación en su vida, ha sido instrumental en lograr el cambio de muchas vidas..

Sé Transformado tiene varios componentes esenciales. Primero, está centrado en Cristo. Segundo, está basado sobre la autoridad y la suficiencia de la Escritura. Tercero, lleva a la persona a una experiencia práctica que cambiará su vida, y esto por medio de una renovación de su sistema de creencias.

La dinámica detrás del éxito de este libro de ejercicios es su adherencia a la Palabra de Dios. Las verdades Bíblicas se han convertido en herramientas terapéuticas, las cuales, a su vez, han sido desarrolladas en conceptos transferibles. Esto permite que el poder de Dios sea la fuerza vital en el proceso de cambio de vida presentado en este libro.

La Biblia nos enseña que Dios no envió a su Hijo a morir simplemente para llevar al hombre al cielo, sino para que Dios llegue del cielo al interior del hombre. En otras palabras, *Sé Transformado* se basa en la facultad de Dios de reproducir Su imagen dentro de nosotros.

Tres grandes doctrinas de la Biblia apoyan esta verdad. Primero, está la doctrina de la **deidad** de Cristo. En breve, nosotros aceptamos el hecho que Jesucristo es Dios. Segundo, la doctrina de la **autoridad**, la cual significa que la Biblia es, en realidad, la Palabra de Dios. Tercero, la doctrina de la **suficiencia**, esto significa que la Biblia es completamente adecuada para proveer las soluciones a los problemas que enfrentamos.

Jesucristo afirmó ser Dios. La vida que Jesús vivió, las palabras que El habló, los milagros que llevó a cabo, las vidas que El cambió, las verdades que presentó, todo eso prueba que El es Dios hecho hombre. De cualquier manera, Su declaración de que El es Dios es verdad, o "sino El es un mentiroso, un lunático o peor aún, un diablo".

2000 años han pasado y nadie ha podido probar todavía que Jesús es falso, que su Palabra no es Verdad, o que Su Resurrección nunca ocurrió. Mientras que los grandes hombres de la historia han pasado al olvido, Jesucristo permanece como el punto central de la experiencia humana. Si El no hubiera vivido, el mundo sería completamente diferente y nuestra civilización Occidental no existiría.

De las 11 grandes religiones del mundo solamente una, el Cristianismo, se ocupa del problema básico del hombre: El Pecado. De todas las grandes religiones del mundo, solamente en el Cristianismo encontramos que Dios busca al hombre. De todos los fundadores de las religiones del mundo, solamente Cristo afirmaba ser Dios. De todos los fundadores de religiones del mundo, sólo Jesús vivió una vida sin pecado. De todas las religiones del mundo, solamente Jesús fue resucitado de entre los muertos. Mientras que todos los fundadores de las grandes religiones son admirados, solamente Jesús es de una o de otra forma, maldecido o venerado. Mientras que todos los demás ofrecen una religión, solamente Jesús ofrece una relación personal. Sólo El puede cambiar al corazón humano.

Sé Transformado está basado sobre el hecho de la Deidad de Jesucristo.

El hecho que una persona cree que algo es verdad no constituye una prueba de veracidad. ¡Algunos todavía creen que la tierra es plana! Sólo la Verdad sólida es lo que hace que nuestra fe tenga validez. Jesús es Dios no porque alguien tiene esa creencia, sino que la fe del hombre en Jesús tiene validez precisamente por el mero hecho de la deidad de Cristo Jesús.

¡La Biblia afirma ser la Palabra de Dios! Ella dice que Dios inspiró sobrenaturalmente a los hombres a escribir lo que El les dijo. A través de la historia humana los hombres de Dios escribieron la Palabra de Dios y la compilaron en un solo libro - la Biblia. Este es el medio de Dios para revelarse a los hombres.

La Palabra de Dios es verdad, ya sea que alguien crea o no crea que es verdad. Es verdad porque Dios es verdad. Como la Biblia es la Palabra de Dios, se diferencia de todos los demás libros. La palabra Griega *logos*, la cual significa Verbo o Palabra se refiere primero a Jesús, Quien es la Palabra Viviente, y segundo a la Biblia, la cual es la Palabra Escrita.

Dado que Dios quiso expresarse y revelarse por medio de la Palabra Viviente y Escrita, hay un gran poder y una autoridad inherente dentro de la Palabra. Como escribió un teólogo, "La Palabra de Dios es un poder Viviente y Activo, un momento eterno por el cual, en nuestro propio tiempo y espacio, podemos conocer al Dios viviente. Dios se expresa en Su Palabra revelada y continúa su obra por medio de ella"[1].

Cada vez que se lee la Biblia, es como si Dios mismo estuviera hablando. También cada vez que las verdades de la Escritura son aplicadas personalmente a nuestra vida, hay una transformación. Toda la autoridad de Dios está expresada en su Palabra y por medio de su Palabra. Por ser la Biblia fidedigna y pertinente, es la autoridad que transforma. Por ser la Palabra final de Dios al hombre, la Biblia es la autoridad final y suprema para el hombre en todas las cosas pertinentes a la vida y la fe.

Sé Transformado está basado en la autoridad de la Palabra de Dios.

Todo lo que Dios ha creado, lo ha creado con todas las características necesarias para su función adecuada. Por ejemplo, cuando Dios creó al hombre lo creó con una naturaleza necesaria para la función que Dios le dio. Así es la Palabra de Dios. La Biblia tiene todos los atributos necesarios para su función natural. Nosotros llamamos a esto *suficiencia*.

La Palabra Escrita, es simplemente una extensión de la Palabra Viviente, y como tal, toma la misma naturaleza de aquel Quien la habló. Por consiguiente, la Biblia es eficaz y suficiente para tratar cualquier problema y necesidad humana, porque Cristo es suficiente.

Para entender lo que significa suficiencia, permítanos revisar cinco palabras claves que explican la naturaleza de la suficiencia. Primero, ¡La Biblia es suficiente porque está *viva*! Esto significa que el poder de la vida de Jesús existe en las verdades que revela la Biblia. Esta vida es una vida transformante, y al recibir y obedecer la Palabra de Dios, cambios dramáticos ocurren en la vida de una persona.

Segundo, ¡La Biblia es suficiente porque es ***poderosa***! Esto significa que la Biblia enfoca en las soluciones, no en los síntomas. Tiene dentro de sí misma, el poder de efectuar un cambio. La Palabra de Dios se convierte en el catalizador que usa El Espíritu Santo para provocar un cambio.

---

[1]   Richards, Lawrence O. *Expository Dictionary of Bible Words*. Grand Rapids: Regency Reference Library, Zondervan Publishing House, 1985, p. 635.

Tercero, ¡La Biblia es suficiente porque es *pertinente*! Ni época ni cultura afectan el impacto de las verdades de la Palabra de Dios sobre el corazón humano. Ningún otro libro se dirige a los asuntos contemporáneos como lo hace la Biblia.

Cuarto, ¡La Biblia es suficiente porque es *fidedigna, confiable*! La Palabra Escrita es simplemente la extensión de la Palabra Viviente - Cristo. Por tanto, ya que Cristo es verdad, Sus palabras son verdad. Ya que Cristo es digno de confianza, podemos confiar en sus promesas.

Quinto, ¡La Biblia es suficiente porque es *relacional*! De todo lo que Dios es, Él es amor. Su amor es la clave de toda relación. La intensidad de ese amor es revelado en el hecho de que Dios ha decidido tomar su residencia dentro de nosotros.

Sé Transformado está basado en la Suficiencia de la Escritura.

Ya que la Biblia es suficiente, se dirige a cada necesidad, cada problema, cada sufrimiento que alguna vez enfrentamos. En las lecciones que vienen a continuación, la suficiencia de Cristo y Su Palabra es demostrada en forma práctica - teniendo como resultado vidas transformadas.

Ya que la Biblia deriva su suficiencia de la total suficiencia de Jesucristo, está dirigida a cada necesidad, cada problema y cada sufrimiento que una persona pudiera enfrentar. Durante las siguientes semanas, a medida que Usted aprenda y asimile las verdades presentadas, descubrirá también personalmente el poder de transformación de Jesucristo y Su Palabra. ¡Recuerde, Dios nunca falla- Usted será Transformado!

Jim Craddock
Fundador y Presidente
Scope Ministries Internacional

Sé Transformado

Parte Uno

Descubriendo el Punto de Vista de Dios

HANIELI

Descubriendo la Raíz de nuestros Problemas

No os conforméis á este siglo; sino transformaos por medio de la renovación de vuestro entendimiento, para que comprobéis cuál sea la buena voluntad de Dios, agradable y perfecta.

Romanos 12:2 (RVR)

Lección 1

Hacia el final de mis años de universidad, me di cuenta que tenia dos posibles alternativas, ir al encuentro de Dios o huir de Él. Todo dependía de mi manera de pensar, mi perspectiva acerca de todo.

Mis padres se separaron cuando yo tenia 6 años, fui criado por mi madre en un hogar sin Cristo. Me sentía como si fuera una carga para ella dado que tubo que salir a trabajar cuando se divorciaron. Veía a mi padre de vez en cuando y siempre sentí que venia a visitarme por obligación y no por que él realmente deseaba verme.

Siempre me sentí como que algo andaba mal en mi persona y hasta donde recuerdo siempre luché por ganar aceptación, haciendo las cosas buenas, o si no las malas para lograrlo. Trate de actuar como un adulto en vez de un niño para así no molestar a mi madre. Traté de ser una persona correcta, una hija cortés, buena estudiante y mejor deportista. Sobresalí en el Colegio y trate de no causar problemas, pero siempre bebía, fumaba y salía a divertirme con chicos desenfrenados. Buscaba en todos y en todas partes por la aceptación que añoraba.

Como estudiante de la Universidad, me convertí en una persona muy religiosa y laboré en la religión con el mismo denuedo que laboré siendo hija, haciendo las cosas correctas de tal manera que Dios esté contento conmigo. A pesar de eso me sentía insatisfecha y vacía Mis creencias acerca de Dios estaban directamente relacionadas a las experiencias de mi vida, y por esto no fui capas de tener una relación directa con El.

Creía que yo era una molestia mayor para Dios lo mismo que lo fui para mi madre. Creía que Dios era como mi padre - no involucrado en mi vida excepto en ocasiones esporádicas motivadas mas por obligación que por amor. También sentí que Dios me había fallado. Había hecho todas las cosas de forma correcta, pero nunca fui recompensada. Cuando realmente necesité su ayuda, sentía como si me hubiera abandonado. Comencé a dudar de su bondad y misericordia.

Me sentí fracasada y me deprimí al punto del suicidio.

Continuará…

Descubriendo la Raíz de nuestros Problemas - Leccíon Uno

Todos enfrentamos problemas cada día y la pasamos luchando de tiempo en tiempo a lo largo de nuestra vida cristiana. Jesús nos dijo que tendríamos tribulaciones en este mundo, sin embargo, también nos prometió que Él estaría con nosotros y nos haría más que vencedores. Sólo Jesús tiene el poder y la autoridad para superar los problemas personales con los que luchamos cada día en este mundo, y sólo Jesús puede ayudarnos a vencer los problemas personales e internos de cada día. Nuestro creador nos entiende mejor de lo que nos entendemos a nosotros mismos. El vino para que tengamos vida y la disfrutemos.

> Yo he venido para que tengan vida, y para que la tengan en abundancia.   Juan 10:10b (LBLA) [abundancia hasta que rebalse]

¿Por qué es entonces que estamos experimentando tan pocas victorias y gozo en nuestras vidas? ¿Por qué hay tantos cristianos con tantos problemas? ¿Por qué es que no experimentamos la vida abundante que Jesús prometió? Ya sea que estemos luchando con problemas espirituales, emocionales, de relaciones interpersonales o de comportamiento, Jesús es la respuesta y ha revelado la solución en Su Palabra. La Biblia contiene todo lo que necesitamos para vivir una vida abundante y victoriosa. A través de las lecciones y las tareas diarias usted descubrirá lo práctico que la Palabra de Dios es para enfrentar los problemas y necesidades de cada día. Las tareas están diseñadas para ayudarlo a interactuar con Dios y poder recibir de Él sabiduría y fortaleza para salir victorioso frente a los retos de esta vida.

¿A dónde acude por ayuda en medio de un problema? ¿Dónde busca soluciones? ¿A quién acude por sabio consejo? ¿Trata usted de resolver sus problemas por cuenta propia o escuchando consejo humano? ¿Está tan concentrado en los problemas que ha fallado en usar los recursos sobrenaturales que ya tiene en la persona de Cristo? ¿Está más bien enfocado en los síntomas antes que en las soluciones? ¿Busca a Dios sólo como último recurso? ¿En medio de su confusión, encuentra difícil saber cómo descubrir las respuestas que busca en la Palabra de Dios?

A pesar de los problemas y confusiones la Palabra de Dios es cierta y Jesús mismo es la respuesta. Que este libro de ejercicios sea la chispa que lo empuje a vivir la experiencia de llegar a conocer a Jesús como la única respuesta para cada una de sus necesidades.

La Palabra de Dios Pone de Manifiesto la Raíz de Nuestros Problemas

La solución a los problemas que enfretamos podemos descubrirlos localizando la raíz de nuestros problemas como lo revela la Palabra de Dios. En Romanos 1:25

se identifica la raíz básica del problema del hombre.

> Cambiaron la verdad de Dios por la mentira, adorando y sirviendo a los
> seres creados antes que al Creador, quien es bendito por siempre.
> Amén.   Romanos 1:25 (NVI)

La raíz de nuestros problemas se remonta al jardín del Edén cuando Eva creyó a la serpiente siendo engañada y decidió no hacer caso a la advertencia de Dios. Adán decidió seguir a Eva en vez de obedecer a Dios. Ambos decidieron definir por si mismos lo que era verdad y lo que era bueno. Decidieron vivir independientemente de Dios e imponer su propia razón e ignorar la Palabra de Dios. (ver Génesis 3:1-7)

Las consecuencias de sus decisiones las recibimos todos nosotros. Todos hemos tratado de vivir al margen de Dios, imponiendo nuestro propio criterio. El primer problema que necesitamos resolver es la mentira de lo que creemos acerca de Dios, de nosotros mismos, de la vida y de los demás. La Biblia propone no sólo soluciones a nuestros hábitos, sino que pone al descubierto las mentiras en las que vivimos y revela la verdad. Nos muestra como Dios nos creo para vivir una relación personal con Él.

La Escritura nos muestra el punto de vista de Dios acerca de la vida, por tanto, necesitamos:

- aprender a resolver los problemas y asuntos cotidianos a partir de la Palabra de Dios

> Toda Escritura es inspirada por Dios y útil para enseñar, para reprender,
> para corregir, para instruir en justicia.   2 Tim 3:16 (LBLA)

- reconocer que la Biblia tiene que ver no sólo con nuestra conducta, sino también con nuestros pensamientos y creencias
- a partir de las Escrituras desarrollar convicciones correctas acerca de Dios, de uno mismo, de la vida y de los demás
- aprender a pensar como Dios piensa

Un Principio Clave
"Una mentira considerada como verdad afectará nuestras vidas como si fuera verdad - aun cuando sea una mentira"

Si cree que...

El dinero provee seguridad y felicidad

Para ser feliz debo de estar casado

Soy como soy y no cambiaré

La falla merece ser castigada

Mientras más sirvo a Dios, me amará y me bendecirá mas

Mi valor depende de mis obras y de lo que otros piensan de mí.

> Y decía Jesús á los judíos que le habían creído: Si vosotros permaneciereis en mi Palabra, seréis verdaderamente mis discípulos; y conoceréis la verdad, y la verdad os hará libres.
>
> Juan 8:31b, 32 (RVR)

Si la verdad nos libera, entonces es falso que esta libertad produzca atadura en nuestra vida. Jesús anhela hablar a nuestros corazones y liberarnos de cualquier lazo de esclavitud en el que nos encontremos. El propósito de estas lecciones es ayudarnos a identificar las mentiras que están impidiendo que experimentemos la vida abundante que nos pertenece en Cristo Jesús.

Nuestras Creencias Influencian y Controlan Nuestras Vidas

Dios nos reconoce como seres con capacidad para creer.

Dado que Dios nos creó como seres creyentes, las Escrituras nos hablan de nuestras creencias acerca de Dios, de nosotros, de la vida y de los demás. Una "creencia" es asumir que tenemos la verdad a nuestro favor: una presuposición o convicción. No la cuestionamos usualmente y ni siquiera estamos alerta de sus consecuencias. Tenemos creencias acerca de casi todo. No vivimos por instintos, vivimos por creencias que hemos desarrollado y reforzado a través de nuestras vidas. Así como nuestros ojos reconocen los colores pero no perciben los rayos X o las ondas de radio, así nuestras creencias solo procesan cierta información y bloquean otras. *Al igual que un filtro, nuestras creencias provocan la aceptación o rechazo de nueva información*

Un claro ejemplo de esto es el prejuicio racial. Debido a suposiciones antiguas, mucha gente juzga a otras por su raza o color de piel sin ponderar otros atributos o valores que ellos puedan poseer.

Puede resultar en...

Adicción al trabajo, materialismo, avaricia, deshonestidad, etc.

Expectativas que no son realísticas en la pareja, infelicidad de ser soltero, decepción con su pareja, divorcio si es infeliz

Sentimientos de vergüenza, culpabilidad, falta de esperanza, inferioridad, pasividad, falta de creatividad

Ser crítico severo, juzgador, hábitos autodestructivos, temor a equivocarse, falta de decisión, evitar riesgos, temor al castigo

Legalismo, servir a Dios para ganar su aceptación, desgaste espiritual, sentirse no aceptable a Dios, ser santurrón o pedante

Enfoque en la prosperidad, enfoque en ser exitoso, compararse con otros, orgullo y sentido de falta de valoración personal

Pues, como piensa dentro sí, así es.

Proverbios 23:7a (LBLA)

A medida que crecemos, desarrollamos creencias de todo.

Nuestras experiencias con nuestros padres, ambiente, familia, colegio y con nuestros iguales han influenciado lo que creemos. Hemos desarrollado creencias de vida básicas acerca de:

- quienes somos
- en quién podemos confiar
- lo que es bueno o malo
- lo que valemos
- cual es nuestro propósito en la vida
- cómo es Dios

Lo que creemos directamente afecta la calidad de nuestras vidas.

Nuestras creencias se combinan para formar un sistema de creencias.

Nuestro sistema de creencias son lentes por los cuales vemos al mundo. Similar al uso de anteojos de sol que cambian el color del paisaje. Aceptamos o rechazamos la información a base de nuestras creencias. Estas creencias le dan color a la manera como interpretamos la vida.

Si una mujer crece creyendo (por alguna razón) que no es bonita, será muy probable que le sea muy difícil aceptar cumplidos positivos de su apariencia. Rechazará cualquier cumplido en su mente, y esos pensamientos determinarán su reacción.

Nuestras creencias controlan la forma como respondemos a la vida.

Vivimos lo que creemos que es verdad acerca de nosotros. Lo que creemos afectan nuestras acciones, principios, ideas, palabras, emociones y relaciones. Tomamos decisiones a base de nuestras creencias. Si otros reaccionan a nuestras costumbres, sus reacciones afianzan nuestro sistema de creencias. Nuestra percepción de la realidad está basada en nuestras creencias.

Si a una persona se le trata como si fuera un niño torpe, es muy probable que crezca pensando que es tonto. Quizás se comportará como tonto, o se cuidará de sus acciones, tratando de cubrir su supuesta torpeza. Estando cohibido y conciente de sí quizás actué como tonto, y desafortunadamente esto reforzará su creencia que es una persona torpe.

Nuestro Sistema de Creencias Está Corrompido

Nuestras creencias se formaron antes que "conociéramos" a Dios.

Ya que no teníamos un entendimiento conciente de Dios o de "la verdad" como Él la define, hemos creado un sistema de creencias apartado de Su verdad. Hemos crecido al margen de Dios y confiando en nuestro propio entendimiento- lo cual ha corrompido nuestro sistema de creencias. Estas creencias se ven más verdaderas que la Palabra de Dios. Estas creencias se ven aún más racionales.

Nuestro sistema de creencias es como un par de anteojos que le imprime cierto color a nuestra percepción de la realidad.

> Hay camino que al hombre le parece derecho; pero su fin es caminos de
> muerte.   Proverbios 14:12 (RVR)

Nuestro sistema de creencias está corrompido aún más por el pecado, la influencia del mundo y Satanás.

Satanás usa personas pecaminosas y la influencia de este mundo para hacernos daño y afectar nuestra manera de pensar. La estrategia más saliente de Satanás es engañarnos con tantas mentiras como sean posibles, así mantenernos esclavizados al pecado y destruir nuestras vidas. Satanás nos tienta a actuar a base de pensamientos y creencias equivocadas, de tal manera que refuerza las creencias equivocadas que ya tenemos.

> En los cuales el dios de este siglo cegó el entendimiento de los
> incrédulos, para que no les resplandezca la luz del evangelio de la
> gloria de Cristo, el cual es la imagen de Dios.   2 Cor 4:4 (RVR)

> El ladrón [Satanás] no viene sino para hurtar, y matar, y destruir:...
>   Juan 10:10a (RVR)

> Él [el demonio], ha sido homicida desde el principio, y no permaneció
> en la verdad, porque no hay verdad en él. Cuando habla mentira, de
> suyo habla; porque es mentiroso, y padre de mentira.   Juan 8:44b (RVR)

La raíz de nuestros problemas está en nuestro sistema corrupto de creencias; no obstante, no tenemos que continuar creyendo en estas mentiras.

Dios Nos Transforma a Través de la Renovación de Nuestras Mentes

Podemos aprender a reconocer y reemplazar nuestras creencias corruptas con la Verdad de Dios.

Dios ha provisto la manera de liberarnos de nuestro viejo sistema de creencias, Dios nos dice que no debemos vivir más con la misma manera inútil de pensar. Él nos ha dado Su Palabra para que podamos cambiar nuestras creencias y experimentar sanidad espiritual y un cambio de vida. Este cambio sucede cuando permitimos que Dios renueve nuestras mentes (creencias).

Debemos rechazar estas falsas creencias o mentiras antes de que la verdad pueda cambiar nuestras vidas. Mientras más creemos lo que Dios dice, más podemos experimentar una vida de gozo y paz. El creer y vivir de acuerdo a la Palabra de Dios, nos libera del poder destructivo del pecado.

> No os conforméis á este siglo, sino transformaos por medio de la
> renovación de vuestro entendimiento.   Rom 12:2a (RVR)

La Renovación de nuestras mentes consiste en:

- Reconocer las mentiras que hemos creído
- Renunciar a ellas y rechazarlas
- Reemplazarlas con la Verdad de Dios
- Reencuadrar nuestros pensamientos para que reflejen nuestras nuevas creencias

Fíjese que Dios no nos dice que renovemos nuestra conducta o nuestras emociones, pero sí nuestra *mente*. El problema esta en nuestro sistema de creencias. Lo que realmente creemos se refleja en la manera como vivimos, no por lo que sabemos. No es suficiente tener conocimiento de la verdad. Debemos llegar a realmente creer en ella. Esto solo es posible a la medida de que reconocemos ante Dios y ante nosotros mismos la mentira en que hemos creído y decidimos de una vez reemplazarla con la Palabra de Dios.

Recuerde: El proceso de renovación de nuestras mentes no es un asunto de introspección profunda ni es un asunto de reemplazar nuestros pensamientos negativos con positivos. Este **proceso** de renovación involucra nuestra **relación** con Dios y **dependencia** en Él a fin de revelar las mentiras y enseñarnos lo que es verdad. Esta renovación es posible a través del trabajo del Espíritu Santo en nuestras vidas. trataremos la obra del Espíritu Santo en las siguientes lecciones.

> Mas el Consolador, el Espíritu Santo, a quien el Padre enviará en mi nombre, él os enseñará todas las cosas.　　Juan 14:26a (RVR)

> Pero cuando venga el Espíritu de verdad, él os guiará a toda la verdad;　　Juan 16:13a (RVR)

Lo que creemos se revela por la manera como vivimos, no por lo que sabemos.

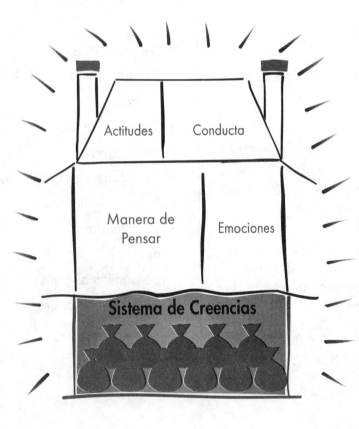

Una pareja construyó una nueva casa en una vecindad donde no había servicio de recojo de basura. Guardaban la basura en su sótano de tal manera que no esté a la vista o en su camino hasta que pudieran desecharla. Mientras gastaban energía y tiempo en amueblar su nueva casa y arreglar su jardín, la basura comenzó a amontonarse. El día finalmente llega cuando tienen que invitar a todos sus amigos y familia para que visiten su nueva casa. Aun cuando la casa de la pareja estaba excepcionalmente limpia y fue bellamente amueblada, sus invitados no estuvieron impresionados. El olor del sótano había invadido todos los cuartos. Limpiar la casa sería insulso hasta que sacaran la basura del sótano. Esto ilustra como nuestro sistema de creencia corrupto afectará todas las áreas de nuestra vida. Primero afectará nuestros pensamientos y emociones, luego nuestras actitudes y costumbres. Hasta que concientemente reconozcamos y rechacemos las mentiras en las que hemos estado creyendo, la verdad tendrá poco impacto en nuestras vidas.

Una Mente Renovada Trae Gozo y Paz

El resultado de una mente renovada es gozo y paz. Cuando permitimos que Jesús cambie nuestros pensamientos y creencias, nuestras emociones van a sanar, estaremos liberados de una conducta destructiva, y podremos amar a Dios y a los demás.

Son nuestras creencias equivocadas las que producen pensamientos negativos los cuales nos llevan a sentir emociones dolorosas y a tener una conducta destructiva. Una vez que corregimos nuestras creencias acerca de Dios, de nosotros mismos, de otros, de la vida y de las Escrituras, nuestros pensamientos se podrán alinear con nuestras nuevas creencias. Esto nos facultará a tomar decisiones santas, las cuales producen emociones más positivas y vidas transformadas.

Al cambiar nuestros pensamientos y creencias a la larga resultará en un gran gozo.

A medida que creemos cada vez más en lo que Dios dice, más podemos experimentar una vida de gozo y paz. Los problemas son inevitables, pero el gozo y la paz son opcionales. Todos hemos sido lastimados y heridos por otros en diferentes circunstancias de la vida. Aun cuando esas personas y circunstancias nunca cambien, podemos aprender a tener gozo y paz en medio de todo. El permitir que la verdad de la Palabra de Dios cambie nuestro sistema de creencias, no cambiara nuestro pasado, pero transformara nuestras vidas y nos dará esperanza y sabiduría para el futuro.

> He aquí, tú amas la verdad en lo íntimo: Y en lo secreto me has hecho
> comprender sabiduría.   Salmo 51:6 (RVR)

A medida que comience esta hermosa aventura, haga del siguiente versículo su oración:

> Examíname, oh Dios, y conoce mi corazón; Pruébame y conoce mis
> pensamientos; Y ve si hay en mí camino de perversidad, Y guíame en el
> camino eterno.   Salmo 139:23-24 (RVR)

Recuerde Dios siempre está presente, lleno de misericordia y gracia, y desea sanar nuestras vidas y corazones destrozados. Él desea por seguro llenar nuestras vidas con su esperanza, gozo y paz.

> El Dios de la esperanza os colme de todo gozo y paz en la fe, hasta
> rebosar de esperanza por la fuerza del Espíritu Santo. Rom 15:13 (BJ)

Las tareas diarias que siguen están diseñadas para guiarlo a descubrir algunas de las falsas creencias que les están arrebatando la clase de vida que Jesús prometió. A medida que haga cada una de las tareas, invite a Dios, el Espíritu Santo, para que sea su maestro y consejero. No hay necesidad de ser profundamente introspectivo. Dios desea revelarle las mentiras que deben ser rechazadas y las verdades que necesitan ser asimiladas y creídas.

Fíate de Jehová de todo tu corazón, Y no te apoyes en tu propia prudencia; Reconócelo en todos tus caminos, Y él enderezará tus veredas.   Proverbios 3:5,6 (RVR)

Para comenzar el proceso haga esta su oración:

Examíname, oh Dios, y conoce mi corazón; Pruébame y conoce mis pensamientos; Y ve si hay en mí camino de perversidad, Y guíame en el camino eterno.   Salmo 139:23-24 (RVR)

Creencias Corruptas

Errónea Manera de Pensar

Emociones Dolorosas

Conducta Destructiva

Gozo y Paz

Conducta Santa

Manera de Pensar Renovada

Identifique y Corrija: Creencias acerca de Dios, Acerca de Usted mismo, Acerca de la vida, de otros, Y de la Escritura

RESUMEN:

1. Somos seres creyentes y todas nuestras creencias combinadas forman un sistema de creencias.

2. La mayoría de nuestros problemas provienen de nuestro corrompido sistema de creencias.

3. Nuestras creencias afectan nuestros pensamientos, emociones, actitudes y conducta.

4. Podemos ser transformados y experimentar gozo a través de la renovación de nuestras mentes con la verdad que viene de Dios.

Tareita

Efesios 4
Colocenses 3
Romanos 13

(nos enseñan a desasernos de nuestra mala manera de pensar).

Una vida transformada, continuación.

Cuando estuve en el punto más bajo de mi vida, Dios me mostró que la clave para cambiar mi vida no era cambiando cosas exteriores sino cambiando lo que yo creía. Dios me ayudó a identificar las mentiras en que yo creía y reemplazarlas con la verdad. Comencé por creer que Dios me aceptaba y que yo lo estaba complaciendo pues Él estaba en mí. Comencé a disfrutar el gozo de estar con Él y hablar con Él. Ahora disfruto la vida porque sé que Él siempre está conmigo. Me siento realmente libre de ser así. Al cambiar mis creencias, cambiaron mis hábitos y conducta. Mis creencias, sentimientos y pasiones vienen de Dios, y no tengo que preocuparme de agradar a otros ni de que otros me agraden a mí. Puedo dar libertad a aquellos que están alrededor de mí ya que ellos complacen a Dios y Él desea que yo los ame como Él me ama.

Cuando decidí rechazar la mentira y creer la verdad que Dios me ama y me acepta tuve un cambio de vida porque yo ví que podía tener esa clase de relación personal con Dios. No sólo eso, sino que ahora tengo el deseo de vivir así. Ahora la dirección de mi vida es correr hacia Dios en vez de alejarme de Él.

Katrina - Profesora

Descubriendo la Raíz de nuestros Problemas – Día Uno

Meta: Identificar el problema desde su punto de vista personal, y pedirle a Dios que revele su propio punto de vista acerca del problema.

Todos experimentamos problemas. La vida está llena de problemas. El éxito no es la ausencia de problemas sino saber como reaccionar a estos y como resolverlos: Dios no nos ha dejado solos para tratar de sobreponernos a nuestros problemas por nuestras propias fuerzas y opinión. Él nos ha dado el Espíritu Santo y Su Palabra para armarnos con poder y para que nos guíe.

> Toda la Escritura es inspirada por Dios y útil para enseñar, para reprender, para corregir, y para instruir en la justicia, A fin de que el siervo de Dios esté enteramente capacitado para toda buena obra.
> 2 Tim 3:16-17 (NVI)

Estos versículos nos dicen que la Palabra de Dios es suficiente y útil para hacernos capaces e instruidos. En otras palabras, la Palabra de Dios nos muestra el camino o ruta hacia una vida abundante (nos enseña). La Palabra de Dios nos muestra cuando nos apartamos del camino (nos reprende). La Palabra de Dios nos muestra como retornar a su camino (nos corrige) y como mantenernos en el camino (nos instruye en justicia). El camino no es simplemente un conjunto de conductas correctas que debemos cumplir. Dios esta comprometido a mostrarnos cuando es que dejamos el camino de las creencias y pensamientos correctos así como corregir nuestra conducta.

1. ¿Qué problema(s) quiere usted que Dios cambie o solucione en su vida?   (Relaciones conflictivas, luchas emocionales, hábitos o conducta)

2. ¿Cómo lo afecta emocionalmente este problema?

3. ¿Qué hábitos o conducta están contribuyendo a este problema?

4. ¿Cómo afecta su conducta sus relaciones con otros?

5. ¿Cuales son los pensamientos predominantes que pasan por su mente cuando piensa acerca de este, su problema personal?

6. ¿Cómo percibe que su problema está afectando su relación con Dios?

En el transcurso del tiempo, a medida que busque el punto de vista de Dios, será capaz de identificar las creencias que están contribuyendo a estos problemas y sustituir aquellas con la verdad tal como está revelada en la Palabra de Dios.

7. Escriba una oración en petición a Dios que le muestre su punto de vista acerca de su(s) problema(s) así como las creencias que están contribuyendo a estos.

Descubriendo la Raíz de nuestros Problemas – Día Dos

Meta: Descubrir en la Escritura la influencia que las creencias tienen sobre nuestras vidas.

Parte Uno: Debido a que Somos seres de creencias, hemos creado un sistema de creencias que controla nuestras vidas. Nuestras creencias están corrompidas debido a que fueron formadas cuando estábamos separados espiritualmente de Dios y porque hemos nacido en un mundo corrompido por el pecado.

Lea el pasaje de la caída del hombre que está en Génesis 2:8-9, 16-17, 3:1-7.

1. ¿Qué es lo que le dijo Dios a Adán en Génesis 2:16-17?

   Que podian comer de todo arbol del huerto

2. ¿Qué dio a entender Satanás con su pregunta en Génesis 3:1?

3. ¿Cuál fue la mentira sutil que Satán utilizo para tentar a Eva a dudar de la Verdad? (Vea Génesis 3:4)

4. ¿En quien creyó Eva?

5. ¿Cuál fue el efecto de su creencia en su conducta? ¿Cuales fueron las consecuencias?

6. ¿Cuál es la función que usted piensa que Satanás tiene en la formación actual de las creencias de la gente?

7. ¿Cómo afectó la caída del hombre a usted personalmente?

Parte Dos:

8. El propósito de este corto estudio bíblico es descubrir como nuestras creencias afectan nuestras emociones y conducta. Lea cada pasaje y escriba las emociones y conductas resultantes:

Personaje(s)	Creencias	Emociones	Conducta
Los Diez Espías Números 13:1-2, 17, 20, 23-33	Creían que eran pequeños y débiles	Temor y sentido de insuficiencia	Dieron mal reportaje; no quisieron ingresar a la tierra prometida; desearon apedrear a Josué y Caleb
Josué y Caleb Números 13:30	Creer que Dios les había dado la Tierra prometida y les daría la habilidad para tomar posesión de ella.		
Moisés Éxodo 4:10-15	Creer que el no era suficiente		
Discípulos Marcos 4:35-41	Creer que perecerían		
Jesús	Creer que su Padre Celestial tenia el control		

9. ¿A qué conclusiones llega de estos ejemplos?

   ¿En qué se fundó cada conducta?

10. ¿Cómo se comparan sus creencias con las de los ejemplos?

11. Escriba una oración pidiéndole a Dios que le revele la verdad escrita en Su Palabra.

Descubriendo la Raíz de nuestros Problemas – Día Tres

Meta: Comenzar a descubrir algunas de las creencias básicas de su vida.

Parte Uno:

1. Complete las siguientes oraciones con la primera idea que venga a su mente:

   Seria más exitoso si…

   Seria más feliz si…

   Nunca podría ser feliz si…

   Me sentiría mas seguro si…

   Estaría más tranquilo si…

2. ¿Qué creencias han sido reveladas con sus respuestas anteriores?

Parte Dos:

3. Escoja una de las creencias reveladas en la pregunta #2 y escriba sus correspondientes pensamientos, emociones y conducta. Siga los siguientes ejemplos:

EJEMPLO #1:

Creencia: Tener mucho dinero significa ser exitoso.

Pensamiento: Se logra progresando, teniendo una casa grande, auto nuevo, etc.

Emociones: Sentir ansias por el trabajo, enfadado con sus compañeros de trabajo que parecen ser una traba a su meta; envidioso de los éxitos de sus compañeros, sentirse culpable.

Conducta: Esclavo del trabajo, bebe para relajar la tensión del trabajo, no sale a pasear con su familia, criticón.

EJEMPLO #2:

Creencia: Si mi esposa cambiara, yo sería feliz.

Pensamiento: Si sólo él/ella fuera...
Por qué es que el/ella no puede ser como el/la esposo(a) de_____
Estoy atrapado para siempre. Este matrimonio no tiene remedio.
Nunca seré feliz casado(a) con esta persona.

Emociones: Ira, dolor, rechazo, resentimiento, venganza.

Hábitos: manipulación, fastidio, distanciamiento, falta de afecto, exigente.

Creencia:

Pensamientos:

Emociones:

Conducta:

Descubriendo la Raíz de nuestros Problemas – Día Cuatro

Meta: Ver según la Palabra de Dios lo corrupta que estaban nuestras mentes cuando nuestras creencias fueron formadas.

1. Según el versículo siguiente, ¿Cómo describe Pablo la manera de pensar de un incrédulo?

> Que ya no andéis así como andan también los otros gentiles, en la vanidad de su mente, entenebrecidos en su entendimiento, excluidos de la vida de Dios por causa de la ignorancia que hay en ellos,...
> Efesios 4:17b-18a (LBLA)

2. ¿Qué conocimiento sintió el hombre que no era necesario retener?

> Además, como estimaron que no valía la pena tomar en cuenta el conocimiento de Dios, él a su vez los entregó a la depravación mental, para que hicieran lo que no debían hacer. Se han llenado [saturado] de toda clase de maldad....
> Romanos 1:28-29a (NVI)

3. ¿Qué clase de pensamiento permitió Dios que controlara al hombre?

4. ¿Qué conocimiento tienen ahora los incrédulos?

> En los cuales el dios de este siglo cegó el entendimiento de los incrédulos, para que no les resplandezca la luz del evangelio de la gloria de Cristo, el cual es la imagen de Dios.
> 2 Cor 4:4 (RVR)

5. ¿En qué se enfocan los pensamientos de los incrédulos?

> El fin de los cuales será perdición, cuyo Dios es el vientre, y cuya gloria es su vergüenza; que sólo
> piensan en lo terrenal.   Filipenses 3:19 (RVR)

6. ¿Cuál es la conclusión que usted tiene acerca de la manera de pensar de los incrédulos?

Nota: Esto no significa que todo pensamiento del hombre es repugnante, vulgar y repulsivo, sin embargo, las consecuencias de pensamientos equivocados son corrupción y separación de Dios.

> Examíname, oh Dios, y conoce mi corazón; Pruébame y conoce mis pensamientos; Y ve si hay en
> mí camino de perversidad, Y guíame en el camino eterno.   Salmo 139:23-24 (RVR)

7. Tome un momento para reflexionar acerca del verso anterior y pídale a Dios que le muestre cualquier pensamiento nocivo y afanoso que necesita ser desechado y reemplazado por la verdad de Dios. Anote cualquier pensamiento que Él le muestre.

8. Copie Romanos 12:2 en una ficha de 3x5 y colóquelo en un lugar donde lo vea frecuentemente. Cada vez que vea este versículo, póngalo en oración.

Ejemplo de Oración:

Padre, No deseo nunca mas conformarme a los pensamientos de este mundo, deseo ser transformado al renovar mis pensamientos. Hazme más conciente de lo que estoy pensando y muéstrame las falsedades en las que he estado creyendo. Deseo vivir tu voluntad, la cual que es buena, aceptable y perfecta.

Descubriendo la Raíz de nuestros Problemas – Día Cinco

Meta: Continuar identificando algunas de nuestras creencias personales.

Parte Uno: Repaso

Nuestras creencias están formadas por nuestras percepciones las cuales están basadas en nuestras experiencias con nuestros padres, familia, colegio, etc.

La Palabra de Dios claramente establece que todos nacimos esclavos del pecado e ignorantes de la Verdad.

> En efecto, la ira de Dios se revela desde el cielo contra toda impiedad e injusticia de los hombres que aprisionan la verdad en la injusticia.   Romanos 1:18 (BJ)

> No hay justo, ni aun uno; No hay quien entienda, No hay quien busque a Dios.
> Romanos 3:10b-11 (RVR)

> Por cuanto todos pecaron, y están destituidos de la gloria de Dios.
> Romanos 3:23 (RVR)

Creciendo en un mundo perdido, aprendemos de la vida en nuestro entorno, experiencias, y de lo que otros nos enseñan. Aprendemos:

- Quienes somos
- En quién podemos confiar
- Lo que es bueno y malo
- Lo que valemos
- Cual es nuestro propósito en la vida
- Cómo es Dios.

Lo que aprendemos se convierte en nuestro sistema de creencias a través del cual procesamos toda la información que nos llega. Aceptamos o rechazamos nueva información en función de nuestras creencias fundamentales. Estas creencias son como anteojos a través de los cuales vemos la vida y también controlan nuestra conducta.

Desde que nuestro entendimiento esta torcido y la manera que procesamos la información también está torcido, nuestra manera de conducta y de relación con los demás también están torcidos. A medida que los demás responden a nuestra conducta, sus reacciones tienden a reforzar aquello que creemos como si fuera verdad.

Parte Dos: Aplicación

1. Nombre una experiencia en su vida que haya afectado de manera negativa lo que cree de sí mismo.

2. Enumere las creencias que se han formado de esa experiencia:

    ¿Quién soy?

    ¿En quién puedo confiar?

    ¿Qué es bueno y malo?

    ¿Cuánto valgo?

    ¿Cuál es mi propósito en esta vida?

3. ¿Cómo es que estas creencias han sido reforzadas a través de los años?

    > Ejemplo: Durante mi desarrollo no-tenia habilidades con las matemáticas y mi padre continuamente me decía que era un inepto. Mis compañeros del colegio se burlaban de mí. Detesté las matemáticas durante toda mi época escolar fallé Álgebra. Decidí no postular a la Universidad. Me siento tan frustrado que tengo temor de intentar algo. Todos en mi familia se han graduado en la Universidad. Mi padre nunca me dijo que se sentía orgulloso de mí. Actualmente veo que soy cruel con mis hijos cuando ellos no sacan muy buenas calificaciones.

4. ¿Cómo se han manifestado estas creencias en sus pensamientos, emociones, costumbres y relaciones interpersonales? Es decir, ¿cómo lo controlan estas creencias? ¿En qué áreas de su vida siente que estas creencias no lo deja avanzar?

    > Y yo rogaré al Padre, y os dará otro Consolador, para que esté con vosotros para siempre: el Espíritu de verdad, el cual el mundo no puede recibir, porque no le ve, ni le conoce; pero vosotros le conocéis; porque mora con vosotros, y estará en vosotros.   Juan 14:16-17 (RVR)

5. Escriba una oración pidiéndole al Espíritu Santo que le revele la verdad respecto de estas creencias.

Descubriendo la Raíz de nuestros Problemas – Lección Uno

Nombre _____ Fecha _____

Responda a las siguientes preguntas. Para entregar la página a un líder de grupo utilice páginas perforadas al final del libro.

1. Describa brevemente de "Día Uno" el problema con que está luchando

2. ¿Cuales son algunas de sus creencias relacionadas a esa área en que usted tiene una lucha permanente?

3. ¿Cómo lo afectan estas creencias (emocionalmente, en sus relaciones interpersonales, en su conducta)?

4. ¿Qué es lo que Dios le ha mostrado en la lección de esta semana?

5. ¿Con qué frecuencia busca en la Palabra de Dios soluciones o respuestas a sus problemas?
   __ Nunca   __Rara vez   __ Frecuente   __ Muy frecuente   __ Siempre

6. ¿Qué preguntas tiene acerca de las tareas de esta semana?

7. Marque el gráfico para indicar la cantidad de tareas que ha completado esta semana.

50%   100%

Escriba lo que le pide al Señor en oración:

Entendiendo las Buenas Nuevas

Y cuando estabais muertos en vuestros delitos y en la incircuncisión de vuestra carne, os dio vida juntamente con Él, habiéndonos perdonado todos los delitos, habiendo cancelado el documento de deuda que consistía en decretos contra nosotros y que nos era adverso, y lo ha quitado de en medio, clavándolo en la cruz.

Colosenses 2:13-14 (LBLA)

Lección 2

Mi vida fue una constante confusión, estuve agobiado de miedo y depresión, y por mi mente pasaban ganas de suicidarme, tenia miedo de hacer cualquier cosa por temor de elegir lo erróneo.

Usaba drogas y alcohol para huir de mis aflicciones, sin embargo, solo me hacían sentir más miserables. Traté de llenar mi vida con sexo pero eso sólo se convirtió en un problema más.

Busqué ayuda por todos lados- el ocultismo, filosofías y prácticas orientales- pero solo me confundía más. Probé con doctores, consejeros, curanderos, medicinas, Alcohólicos Anónimos y Drogadictos Anónimos. Cada atentado sólo logró calmarme temporalmente, pero luego terminé sintiéndome mucho peor debido a un implacable bombardeo emocional y la terrible sensación de una inevitable calamidad.

Me sentí tan desesperado por liberarme de esta miseria que me puse la pistola a la cabeza para suicidarme, pero en vez de eso le pedí ayuda a Dios. Cuando un amigo me consiguió al día siguiente ayuda dentro de un programa de tratamiento supe que Dios había contestado mis oraciones.

A pesar de que había estado limpio y sobrio por años, estuve aun más deprimido e infeliz que nunca. El problema no era las drogas o el alcohol, el problema no era el mundo alrededor de mí, el problema no eran las relaciones con la gente, el problema era mi conflicto interno.

Tenia que perder mucho más antes de que en mi desesperación finalmente pudiera aceptar la solución de Dios para mi problema. Siempre he estado atento a la influencia de Dios en mi vida. Sabía que Él estaba guiándome cuando mi conciencia me decía que estaba tomando malas decisiones especialmente cuando tenían consecuencias. Aun cuando era un niño sabia que no estaba aquí para nadar sin rumbo por la vida. Siempre he tenido la profunda sensación de que Dios tenia un propósito para mi vida, pero siempre lo evité por que siempre he evadido la responsabilidad.

Siempre supe que en algún momento me volvería a Dios y a lo largo de mi vida, la gente me ha tratado de encaminar hacia Cristo, Esta vez cuando una amiga comenzó a hablarme de los cambios que Cristo había hecho en su vida, finalmente escuché, a medida que ella hablaba, sentí como si finalmente hubiera encontrado la verdadera esperanza, pero tenía tanto miedo, miedo de tener que admitir mis faltas, y temor de las consecuencias que tendría que enfrentar por lo que había hecho y quien yo era ahora. Tenía temor del cambio. Sabia que debía tornar hacia Dios por ayuda, pero titubeaba entre el miedo y la esperanza.

Mi pasado casi me había destruido, pero ahora mi futuro me asustaba. Tenía temor de las nuevas responsabilidades y no estaba segura de que podría vivir una vida Cristiana. Debido a mis viejas creencias, me sentía en la profunda confusión que he experimentado en mi vida. Aun creía que Dios no me aceptaría o amaría debido a que era inaceptable, no digno de amor y sin valor.

Continuara....

Entendiendo las Buenas Nuevas - Lección Dos

En nuestra lección anterior hemos descubierto que somos seres con creencias. La primera creencia que necesitamos examinar cuidadosamente es nuestra comprensión del evangelio. La palabra "Evangelio" significa "Buenas Nuevas". Concretamente, son las buenas nuevas de Jesucristo. Estas "buenas nuevas" nos permiten ser perdonados de todos nuestros pecados y vivir una vida significativa llena de gozo y paz. Sin embargo, mucha gente que han recibido estas "buenas nuevas" viven vidas derrotadas y miserables. ¿Cómo es posible esto?

A menudo vivimos vidas derrotadas y miserables a raíz del sistema de creencias corruptas que aún controlan nuestro modo de vida (pensar, sentir, y decidir). Para corregir nuestro sistema de creencias, necesitamos comenzar por corregir cualquier creencia corrupta e incorrecta acerca de las "buenas nuevas" de nuestra salvación.

A veces la gente no comprende lo que les pasó cuando ellos pusieron su confianza en Cristo. Por tanto, para entender mejor las buenas Nuevas, comenzaremos por ver el efecto del pecado en la manera cómo nos relacionamos con Dios y el significado y propósito que le damos a la vida. Esto nos permitirá entender mejor las muy buenas nuevas.

Fuimos Creados para ser un Amigo y Compañero de Dios

El libro de Génesis nos narra la historia de la creación del Mundo y el comienzo de la vida humana. Aquí podemos lograr comprender por qué fuimos creados y como hemos de funcionar.

Somos completos sólo cuando estamos en relación con Dios.

- El hombre fue creado para tener una relación íntima de amor con Su Creador. Mateo 22:37, Juan 15: 9,13
- El hombre fue creado a imagen de Dios para conocer y deleitarse en Dios. Génesis 1:27, Salmo 16:11
- El hombre fue diseñado para vivir dependiendo de Dios. Juan 15:5
- El hombre fue creado para contener la vida misma de Dios y para vivirla. Juan 10:10b

El hombre fue engañado y decidió vivir independiente de Dios.

Dios creó al hombre y a la mujer y los colocó en le paraíso terrenal para vivir y disfrutar de su presencia. Cada día Dios establecía comunión con Adán y Eva, y proveía sus necesidades, Adán y Eva gozaban la libertad de vivir y disfrutar de

Creyendo en la **MENTIRA** Ocasionó una trágica separación en la relación del hombre con Dios... ¡Pero esto no significa que Dios dejó de amarnos!

la presencia de Dios. La única restricción era el comer del Arbol del Conocimiento del Bien y del Mal, lo cual traería muerte a su relación con Él.

Satanás engañó a Eva al poner en duda el carácter, la palabra y razones de Dios. Adán y Eva creyeron la mentira de que podían ser como Dios al comer del Arbol de la Ciencia del Bien y el Mal, y decidieron vivir independientes de Dios. Este pecado afectó cada aspecto de sus vidas y causó la trágica separación en su comunión con Dios.

Separados de Dios somos incapaces de ser lo que Él desea que seamos.

Todos hemos nacido físicamente vivos, pero espiritualmente muertos y separados de Dios. Tomar nuestras propias decisiones y depender de nuestras propias fuerzas para vivir nuestras vidas trae como consecuencia que nuestro ser esté dominado por el miedo, propenso al egoísmo y esclavo del pecado. El pecado simplemente significa "errar la marca del blanco" Dios desea que vivamos en amistad con Él, pero nuestro pecado nos ha ocasionado que nos desviemos del propósito por el cual hemos sido creados. Hemos fallado en conocer a Dios, en depender de Él y en ser lo que Él nos creó para que seamos.

Nuestra separación de Dios ha falseado nuestro concepto de cómo es Dios. Basado en este concepto equivocado de Dios, hemos formado nuestras propias creencias de Dios, de nosotros, de la vida, y de los demás.

Las Buenas Nuevas Proveen la Solución a los Problemas de Nuestra Separación

¡Dios mismo asumió la responsabilidad de restaurar nuestra relación!

Ya que fuimos espiritualmente muertos, separados de Dios, no hubo nada que pudiéramos hacer para restaurar nuestra relación con El. **Pero** Dios en su amor, tuvo un plan para resolver el problema de nuestro pecado y restaurarnos a una relación correcta con Él.

> Pero Dios, rico en misericordia, por el grade amor con que nos amó, estando muertos a causa de nuestros delitos, nos vivificó juntamente con Cristo; por gracia habéis sido salvados.   Efesios 2:4-5 (BJ)

Dios envió a Jesucristo al mundo para revelar el amor de Dios hacia nosotros, a dar su vida como paga por los pecados del mundo entero. Jesús experimentó la muerte física y la separación espiritual de Su padre mientras pagaba en la cruz el castigo de todos nuestros pecados. Jesús experimento la muerte por nosotros para que pudiéramos ser perdonados y recibiéramos vida eterna (1 Juan 4:9; Hebreos 9). Su sacrificio perfecto fue satisfacción completa de las demandas de justicia de un Dios Santo para que pudiéramos gozar una relación íntima de amor con Él. ¡Esto es Buenas Nuevas!

Pecado = Errar La marca del blanco:

- Fallar en amar y honrar a Dios

- Fallar en creer que Dios me ama

- Vivir independientemente de Dios

- Realizar deseos y sueños en cosas materiales o en seres humanos

- Fallar en amar a otros como a nosotros mismos

Esto es, que en Cristo, Dios estaba reconciliando al mundo consigo mismo, no tomándole en cuenta sus pecados y encargándonos a nosotros el mensaje de la reconciliación.   2 Corintios 5:19 (NVI)

¡Hemos sido perdonados total y completamente por Dios!

El perdón de Dios le costó mucho a Él. Revela su gran misericordia y amor por nosotros (1Juan 4:10). Debido al sacrificio de Cristo por nosotros, podemos disfrutar de una relación con Dios y vivir en perdón. Entender el perdón de Dios nos limpia y nos permite tener la confianza ante Dios y recibiremos su gracia y misericordia en nuestro tiempo de necesidad (Hebreos 4:16).

- El perdón de Dios es **total** y **completo**.

> Y a vosotros, estando muertos en pecados y en la incircuncisión de vuestra carne, os dio vida juntamente con él, perdonándoos todos los pecados, anulando el acta de los decretos que había contra nosotros, que nos era contraria, quitándola de en medio y clavándola en la cruz.
> Colosenses 2:13-14 (RVR)

- El perdón de Dios es un **regalo** el cual es recibido sólo por creer y confiar en Jesús.

> Porque no envió Dios a su Hijo al mundo para condenar al mundo, sino para que el mundo sea salvo por él. El que en él cree, no es condenado; pero el que no cree, ya ha sido condenado, porque no ha creído en el nombre del unigénito Hijo de Dios.   Juan 3:17-18 (RVR)

¡Somos plenamente e incondicionalmente amados por Dios!

El carácter de Dios es de un amor perfecto e incondicional. Esto significa que él nos ama por lo que él es. No por lo que nosotros somos o hayamos hecho. Nosotros nunca podríamos ganar o merecer Su amor, y no hay nada que podamos hacer para que Dios deje de amarnos.

> Mas Dios muestra su amor para con nosotros, en que siendo aún pecadores, Cristo murió por nosotros.   Romanos 5:8 (RVR)

El amor de Dios es demostrado por su inquebrantable compromiso de darnos lo que necesitamos a través de su hijo Jesús. La palabra de Dios revela su pleno afecto emocional y deseo de estar en relación con nosotros. Al entender el amor incondicional de Dios nos libera del temor al castigo o rechazo de Dios. Podemos descansar en la verdad de que somos plenamente amados.

> En el amor no hay temor, sino que el perfecto amor echa fuera el temor; porque el temor lleva en sí castigo. De donde el que teme, no ha sido perfeccionado en el amor. Nosotros le amamos a él, porque él nos amó primero.   1 Juan 4:18-19 (RVR)

> El que no ama, no ha conocido a Dios; porque Dios es amor.
> I Juan 4:8 (RVR)

Todos nuestros pecados (pasados, presentes y futuros) fueron clavados en la cruz.

¡Dios nos acepta total y completamente!

No sólo Dios nos ha perdonado, también nos ha hecho aceptables. Esto significa que nos acepta tal cual somos. La aceptación de Dios no significa que aprueba las cosas malas que hacemos. Ser aceptados por Dios significa que él nos recibe en Si con agrado y nos responde con bondad.

¡Nos ha dado vida eterna!

Dios nos da vida eterna a todos los que creemos en Su Hijo y lo recibimos como nuestro Salvador personal. La vida eterna es vida divina de Dios dada a nosotros ahora. Quiere decir que podemos conocer a Dios ahora, en medios de cualquier problema que tengamos que enfrentar.

> Y esta es la vida eterna: que te conozcan a ti, el único Dios verdadero, y a Jesucristo, a quien has enviado.   Juan 17:3 (RVR)

Podemos experimentar vida abundante porque el Espíritu Santo vive en nosotros.

El eterno Dios, el Espíritu Santo mora en nosotros, para que podamos disfrutar una relación con Dios. Vida Eterna no solo significa vivir para siempre, es también la presencia de Dos en nosotros ahora. Estamos ahora y estaremos por siempre en la presencia de amor de Dios. La vida abundante es gozo y satisfacción en Dios, independientemente de circunstancias externas. No ganamos vida abundante por nuestras obras, es producida en nosotros por el Espíritu Santo.

> El ladrón no viene sino para hurtar y matar y destruir; yo he venido para que tengan vida, y para que la tengan en abundancia. Juan 10:10 (RVR)

> Pero cuando venga el Consolador, a quien yo os enviaré del Padre, el Espíritu de verdad, el cual procede del Padre, él dará testimonio acerca de mí.   Juan 15:26 (RVR)

¡Dios desea vivir a través de nosotros por su Espíritu Santo!

El Espíritu Santo revela el amor incondicional de Dios hacia nosotros. El Espíritu Santo reproduce el carácter de Dios en nosotros.

> Mas el fruto del Espíritu es amor, gozo, paz, paciencia, benignidad, bondad, fe, mansedumbre, templanza; contra tales cosas no hay ley.
> Gálatas 5:22-23 (RVR)

Cualquier Distorsión de las "Buenas Nuevas" Conduce a Problemas

En cualquier momento que no comprendamos las buenas nuevas del evangelio, veremos nuestra relación con Dos y la vida cristiana de modo distorsionado. ¡La esencia del evangelio no es poner al hombre en el cielo, sino poner Dios dentro del hombre!

¡La esencia del evangelio no es poner al hombre en el cielo, sino poner Dios dentro del hombre!

Viendo a la salvación sólo como "un seguro contra incendios" o un boleto al cielo tiene como consecuencia:

- continuar viviendo independientemente de Dios
- negar la relación que Él desea que disfrutemos ahora
- buscar nuestra felicidad en una u otra circunstancia de la vida

La mayoría de cristianos ven al evangelio como el esfuerzo de Dios para llevar al hombre al Cielo. Sin embargo, la salvación es más que el perdón e ir al cielo algún día. Si solamente tratamos de fijarnos en el cielo como meta, perdemos de vista el hecho de conocer a Dios a través de su presencia en nosotros.

Viendo el perdón de Dios como incompleto o condicional tiene como consecuencia:

- creer que Jesús murió sólo por los pecados cometidos antes de que fuésemos cristianos
- creer que debemos pedir perdón antes de ser perdonados
- creer que Dios esta molesto con nosotros y aun recuerda nuestros pecados
- vernos como seres perdonados condicionalmente en vez de totalmente
- sentirnos emocionalmente culpables y temerosos al castigo, lo cual crea distancia en nuestra relación con Dios
- pedir continuamente perdón a Dios pero nunca experimentar la paz que trae Su perdón

Creer que somos salvados ante todo para servir a Dios nos guía a:

- tratar de hacer cosas para Dios a fin de ganar su aceptación
- vivir por nuestras propias fuerzas y talentos en vez de depender del poder del Espíritu Santo
- creer que Dios esta mas interesado en nuestra conducta que en una relación con nosotros
- ser orgulloso espiritualmente por nuestro rendimiento, talentos o sacrificio

Creer en las "Buenas Nuevas" progresivamente transforma nuestras vidas

Nuestro propósito y significado que le damos a la vida cambiara.

Cada vez más, nuestro propósito será disfrutar una relación de amor con Dios. En vez de siempre tratar de evitar la aflicción, empezaremos a ver los problemas como oportunidades para conocer a Dios como una experiencia personal.

Podemos continuar sintiéndonos separados de Dios si no creemos que somos perdonados, amados y aceptados por Dios.

> Y ciertamente, aun estimo todas las cosas como pérdida por la excelencia del conocimiento de Cristo Jesús, mi Señor,... a fin de conocerle.   Filipenses 3:8, 10a (RVR)

La manera que vemos a Dios y le respondemos cambiara.

El evangelio demuestra la hermosura de la gracia de Dios y de su amor incondicional por nosotros. A medida que más creemos en el amor de Dios, más fácilmente confiaremos en Él cuándo estemos en dificultades. Nos acercaremos a Él cuando estemos en apuros o fallemos.

> Me mostrarás la senda de la vida; En tu presencia hay plenitud de gozo; Delicias a tu diestra para siempre.   Salmos 16:11 (RVR)

> A los ricos de este siglo manda que no sean altivos, ni pongan la esperanza en las riquezas, las cuales son inciertas, sino en el Dios vivo, que nos da todas las cosas en abundancia para que las disfrutemos.   1Timoteo 6:17 (RVR)

La manera en como nos vemos y como nos relacionamos cambiará.

Nos veremos a nosotros mismos como los hijos amados de Dios, no-solo como pecadores perdonados. Comenzaremos a relacionarnos con otros del mismo modo como Dios se relaciona con nosotros, Perdonaremos, amaremos y aceptaremos a otros del mismo modo y con la misma intensidad con que creemos que Dios nos ha perdonado, amado y aceptado.

> Por tanto, recibíos los unos a los otros, como también Cristo nos recibió, para gloria de Dios.   Romanos 15:7 (RVR)

> Antes sed benignos unos con otros, misericordiosos, perdonándoos unos a otros, como Dios también os perdonó a vosotros en Cristo.   Efesios 4:32 (RVR)

> Vestíos, pues, como escogidos de Dios, santos y amados, de entrañable misericordia, de benignidad, de humildad, de mansedumbre, de paciencia; 13 soportándoos unos a otros, y perdonándoos unos a otros(1) si alguno tuviere queja contra otro. De la manera que Cristo os perdonó, así también hacedlo vosotros.   Colosenses 3:12-13 (RVR)

Recibir a Cristo en nuestra vida se decide sólo una vez. Sin embargo, creer en las "buenas nuevas" no sólo es una decisión de un momento sino continúa. Diariamente debemos continuar creyendo y obrando en cosas que ahora son reales para nosotros. Esto involucra que la muerte de Cristo en la cruz garantiza nuestro perdón y nos habilita para disfrutar una relación intima de amor con Dios. También debemos afirmar que el Espíritu Santo vive dentro de nosotros y desea vivir la vida de Cristo a través de nosotros.

Jesús dio Su vida por nosotros, y así puede dar Su vida a nosotros, y así puede vivir Su vida a través de nosotros.

RESUMEN:

1. Fuimos creados para ser amigos y compañeros de Dios.

2. El pecado nos ha separado de Dios y ha distorsionado nuestras creencias acerca de Dios, de nosotros mismo y de los demás.

3. Cristo restaura nuestra relación con Dios, y Dios desea vivir a través de nosotros por el Espíritu Santo.

4. Las Buenas Nuevas son que somos totalmente perdonados y podemos experimentar la calidad de vida de Dios ahora (vida eterna).

Una Vida Transformada, continuación

Comencé a estudiar la Biblia con un amigo un par de veces a la semana, y el conocer a Dios y lo que Él piensa acerca de mí me ayudó a superar mis temores. Me di cuenta que Dios desea una relación conmigo, no mis esfuerzos de conducta. Aprendí que no me condenaría ni me amonestaría. Supe que Dios cambia vidas, pero no estaba seguro que cambiaría la mía. Decidí darle una oportunidad y acepté el perdón de Cristo y lo invite a que tomara control de mi vida.

A medida que creía y recibía la verdad del amor y perdón incondicional de Dios, los sentimientos de abandono y rechazo comenzaron a desaparecer. Fui liberado de los pensamientos que me atormentaban y me impulsaban al suicidio y a la desesperación. Mi perspectiva completa cambió. Tengo mucho más de lo que tenía, pero no son cosas. Tengo confianza porque no tengo la preocupación de que estoy tomando decisiones equivocadas. Sé que tengo a Alguien que me guía en medio de mis problemas.

Entender la aceptación de Dios es la clave de todo. La gente me decía antes que era una persona digna, pero no les creía. Ahora sé que es verdad porque tengo Su palabra que me dice quien soy. De otra manera, estaría aun creyendo la mentira que hay algo malo en mi. Aun estaría torturándome todo el tiempo acerca de mis hechos. Ahora no considero las fallas de mi pasado porque estoy enfocado en el futuro que Dios tiene para mí.

Solía aislarme porque tenia temor al rechazo, y la gente de mi entorno me evitaba ya que pensaban que estaba siempre molesto. Ahora me manejo fácilmente y eso me permite salir e integrarme a la sociedad. He ganado muchos nuevos amigos, y la gente conversa conmigo ya que no proyecto temor.

Mi actitud hacia el trabajo también ha cambiado. En mi trabajo, disfruto de cumplir con un buen trabajo e integrar a otros a cumplir con el objetivo común. Las ocupaciones y necesidades diarias son agradables ya que lo enfoco en disfrutarlo y no en preocuparme de los resultados.

Ahora tengo una vida presente en vez de un pasado de fallas y futuro de temores. Descubrí esta nueva vida de la Verdad de Dios, y deseo vivir y crecer en ella. Sé que es una travesía guiada por el Espíritu y que Dios en mí me hará capaz de poder vivirlo.

Jeff- Supervisor de Impresión

Entendiendo las Buenas Nuevas – Día Uno

Meta: Reconocer su actual perspectiva de Dios y cómo esto ha afectado su entendimiento de las "buenas nuevas".

1. ¿Qué es lo que ha entendido del Evangelio hasta este momento?

2. Lea la lección y escriba luego una definición de las "buenas nuevas".

3. Piense en algún momento en que recientemente estuvo realmente desilusionado con su comportamiento, y teniendo en cuenta esto, complete las siguientes expresiones:

   Cuando Dios piensa en mí, Él es (o está)…

   Dios quiere que yo…

   Dios está molesto conmigo cuando….

   Dios estaría mas complacido conmigo si yo…

   La cosa que más me asusta de Dios es…

4. A base de las respuestas de la pregunta 3, escriba una descripción de cómo piensa que Dios lo ve cuando usted falla.

    Ejemplo: "Cuando Dios piensa en mí, El se molesta". Esto posiblemente revela una creencia que Dios no lo ha perdonado.

5. ¿Qué malentendido de las "buenas nuevas" se refleja en las respuestas que dio a las preguntas 3 y 4?

    Ejemplo: Creer que Dios no perdona revela un malentendido del total perdón de Dios de sus pecados.

6. Puede que sus respuestas sean un ejemplo de cómo su concepto de Dios ha sido distorsionado como resultado de haber nacido separado de Dios. Vea esta lección y encuentre un versículo que corrija su punto de vista distorsionado de Dios y el evangelio. A base de este versículo, escriba una oración a Dios dándole las gracias por esta "buena nueva".

Entendiendo las Buenas Nuevas – Día Dos

Meta: Comprender cómo Dios responde cuando usted peca.

1. Lea Juan 8:3-11, observe el comportamiento de la mujer y la respuesta de Jesús.

   a. ¿Cuál era el comportamiento de la Mujer?

   b. ¿Cuál fue la actitud de Jesús hacia ella?

2. Leer Lucas 15:11-24. El Padre en esta parábola representa a Dios, y los dos hijos representan dos tipos de personas.

   a. ¿Cuál era el comportamiento del hijo más joven?

   b. ¿Cuál fue la respuesta del padre al hijo más joven?

   c. ¿Qué fue lo que hizo el hijo para que su padre lo perdonara?

3. A base de los ejemplos citados anteriormente. ¿Cómo responde Dios cuando usted peca?

4. Además del perdón, ¿qué más se revela respecto del carácter de Dios en los pasajes citados anteriormente?

5. ¿Cómo es que viendo a Dios de este modo afecta la manera en que se relaciona usted a Él en su situación actual?

6. Escriba una oración expresándole a Dios su deseo de experimentarlo a Él de ese modo.

Entendiendo las Buenas Nuevas – Día Tres

Meta: Comprender mucho mejor en la Escritura el perdón total que Dios le extiende.

Conocer y gozar del perdón de Dios es imperativo para la salud espiritual de una vida cristiana. ¡Qué increíble es el gozo que tenemos cuando nos damos cuenta de lo que Dios ha hecho por nuestros pecados. Podemos ahora entrar con confianza a su presencia con la seguridad de que nuestros pecados no sólo han sido perdonados sino olvidados! ¡Esto quiere decir que Dios nunca nos va a encarar con nuestros pecados pasados!

1. ¿Qué pecados ha sentido usted que Dios aún cuenta contra usted?

2. Lea cada versículo de abajo y escriba luego lo que Dios le está comunicando acerca de Su perdón y personalice sus repuestas.

> Y á vosotros, estando muertos en pecados y en la incircuncisión de vuestra carne, os dio vida juntamente con él, perdonándoos todos los pecados, anulando el acta de los decretos que había contra nosotros, que nos era contraria, quitándola de en medio y clavándola en la cruz.
>
> Colosenses 2:13-14 (RVR)

> Jehová está en medio de ti, poderoso, él salvará; se gozará sobre ti con alegría, callará de amor, se regocijará sobre ti con cánticos.
>
> Sofonías 3:17 (RVR)

> Cuanto está lejos el oriente del occidente, Hizo alejar de nosotros nuestras rebeliones.
>
> Salmos 103:12 (RVR)

> Yo, yo soy el que borro tus rebeliones por amor de mí mismo; y no me acordaré de tus pecados.
>
> Isaías 43:25 (RVR)

> Ahora, pues, ninguna condenación hay para los que están en Cristo Jesús, ...
>
> Romanos 8:1a (RVR)

3. Basado en estos versículos, ¿cuántos pecados Dios le ha perdonado? Recuerde que Jesús murió por todos los pecados del Mundo. Eso significa que El ya pagó también por todos sus pecados futuros.

4. Escriba una carta a Dios agradeciéndole a Él por Su perdón total.

Entendiendo las Buenas Nuevas– Día Cuatro

Meta: Comprender mucho mejor el regalo de la vida eterna.

1. ¿Qué recibió cuando usted se convirtió en cristiano?

2. En conformidad con el siguiente versículo, ¿cómo recibe uno la vida eterna?

> De cierto, de cierto os digo: El que oye mi palabra, y cree al que me envió, tiene vida eterna; y no vendrá á condenación, mas ha pasado de muerte á vida.   Juan 5:24 (RVR)

Frecuentemente pensamos que la vida eterna es solamente vivir eternamente después de la muerte (futuro) en vez de algo que recibimos en la salvación y podemos experimentarlo ahora.

La palabra "vida" viene del Griego "zoe" que se refiere al principio de la vida en el espíritu y alma (opuesto a la vida en el cuerpo). "Zoe" representa lo mejor y más elevado, lo cual es Cristo y lo cual Él da a los que creen en Él. Es la calidad de vida de Dios, la cual es dada a Sus hijos. Podemos experimentar el "zoe", la calidad de vida de Dios, mientras más conocemos, percibimos, identificamos, estamos al tanto y entendemos a Dios como realmente es.

3. Recuerde la definición de arriba, lea los siguientes versículos y escriba abajo sus observaciones acerca de la "vida eterna".

> Para que todo aquel que en él cree, no se pierda, mas tenga vida eterna. Porque de tal manera amó Dios al mundo, que ha dado á su Hijo unigénito, para que todo aquel que en él cree, no se pierda, mas tenga vida eterna.   Juan 3:15-16 (RVR)

El ladrón no viene sino para hurtar, y matar, y destruir: yo he venido para que tengan vida, y para que la tengan en abundancia.   Juan 10:10 (RVR)

Y esta es la voluntad del que me ha enviado: Que todo aquel que ve al Hijo, y cree en él, tenga vida eterna: y yo le resucitaré en el día postrero. De cierto, de cierto os digo: El que cree en mí, tiene vida eterna.   Juan 6:40,47 (RVR)

Estas cosas os he escrito á vosotros que creéis en el nombre del Hijo de Dios, para que sepáis que tenéis vida eterna, y para que creáis en el nombre del Hijo de Dios.   1 Juan 5:13 (RVR)

4. ¿Cuales son las nuevas cosas que ha aprendido de estos versículos concernientes a la "vida eterna"?

5. Dios es vida eterna, la fuente de toda la vida, aparte de El no hay vida real. Él decidió dar Su vida a todos aquellos que en Él creen, y a quienes reciben a Jesús ofrece el perdón y la vida eterna, Si usted nunca recibió a Jesús en su vida, puede hacerlo ahora simplemente aceptándolo a Él en su corazón.

Mas á todos los que le recibieron, á los que creen en su nombre, les dio potestad de ser hechos hijos de Dios.   Juan 1:12 (RVR)

Entendiendo las Buenas Nuevas – Día Cinco

Meta: Aprender como se aplican las "buenas nuevas" a su vida diaria.

1. La vida eterna no es sólo larga vida sino la calidad de vida que viene de Dios, y que puede ser experimentada ahora, en medio de los problemas cotidianos. ¿Cómo es que esto le da a usted la esperanza de enfrentar la situación por la que puede estar pasando?

2. Creyendo que Dios lo ha perdonado completamente, que lo ama incondicionalmente y que lo acepta completamente tal cual es, ¿Hace esto que usted cambie la manera en que se relaciona a Dios cuando peca?

3. La vida eterna es experimentada a través del conocimiento de Dios – de llegar a conocer a Dios (Juan 17:3) Podemos experimentar la calidad de vida de Dios ya que Cristo murió para que nosotros ahora podamos vivir.

> Porque si siendo enemigos, fuimos reconciliados con Dios por la muerte de su Hijo, mucho más, estando reconciliados, seremos salvos por su vida.
> Romanos 5:10 (RVR)

Nuestra salvación no es solamente un evento de nuestro pasado, sino también nuestra continua experiencia personal diaria. En la medida que llamamos a Jesús en medio de nuestros problemas diarios, podemos experimentar el poder de Dios liberándonos de la esclavitud del pecado.

La salvación es la experiencia actual del poder de Dios liberándonos de la esclavitud del pecado. ¿En que áreas de su vida necesita la experiencia de la libertad del pecado que Cristo da? (Vea la definición de "pecado" en 2.4.)

4. Lea los siguientes versículos y bajo cada uno de ellos escriba, con sus propias palabras, lo que Dios le promete para la situación actual por la que pasa.

> Por lo cual estoy seguro de que ni la muerte, ni la vida, ni ángeles, ni principados, ni potestades, ni lo presente, ni lo por venir, Ni lo alto, ni lo profundo, ni ninguna otra cosa creada nos podrá separar del amor de Dios, que es en Cristo Jesús Señor nuestro.   Romanos 8:38-39 (RVR)

Ejemplo: No hay nada en mi pasado o en mi presente o en mi futuro que hará que Dios deje de amarme.

> ...porque él dijo: No te desampararé, ni te dejaré.   Hebreos 13:5b (RVR)

> No temas, que yo soy contigo; no desmayes, que yo soy tu Dios que te esfuerzo: siempre te ayudaré, siempre te sustentaré con la diestra de mi justicia.   Isaías 41:10 (RVR)

> Porque Dios es el que en vosotros produce así el querer como el hacer, por su buena voluntad.   Filipenses 2:13 (RVR)

> Estando persuadido de esto, que el que comenzó en vosotros la buena obra, la perfeccionará hasta el día de Jesucristo.   Filipenses 1:6 (RVR)

5. Conforme a lo que Dios ha prometido, ¿hay alguna razón por la cual usted deje de tener esperanza? ¿Por qué, o por qué no?

6. Tome un tiempo para agradecer a Dios por lo que le ha prometido.

Entendiendo las Buenas Nuevas – Lección Dos

Nombre _____ Fecha _____

Responda a las siguientes preguntas. Para entregar la página a un líder de grupo utilice páginas perforadas al final del libro.

1. ¿Qué entendía respecto a la salvación antes de esta lección?

2. ¿Cuales son los conceptos nuevos que ha obtenido de las "buenas nuevas" en esta lección?

3. ¿Cuándo fue que creyó usted personalmente en las "buenas nuevas" y recibió la vida eterna?

4. ¿Hay algo que haya hecho usted y que crea que Dios no le ha perdonado? Si es así, ¿qué es?

5. ¿Cuán confiado está de la presencia de Dios en su vida diaria?

6. ¿Qué creencias equivocadas ha identificado usted en la Lección de esta semana?

7. Marque el gráfico para indicar la cantidad de tareas que ha completado esta semana.

	50%	100%

Anote sus pedidos de oración:

Viéndonos Nosotros como Dios nos Ve

Por lo tanto, si alguno está en Cristo, es una nueva creación.
¡Lo viejo ha pasado, ha llegado ya lo nuevo!

2 Corintios 5:17 (NVI)

Lección 3

Pasé mucho de mi vida tratando de ganar aceptación de la gente - de mi familia, de mis amigos, y especialmente de Dios. Creía que para ser aceptado y respetado, habría de realizar algo para ser digno de su aprobación.

Muchas de mis experiencias de mi niñez resultaron en estas creencias. Cada vez que mostraban mí libreta de notas a mis padres ellos no decían: "Qué bien que obtuviste A y B" sino que me decían "Por qué sacaste la C? ¿No puedes sacar mejores notas?" También me di cuenta que los atletas eran siempre los más populares en el colegio. Los invitaban a fiestas, y eran reconocidos por sus hazañas. Todos querían estar con ellos. Pero como yo no era un atleta, me sentí rechazado y me sentía no ser digno de la atención de mis compañeros.

Llevé esa falsa creencia hacia mi relación con Dios. ¿Quiénes eran reconocidos en la iglesia?

Usualmente eran los misioneros extranjeros; los que tenían asistencia perfecta a los servicios de la iglesia por 100 años, y las personas que daban mucho dinero. ¡Mi definición de santo era la de aquel que enseñaba en la escuela dominical por 30 años! Como no había logrado esas metas sabía que no era importante allí tampoco.

Creía que tenía que trabajar duro para obtener la aprobación de Dios - teniendo un tiempo de oración cada mañana, memorizando 2 versículos de la Biblia cada semana y testificando a todos con los que me cruzara- especialmente aquellos que se sentaban a mi lado en un avión! - pero por más que traté de agradar a Dios siempre había algo más que debería de haber hecho.

Quizás debería de unirme al coro de la iglesia.

Continuará...

Viéndonos Nosotros como Dios Nos Ve - Lección Tres

Primero, póngase al tanto de las definiciones de algunos términos usados por Scope. Vea el Apéndice A en la página 9.26.

Las "Buenas Nuevas" del evangelio tienen muchas verdades implícitas, y esto incluye la verdad acerca de nosotros mismos. Estas creencias básicas acerca de nosotros fueron desarrolladas a base de nuestras experiencias en este mundo caído, no de la palabra de Dios. Esta lección nos ayudará a reconocer nuestras creencias corruptas acerca de nosotros mismos, las cuales contradicen lo que Dios ha deseado que seamos.

Fuimos Creados a la Imagen de Dios

La manera como hemos sido diseñados por Dios corresponde a Su propósito al crearnos. Recuerde que fuimos creados para ser los amigos y compañeros de Dios, para vivir por medio de Su vida y para expresar Su carácter.

> Y creó Dios al hombre á su imagen, á imagen de Dios lo creó; varón y hembra los creó.
> Génesis 1:27 (RVR)

Estamos Hechos de Tres Partes Básicas: Cuerpo, Alma y Espíritu

La Escritura nos trata como seres integrales. Usa los términos *cuerpo*, *alma* y *espíritu* para enseñarnos cómo debemos de funcionar de acuerdo a esta realidad.

> Entonces Jehová Dios formó al hombre del polvo de la tierra [cuerpo], y sopló en su nariz aliento de vida [espíritu], y fue el hombre un ser viviente [alma].
> Gen 2:7 (RVR)

Dios formó nuestro cuerpo de la tierra, para que podamos relacionarnos con el mundo físico. Nos dio un espíritu humano para que podamos relacionarnos con Él. Nos convertimos en almas vivientes, para que así podamos conocer y relacionarnos con el mundo físico y visible, así como también con el invisible y espiritual.

> Que Él, el Dios de la paz, os santifique plenamente; y que todo vuestro ser, el espíritu, el alma y el cuerpo, se conserve sin mancha hasta la venida de nuestro Señor Jesucristo.
> 1Tesalonicenses 5:23 (BJ)

La analogía del árbol nos ayudará a entender nuestra naturaleza tripartita.

Ya que el árbol tiene tres partes, ayudará a ilustrar cómo es que nuestro cuerpo, alma y espíritu se combinan para hacernos una persona íntegra.

Como las hojas, nuestro cuerpo es la parte más visible y cambiante de lo que somos nosotros. Nuestro cuerpo tiene necesidades básicas tales como nutrición, ejercicio, y descanso. Nuestro cuerpo es el medio de "hacer" y relacionarnos al mundo a través de nuestros cinco sentidos. Nuestro cuerpo es temporal y visible.

Así como el tronco da al árbol su forma especial, así nuestra alma nos da nuestra única personalidad. Nuestra alma tiene necesidades tales como ser amada, aceptada y tener significado. Nuestra alma incluye nuestra mente a fin de conocer a Dios, nuestras emociones para gozarnos en Él, y nuestra voluntad para obedecerlo. Nuestra alma expresa nuestros pensamientos, sentimientos, y decisiones. Es nuestro medio de relacionarnos con otros.

Las raíces de un árbol no son visibles; sin embargo son el aspecto más importante del árbol. Un árbol sin raíces no es un árbol. De la misma manera un cuerpo sin espíritu, esta muerto. El espíritu nos da vida y determina nuestra identidad. El espíritu fue hecho para recibir vida de Dios. El espíritu es nuestro medio de conocer y responder a Dios, Quien es Espíritu. Nuestro espíritu humano es eterno e invisible.

En la Creación

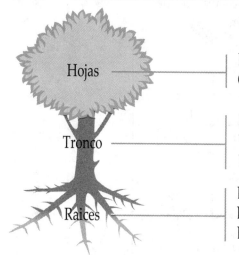

Hojas — El cuerpo era inmortal
Obediente a los caminos del Señor

Tronco — La Mente dependía del espíritu para la verdad
Voluntad en armonía con uno mismo y con otros
Las Emociones expresaban el carácter de Dios

Raíces — Espíritu vivo y en comunión con Dios
Deseaba agradar a Dios.
Era portador de la imagen de Dios

Por Causa del Pecado,
El Espíritu Humano Nace Muerto hacia Dios

La decisión del hombre de vivir al margen de Dios le trajo muerte espiritual. La muerte espiritual es la separación del espíritu humano y Dios.

La separación del hombre y Dios afecta las tres partes de su naturaleza.

Al estar separado de Dios, el espíritu humano no puede recibir revelación de Dios; por tanto el alma del hombre comenzó a determinar la verdad por sí mismo. Por falta de la Verdad como Dios la define, la mente del hombre entró en penumbras, carente de entendimiento espiritual, creyendo mentiras como verdades. Con su mente engañada, su voluntad se rebeló y sus emociones comenzaron a controlarlo. Su cuerpo comenzó a morir y a volverse un instrumento del pecado.

Por cuanto todos pecaron, y están destituidos de la gloria de Dios.
Rom 3:23 (RVR)

Ya que cambiaron la verdad de Dios por la mentira, honrando y dando culto á las criaturas antes que al Creador, el cual es bendito por los siglos. Amén.
Rom 1:25 (RVR)

Al creer mentiras como verdades, el hombre vive para complacerse a sí mismo y para satisfacer sus propias necesidades. Al tener enfocada su vida en sus propias fuerzas, el hombre se vuelve egoísta y propenso a vivir en pecado. Esta es la condición en la que todos nacemos, egoístas y esclavos del pecado.

Además, como estimaron que no valía la pena tomar en cuenta el conocimiento de Dios, él a su vez los entregó a la depravación mental, para que hicieran lo que no debían hacer. Se han llenado de toda clase de maldad... Saben bien que, según el justo decreto de Dios, quienes practican tales cosas merecen la muerte; sin embargo, no sólo siguen practicándolas sino que incluso aprueban a quienes las practican.
Rom 1: 28-29a, 32 (NVI)

En la Separación

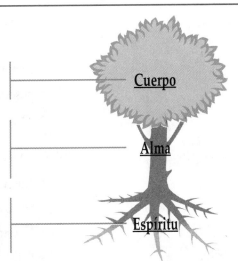

Mortal, debilitado y muriendo
Desobediente a los caminos de Dios

Cuerpo

Mente entenebrecida, creencias corruptas
Voluntad esclavizada al pecado, egoístas
Controlados por las emociones

Alma

Espíritu muerto hacia Dios, vivo al pecado
Deseos de complacerse a sí mismo
Hijo de Satanás

Espíritu

Jesucristo Restaura la Imagen de Dios en Nosotros

La muerte de Cristo en la cruz consumó más que el perdón de nuestros pecados. La cruz es el instrumento de la muerte de nuestra vieja naturaleza e identidad. Cuando Cristo murió nuestra naturaleza pecaminosa murió con Él. Cuando Cristo fue enterrado, nuestra vieja identidad fue enterrada con Él. Cuando Cristo resucitó fuimos resucitados con Él a una nueva vida:

• Nuestra vieja naturaleza pecaminosa fue crucificada con Cristo

Sabiendo esto, que nuestro viejo hombre fue crucificado con Él, para que nuestro cuerpo de pecado fuera destruido, á fin de que no seamos esclavos del pecado.
Romanos 6:6 (LBLA)

• Nuestro espíritu es hecho nuevo y es morada del Espíritu de Cristo (Rom 8:9-10)

• Nuestro espíritu está muerto al pecado y está vivo hacia Dios (Rom6:11)

• Somos una nueva creación con una nueva identidad

De modo que si alguno está en Cristo, nueva criatura es: las cosas viejas pasaron; he aquí todas son hechas nuevas.   2 Corintios 5:17 (RVR)

Cristo nos ha dado una nueva identidad.

Desde que somos hijos de Dios nacidos del Espíritu, tenemos una nueva naturaleza e identidad. La Palabra de Dios describe cómo Dios nos ve ahora. Dios no nos juzga más conforme a nuestras obras o esfuerzos sino de acuerdo a nuestro espíritu. Como hijos de Dios somos:

- total y completamente perdonados (Efesios 1:7, Colosenses 2:13-14)
- completamente aceptables y aceptados (Romanos 15:7, Efesios 1:4)
- absolutamente justos (Efesios 4:24, 2 Corintios 5:21)
- perfectos en Cristo (Hebreos 10:14)
- santos y libres de culpa (Colosenses 1:22)
- completos, íntegros, capaces (Colosenses 2:10, 2 Corintios 3:5)
- poseedores de la mente de Cristo (1 Corintios 2:16)
- amoroso, jubiloso, paciente, amable, etc. (Gálatas 5:22-23)

Nuestro espíritu es ahora morada del Espíritu Santo:

- Nuestro espíritu ha sido sellado por el Espíritu Santo (Efesios 1:13)
- Somos ahora un espíritu con Cristo (1 Corintios 6:17)
- Nuestro cuerpo es el templo del Espíritu Santo (1 Corintios 3:16)
- El Espíritu Santo desea vivir a través de nuestro cuerpo y alma (Gálatas 2:20)

En la Restauración

Cuerpo
En el futuro, será hecho nuevo

Templo del Espíritu Santo e instrumento de justicia
Todavía muriendo, todavía no redimido
Será glorificado, será un nuevo cuerpo

Alma
En el presente, esta siendo renovada

La Mente - tiene la capacidad de ser renovada
La voluntad - puede actuar por el poder del Espíritu
Las emociones - pueden honrar a Dios y ser la expresión del corazón de Dios.

Espíritu
En el pasado, ha sido hecho nuevo

Hecho nuevo y vivo para con Dios
Habitado y sellado por el Espíritu de Dios
La naturaleza completa de Cristo está en mi - Yo deseo y decido agradar a Dios.

3.6

Ahora que Somos Nuevas Criaturas, ¿Por qué Seguimos Pecando?

Tenemos aún 3 enemigos.

Nuestro espíritu fue hecho nuevo, y el pecado no habita ya o afecta a nuestro espíritu (1 Juan 3:9). Sin embargo, **pecado** [el pecado que mora en nosotros] aun reside en nuestro cuerpo y afecta nuestra alma (Romanos 7:17, 20-21). Este **pecado en residencia** es como una melodía que permanece después que la canción se ha acabado. Es la memoria de la vieja manera de vivir, con sus creencias, pensamientos, sentimientos y hábitos. ¡Pero esto **no es** lo que somos nosotros!

> Y si hago lo que no quiero, ya no lo hago yo, sino el pecado que mora en mí. Así que, queriendo yo hacer el bien, hallo esta ley: Que el mal está en mí.
> Romanos 7:20-21 (RVR)

Satanás nos tienta apelando a la memoria de nuestra vieja naturaleza seduciéndonos a seguir en nuestra vieja manera de vivir en vez de ser guiados por el Espíritu. Su estrategia es engañarnos haciéndonos creer que nosotros en realidad no hemos cambiado.

Satán usa el **sistema del mundo** para engañarnos haciéndonos creer que las mentiras son verdades. El mundo trata de conformarnos a su manera de pensar (Romanos 12:2) y apela a nuestros viejos deseos (1 Juan 2:16).

Somos aun propensos a vivir de acuerdo a la carne.

Basamos la mayoría de nuestras creencias acerca de nosotros mismos en función del mundo, no en función de la palabra de Dios. Nuestros hábitos han sido formados para confiar en nuestro cuerpo y alma, no en nuestro espíritu. Nuestra alma y cuerpo que son controlados por el pecado que mora en nosotros se llama nuestra *carne*. Nuestra alma continuamente necesita ser renovada con la verdad y llenada con el Espíritu de Dios (Romanos 12:1-2, Efesios 5:18).

Por qué Seguimos Pecando

El pecado aun reside en el cuerpo
Satán nos tienta
El mundo trata de conformarnos

La mente - no está renovada
La voluntad - No rendida al Espíritu Santo
Las emociones - controlan la conducta

Aun sin pecado
Justo y santo
Nueva Creación

3.7

> Digo pues: Andad por el Espíritu, y no cumpliréis el deseo de la carne. Porque el deseo de la carne es contra el Espíritu, y el del Espíritu es contra la carne, pues éstos se oponen el uno al otro, de manera que no podéis hacer lo que deseáis. Gálatas 5:16-17 (LBLA)

¡Podemos Experimentar Nuestra Nueva Identidad!

Podemos paulatinamente convertirnos exteriormente (en nuestra alma y cuerpo) en quien Dios nos ha hecho en nuestro espíritu.

La **META** de experimentar su nueva identidad es en ser como Cristo (Romanos 8:29). Esto no es logrado por nuestras actividades u obras sino porque Dios obra en nosotros (Filipenses 2:13) Esto es **100% obra de Dios** (1Tesalonicenses 5:24).

El **MODO** de ser como Cristo ya nos ha sido dado por Dios. El Espíritu Santo es una persona, no sólo un poder divino (Juan 14:16-17) El Espíritu Santo es el que nos permite entender y experimentar quienes somos en Cristo (Juan 16:12-13) Esto es también **100% obra de Dios**.

El **MÉTODO** de experimentar nuestra nueva identidad es responder a Dios **por fe** (Hebreos 11:1,6 Colosenses 2:6, 1Juan 5:4-5. Debemos aceptar por **fe** el poder de la cruz (que nuestra antigua naturaleza pecaminosa fue crucificada para siempre con Cristo) y abrazar la realidad de nuestra nueva vida de resurrección (habiendo sido resucitados con Cristo) (Romanos 5:10; 6:5-6). Esto es **100% nuestra responsabilidad**. Tenemos que reconocer y recibir el regalo de la salvación y vivir siendo conscientes que ese don es una realidad (Colosenses 2:6; Efesios 2:8-10).

- Nuestra parte es aceptar por fe lo que Dios dice es verdad acerca de Sí mismo y de quienes somos en nuestra nueva naturaleza. (1 Juan 4:17; Romanos 8:11-16)

> Con Cristo he sido crucificado, y ya no soy yo el que vive, sino que Cristo vive en mí: y la vida que ahora vivo en la carne, la vivo por fe en el Hijo de Dios, el cual me amó, y se entregó á sí mismo por mí. Gálatas 2:20 (LBLA)

Esto involucra una decisión consciente para poder rechazar las mentiras que creímos acerca de nosotros mismos y sustituirlas con la verdad que Dios establece en la Biblia. Debemos tomar esta decisión cada vez que nos damos cuenta que es una mentira lo que estamos creyendo.

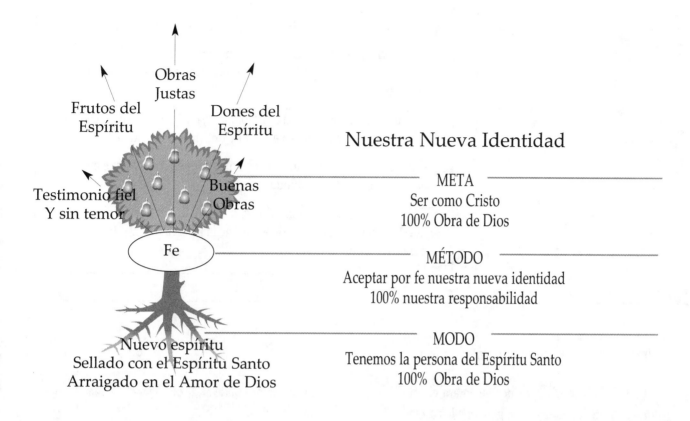

Obras
Justas

Frutos del
Espíritu

Dones del
Espíritu

Testimonio fiel
Y sin temor

Buenas
Obras

Fe

Nuevo espíritu
Sellado con el Espíritu Santo
Arraigado en el Amor de Dios

Nuestra Nueva Identidad

META
Ser como Cristo
100% Obra de Dios

MÉTODO
Aceptar por fe nuestra nueva identidad
100% nuestra responsabilidad

MODO
Tenemos la persona del Espíritu Santo
100% Obra de Dios

¡La Verdad Más Pura Acerca de Nosotros es lo que Dios Dice!

Debemos aprender a comportarnos según la verdad independientemente de nuestros sentimientos, experiencias o circunstancias presentes, u opiniones ajenas (Filipenses 3:12-14).

No es pasividad o inactividad. La verdadera fe es participar en una relación con Cristo, sometido al Espíritu Santo, y confiar en que Él viva a través de nosotros. Experimentar nuestra nueva identidad en Cristo incluye el vivir por la verdad del Espíritu en vez de la memoria de la antigua naturaleza.

La pura verdad acerca de mí es lo que Dios dice. No lo que yo pienso o siento y no lo que otros dicen o piensan o hacen. ¡La verdad acerca de mi es siempre lo que Dios dice!

Una Vida Transformada, continuación

Cuando comencé a aprender quien era yo en Cristo, no necesité hacer algo para ganarme la aceptación de Dios y de los otros. Él dice que estoy completo en Cristo, que soy aceptado, justo, santo, que soy coheredero con Cristo y que compartiré igualmente de su herencia. Soy un santo, ¡y eso que nunca enseñé en la escuela dominical! ¡Increíble!

Mi vida es diferente porque mis creencias son diferentes.

Cuando era joven era reservado y tímido y me tomaba tiempo para poder introducirme a otra gente, o a un grupo. Si alguien no se presentaba a mi, yo sentía que a nadie le gustaba y que me rechazaban porque no era digno de aprobación siendo Rob. Tenia que ganarme su aceptación. Ahora sé que puedo integrarme a un grupo con confianza ya que a la vez estoy confiando en mi posición en Cristo y de mis atributos en Cristo.

Cuando veía a una persona que tenia el valor o la fortaleza que yo quería, mi meta y modelo era de tratar de ser como esa persona. Ya que yo no era esa persona, nunca pude alcanzar esa meta, y por ello me sentía inaceptable.

Ahora, no me comparo con nadie. Por ejemplo, me gusta escuchar al locutor de la radio Paul Harvey. Es un comunicador muy elocuente y un excelente narrador de historias. Me gustaría ser como él, pero la verdad es que no soy Paul Harvey. Sólo soy un campesino de Oklahoma, pero ya no me siento inaceptable. Comprendo hasta donde llegan mis dones y que no tengo que ser como otros.

Si no estoy en la iglesia cada vez que las puertas están abiertas, no me siento culpable. Mi motivación para tener un tiempo de meditación y para memorizar unos versículos de la Escritura, no es para ganar la aprobación de Dios. Ahora hago esto porque Él me amó primero y deseo conocerlo a Él cada vez más.

Ahora sé que no tengo que hacer obras para ser aceptado por alguien, aun Dios. Juan 8:32 dice: "Y conoceréis la verdad, y la verdad os libertará.". ¡Él me ha libertado!

Rob- Gerente/Bienes Raíces

Viéndonos como Dios Nos Ve – Día Uno

Meta: Entender lo que la Biblia nos enseña acerca de la naturaleza de un hijo de Dios.

Antes que podamos identificar nuestros problemas desde la perspectiva de Dios, debemos primero vernos a nosotros mismos desde la perspectiva de Dios.

Es importante darnos cuenta que la imagen dominante del hombre en la Escritura es la de un ser Integral. Esto es, los términos *cuerpo, alma, y espíritu* son frecuentemente intercambiables por él término "vida". Por ejemplo, Romanos 12:1 nos enseña a presentar nuestros cuerpos a Dios.

> Así que, hermanos, os ruego por las misericordias de Dios, que presentéis vuestros cuerpos en sacrificio vivo, santo, agradable á Dios, que es vuestro culto racional.   Romanos 12:1 (RVR)

Cuando presentamos nuestros cuerpos a Dios, presentamos nuestra vida entera.

A pesar que la escritura nos identifica como seres íntegros, utiliza los términos cuerpo, alma y espíritu, y también nos enseña como vamos al funcionar dentro de ese todo.

> Y el mismo Dios de paz os santifique por completo; y todo vuestro ser, espíritu, alma y cuerpo, sea guardado irreprensible para la venida de nuestro Señor Jesucristo. 1 Tesalonicenses 5:23 (RVR)

1. ¿Qué le dicen los siguientes pasajes acerca del espíritu humano?

> Y el polvo vuelva á la tierra, como era, y el espíritu vuelva á Dios que lo dio.   Eclesiastés 12:7 (RVR)

> Dios es Espíritu; y los que le adoran, en espíritu y en verdad es necesario que adoren.
> Juan 4:24 (RVR)

> El Espíritu mismo da testimonio á nuestro espíritu, de que somos hijos de Dios.
> Romanos 8:16 (RVR)

Recuerde que nuestro cuerpo es nuestro medio para hacer o ejecutar algo, nuestra alma es nuestro pensamiento (mente), emociones y con el cual nuestra voluntad toma decisiones y nuestro espíritu es nuestra vida e identidad.

2. Haga una lista de las características de su vieja identidad encontrada en Efesios 2:1-3; 4:17-22; cómo se relacionan estas con su cuerpo, alma y espíritu.

3. Haga una lista de las características de su nueva identidad en Cristo descritas en Ezequiel 36:26-27, Romanos 6:11, Romanos 8:10, Efesios 4:24, Colosenses 3:10-12, Gálatas 5:22-23, y cómo se relacionan con su cuerpo, alma y espíritu.

Vieja Identidad   Nueva Identidad

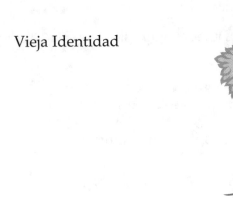

Cuerpo

Alma

Espíritu

4. Lea el artículo, "¿Qué es el Hombre?" en la página 3.23.

5. Basado en lo que ha aprendido, ¿Qué clase de naturaleza tienen los cristianos?

6. Escriba unas líneas de agradecimiento a Dios expresándole su aprecio por haberle dado un nuevo espíritu (naturaleza).

Viéndonos como Dios Nos Ve – Día Dos

Meta: Empezar a crear una identidad Cristiana

Los siguientes versículos revelan que en la salvación hemos sido hechos una nueva criatura. Aunque esto es una realidad, la comprensión de nuestra nueva naturaleza debe convertirse en parte integral de nuestra identidad. Recuerde que su espíritu ha sido cambiado, pero su alma aun está en proceso de renovación.

> Os daré corazón nuevo, y pondré espíritu nuevo dentro de vosotros; y quitaré de vuestra carne el corazón de piedra, y os daré un corazón de carne. Y pondré dentro de vosotros mi Espíritu.
>
> Ezequiel 36:26-27a (RVR)

> De modo que si alguno está en Cristo, nueva criatura es: las cosas viejas pasaron; he aquí todas son hechas nuevas.
>
> 2 Corintios 5:17 (RVR)

Lea "Convirtiéndome en Quien ya soy" en la página 3.27.

1. De la página 3.28 escoja cinco afirmaciones de la primera columna que reflejen cómo se ve frecuentemente a sí mismo y escríbalas abajo.	2. Ahora escriba las correspondientes verdades de la segunda columna y uno de los versículos dados en la tercera columna.	3. Escriba cualquier pensamiento o sentimiento que usted tenga el cual contradice esta verdad.

4. ¿Cómo están afectando esos pensamientos negativos su vida diaria?

Su conducta?

Sus emociones?

Sus relaciones interpersonales?

5. ¿Cómo se relacionan sus pensamientos negativos y creencias acerca de usted mismo a su problema actual (Vea el Primer Día de la Primera Semana – 1.13)?

6. ¡La pura verdad acerca de usted es lo que Dios dice! Estas increíbles verdades deben penetrar tanto en su pensamiento de tal manera que definan como debe verse a sí mismo a fin de que usted vea la vida a la luz de quien usted es en Cristo. Tome unos minutos para agradecer a Dios por su salvación y por haberle dado un nuevo espíritu y una nueva identidad.

Viéndonos como Dios Nos Ve – Día Tres

Meta: Comprender la persona y el rol del Espíritu Santo en nuestras vidas.

1. El Espíritu Santo es una persona, no-solo un "poder". Jesús lo llama "El Espíritu de Verdad", "El Consolador" y el "Ayudador." Después de cada versículo escriba el rol del Espíritu Santo en la vida Cristiana.

> Mas el Consolador, el Espíritu Santo, a quien el Padre enviará en mi nombre, él os enseñará todas las cosas, y os recordará todo lo que os he dicho.   Juan 14:26 (RVR)

CONSUELA, ENSEÑA, Y RECUERDA.

> Pero cuando venga el Consolador, a quien yo os enviaré del Padre, el Espíritu de verdad, el cual procede del Padre, él dará testimonio acerca de mí.   Juan 15:26 (RVR)

DARA TESTIMONIO.

> Pero cuando venga el Espíritu de verdad, él os guiará á toda verdad; porque no hablará por su propia cuenta, sino que hablará todo lo que oyere, y os hará saber las cosas que habrán de venir.   Juan 16:13 (RVR)

GUIARA A TODA VERDAD

> Y la esperanza no avergüenza; porque el amor de Dios ha sido derramado en nuestros corazones por el Espíritu Santo que nos fue dado.   Romanos 5:5 (RVR)

DERRAMA AMOR EN NUESTRAS VIDAS

Y de igual manera el Espíritu nos ayuda en nuestra debilidad pues qué hemos de pedir como conviene, no lo sabemos; pero el Espíritu mismo intercede por nosotros con gemidos indecibles.

Romanos 8:26 (RVR)

INTERCEDE, NOS AYUDA EN NUESTRA DEBILIDAD

Y nosotros no hemos recibido el espíritu del mundo, sino el Espíritu que proviene de Dios, para que sepamos lo que Dios nos ha concedido.

1 Corintios 2:12 (RVR)

Mas el fruto del Espíritu es amor, gozo, paz, paciencia, benignidad, bondad, fe [o fidelidad], mansedumbre, templanza [o dominio propio]; contra tales cosas no hay ley.

Gálatas 5:22-23 (RVR)

2. Revise sus respuestas a la pregunta 1 e identifique las áreas en las cuales usted se ha estado sintiendo responsable pero que en realidad son responsabilidad del Espíritu Santo.

3. El Espíritu Santo es responsable de amoldarnos a Cristo. Exprese su gratitud a Dios por la presencia y ministerio del Espíritu Santo en su vida. Reconozca delante de Dios las áreas en la cuales no ha reconocido al Espíritu Santo o no ha dependido de Él en el desarrollo de su vida espiritual.

Viéndonos como Dios Nos Ve – Día Cuatro

Meta: Reconocer que lo que usted tiene que poner de su parte para poder experimentar su nueva identidad es vivir por fe.

El método de experimentar su nueva identidad es vivir por fe. La Fe es aceptar a Dios en Su Palabra: fe es nuestra respuesta a la revelación de quién es Dios y lo que El ha echo por nosotros a través de Cristo. La fe es un regalo de Dios (Efesios 2:8-9) el cual puede crecer con el pasar del tiempo, así como un músculo crece mas fuerte cada día con el uso.

1. ¿Qué es lo que el siguiente versículo le dice respecto a cómo somos salvos?

> Que si confesares con tu boca que Jesús es el Señor, y creyeres en tu corazón que Dios le levantó de los muertos, serás salvo. Porque con el corazón se cree para justicia; pero con la boca se confiesa para salvación.
> Romanos 10:9-10 (RVR)

2. ¿Qué es lo que el siguiente versículo le dice respecto a la fe?

> Así que la fe es por el oír; y el oír, por la palabra de Dios.
> Romanos 10:17 (RVR)

3. ¿Qué dice Colosenses 2:6 respecto a cómo debemos vivir (andar momento a momento)?

> Por tanto, de la manera que habéis recibido al Señor Jesucristo, andad en él.
> Colosenses 2:6 (RVR)

4. ¿De acuerdo a Gálatas 2:20, cómo está usted viviendo?

> Con Cristo estoy juntamente crucificado, y ya no vivo yo, mas vive Cristo en mí: y lo que ahora vivo en la carne, lo vivo en la fe del Hijo de Dios, el cual me amó y se entregó á sí mismo por mí.
> Gálatas 2:20 (RVR)

5. La Fe no es un sentimiento o emoción, ni tampoco un conocimiento intelectual. ¿Quién tiene que ser el objeto de nuestra fe, de acuerdo a Hebreos 12:1-2?

> Por tanto, nosotros también, teniendo en derredor nuestro tan grande nube de testigos, despojémonos de todo peso y del pecado que nos asedia, y corramos con paciencia la carrera que tenemos por delante, puestos los ojos en Jesús, el autor y consumador de la fe, el cual por el gozo puesto delante de él sufrió la cruz, menospreciando el oprobio, y se sentó a la diestra del trono de Dios.
>
> Hebreos 12:1-2 (RVR)

No debemos poner fe en nuestra fe. La fe Bíblica es confianza y fianza en la persona y carácter de Dios. Al confesar su nueva identidad con su boca y creer en su corazón lo que Dios ha dicho, El Espíritu Santo lo hará real en su vida (al debido tiempo que Dios establezca, no el suyo).

6. Pase unos minutos agradeciendo a Dios por su nueva identidad (sea específico) y exprese su confianza que Él hará esa nueva identidad una realidad diaria a través del poder del Espíritu Santo.

Viéndonos como Dios Nos Ve – Día Cinco

Meta: Comprender como experimentar su nueva identidad, de manera práctica, en su vida diaria.

Experimentar su nueva identidad es más que un asunto de reemplazar pensamientos negativos por positivos. Es el resultado de relacionarse con Dios y creer lo que Él dice acerca de quien es usted en Cristo. Diariamente usted decide deshacerse de la vieja identidad y colocar la nueva.

1. Lea los siguientes pasajes varias veces.

> Esto pues digo, y requiero en el Señor: que ya no andéis como los otros Gentiles, que andan en la vanidad de su mente.
>
> Teniendo el entendimiento entenebrecido, ajenos de la vida de Dios por la ignorancia que en ellos hay, por la dureza de su corazón;
>
> Los cuales después que perdieron toda sensibilidad, se entregaron á la lascivia para cometer con avidez toda clase de impureza.
>
> Mas vosotros no habéis aprendido así á Cristo,
>
> si en verdad le habéis oído, y habéis sido por él enseñados, conforme a la verdad que está en Jesús,
>
> En cuanto á la pasada manera de vivir; despojaos del viejo hombre, que está viciado conforme á los deseos engañosos,
>
> Y renovaos en el espíritu de vuestra mente,
>
> Y vestíos del nuevo hombre, creado según Dios en la justicia y santidad de la verdad.
>
> Efesios 4:17-24 (RVR)

2. Pídale al Espíritu Santo que traiga a su mente un área en su vida donde no ha experimentado actualmente su nueva identidad en Cristo.

3. Pídale al Espíritu Santo que le muestre las mentiras en las que ha estado creyendo en esta área de su vida y la manera de pensar que debe ser remplazada con la verdad de Dios. Escriba la mentira que debe ser eliminada y la verdad que debe ser adoptada.

4. Por cada mentira que ha enumerado, escriba la verdad correspondiente acerca de la nueva identidad en una ficha de 3 x 5" o en un Post-it, junto con los versículos relacionados de la Escritura (refiérase a la paginá 3.28, "Convirtiéndome en quien ya soy"). Ahora coloque esas fichas en lugares visibles (tales como el espejo del baño, refrigerador, panel del carro, etc.) así se acordará de la verdad a lo largo del día. Cuando recuerde la verdad, agradezca a Dios por lo que realmente es verdad acerca de usted "en Cristo". Continué esto diariamente por las siguientes tres semanas.

Viéndonos como Dios nos Ve – Lección Tres

Nombre _____ Fecha _____

Responda a las siguientes preguntas. Para entregar la página a un líder de grupo utilice páginas perforadas al final del libro.

1. De acuerdo a lo que ha aprendido acerca de la naturaleza del hombre, ¿Qué ha cambiado en usted al llegar a ser salvo?

2. ¿Cómo es que el entender que tiene una nueva naturaleza le da confianza respecto a su salvación y su crecimiento espiritual?

3. ¿Cuales creencias equivocadas en su vida debe de dejar de lado?

4. ¿Cómo cree que su nueva identidad y confianza en el Espíritu Santo afectaría su manera de responder a sus problemas presentes?

5. ¿Qué preguntas tiene usted concerniente a la naturaleza del hombre y a su nueva identidad?

6. Marque el gráfico para indicar la cantidad de tareas que ha completado esta semana.

	50%		100%

Anote sus pedidos de oración:

_____

_____

_____

_____

_____

_____

_____

_____

_____

_____

_____

_____

_____

_____

_____

_____

_____

_____

_____

3.22

¿Qué es el Hombre?

Articulo de apoyo para: "Viéndonos Nosotros como Dios nos Ve"

por Jim Craddock

Después de examinar las maravillas del vasto universo, David todavía no creía que Dios tuviera en mente al hombre y le cuidara, aun menos que lo haya coronado con gloria y honor. Para David el hombre era insignificante cuando se comparaba con la magnitud del universo creado por Dios. Sin embargo, para Dios, el universo era insignificante cuando lo comparaba a lo que Él había creado y planeado que el hombre sea.

Cuando veo tus cielos, obra de tus dedos, La luna y las estrellas que tú formaste, Digo: ¿Qué es el hombre, para que tengas de él memoria, Y el hijo del hombre, que lo visites? Le has hecho poco menos que los ángeles, Y lo coronaste de gloria y de honra. Le hiciste señorear sobre las obras de tus manos; Todo lo pusiste debajo de sus pies. Salmo 8:3-6 (RVR)

La meditación de David hizo que se preguntase lo que ya había sido preguntado desde tiempos inmemoriales- ¿Qué es el hombre? El hombre siempre ha sido fascinado por sí mismo, desde la Caída en Edén, el hombre ha sido egoísta y egocéntrico. Mas aun, los siglos han pasado y el hombre, aparte de Dios, nunca ha sido capaz de responder esta pregunta tan básica- "¿Quién soy yo?"

Por mucho tiempo he afirmado un principio básico de la vida.: ¡Para poder conocer al hombre debe conocer a Dios primero! Es en el entender a Dios que podemos entender al hombre. A medida que las personas conozcan más y más a Dios, más podrán conocerse a ellos mismos. Esto es básico para una vida Cristiana victoriosa.

Consecuentemente, si queremos conocer la esencia del hombre, y entiendo por "esencia" su naturaleza básica, entonces necesitamos conocer la naturaleza de Dios. Hay tres cosas básicas que resaltan acerca de Dios en la Escritura. La primera, establecida por Jesús en el evangelio de San Juan, el cual dice:

Dios es Espíritu; y los que le adoran, en espíritu y en verdad es necesario que adoren. Juan 4:24 (RVR)

Como Dios es esencialmente espíritu, así el hombre lo es. Por lo tanto la primera cosa que aprendemos acerca del hombre es que él es ante todo, un ser espiritual.

Segundo, Jesús puso muy en claro que Dios es uno.

Jesús le respondió: El primer mandamiento de todos es: Oye, Israel; el Señor nuestro Dios, el Señor uno es. Marcos 12:29 (RVR)

Jesús estaba citando Moisés en Deuteronomio 6:4., En otras palabras, Dios es una Persona integral- nuestro Dios es Uno. Así como Dios es un todo unificado, así el hombre también lo es. Así como Dios es uno, el hombre es uno. La segunda cosa que aprendemos acerca del hombre es que es un ser unificado.

La tercera cosa básica que vemos acerca de Dios en la Escritura es que El se revela a sí mismo como un Dios Trino: Dios el Padre, Dios el Hijo, y Dios el Espíritu Santo. Jesús se iguala a Sí mismo con Dios cuando él dijo,

Yo y el Padre uno somos.

Juan 10:30 (RVR)

Como la esencia manifestada de la naturaleza de Dio es trina, también lo es la del hombre. La Biblia dice que el hombre es espíritu, alma y cuerpo (1Tes 5:23). Lo tercero que aprendemos acerca del hombre es que tiene una naturaleza trina-consistente de tres partes.

Este conocimiento simple pero básico nos permite dar un paso más. Como vemos estos tres hechos fundamentales acerca del hombre, la Biblia revela que hay tres modos para ver al hombre: el hombre en la creación, en la separación y en la restauración. Estos son importantes porque tienen un efecto directo sobre la naturaleza del hombre.

Cuando Dios creo al hombre, lo creo con una naturaleza propensa a la justicia. El hombre tuvo una naturaleza, fue un ser singular, y fue creado para conocer y gozar de Dios y reflejar la imagen y carácter de Dios. El hombre en el jardín del Edén fue justo e inocente, gozándose de Dios y gobernado sobre el vasto dominio que Dios le había confiado. Este fue el hombre al momento de la creación.

Sin embargo, como todos sabemos a base de lo que dice la Biblia, Satanás entró en la escena y convenció al hombre a creer en las mentiras de Satán en vez de las verdades de Dios. En un momento cataclísmico el hombre sufrió un cambio de naturaleza. En vez de una naturaleza propensa a la justicia, él tendría ahora una naturaleza propensa al pecado. El hombre en su estado de Caída, no tuvo una naturaleza que fuese en parte propensa al bien y en parte propensa al mal; sino más bien fue absoluta y totalmente corrompido. Su naturaleza fue invadida por el pecado. El hombre fue separado de Dios.

Sin embargo, Dios nunca propuso que el hombre existiese sin Su Divina presencia morando dentro de él. Lo que hace al Hombre un hombre es Dios. El hombre sin Dios no es el hombre que Dios había propuesto. Así, Dios inició un proceso de redención total que culminó en la Cruz, donde el hijo de Dios se convirtió en pecado por el hombre. En otras palabras Dios proveyó la restauración del hombre.

Dios redimió a la raza humana, y cuando una persona acepta a Cristo, la persona es regenerada- ¡Se ha convertido en una nueva persona! (Redención es el acto de Dios que hace posible que una persona sea regenerada!) Lo que pasa cuando una persona recibe a Cristo es lo contrario de lo que pasó en la Caída. Un pecador recibe a Cristo y experimenta un cambio radical y permanente en su naturaleza. En el momento de la conversión, al hombre le es dado una naturaleza nueva y justa y El Espíritu de Dios pasa a morar dentro de el.

Como dice la Biblia en 2 Corintios 5:21 [Traducción libre] "Porque Dios tomó al Cristo inmaculado – libre de pecado, y vertió en Él nuestros pecados. Entonces en canje, vertió en nosotros la justicia y rectitud perfecta de Dios."

Al que no conoció pecado, por nosotros lo hizo pecado, para que nosotros fuésemos hechos justicia de Dios en él.

2 Corintios 5:21 (RVR)

En la creación, el hombre tenia una naturaleza propensa a la justicia: en la separación tenia una naturaleza propensa al mal. Ahora en la restauración el hombre tiene sólo una naturaleza justa. ¡Aunque hemos perdido la inocencia, hemos ganado la justicia de Cristo!

En este punto es que hay una gran confusión. Después que un hombre nace de nuevo, ¿Tenemos dos naturalezas?

¿Podemos ser al mismo tiempo santos y pecadores? (Lo reto a que encuentre un versículo en el Nuevo Testamento que se refiera a un Cristiano como pecador). Ciertamente los santos pecan, pero no son pecadores. La Biblia no enseña que los cristianos tienen una doble naturaleza, una propensa al bien y otra al mal.

Ahora yo sé que las sirenas de alarma van a sonar para muchos. Que el cristiano tenga una naturaleza pecadora es una tradición evangélica arraigada.

Desdichadamente, nuestras tradiciones evangélicas tienen una manera de ser enseñadas como doctrina cuando, en verdad, no tienen respaldo en las escrituras. Este concepto de la naturaleza doble comenzó, no por medio del estudio asiduo de la Escritura, sino como una reacción a la doctrina de la santidad completa del hombre. Esa doctrina enseña que podemos llegar en esta vida a un estado en el cual nos es imposible pecar.

Para señalar cuan atrincheradas las tradiciones evangélicas son, se puede encontrar en unas versiones en Ingles, en medio del capítulo 7 de Romanos la frase "EL CONFLICTO DE DOS NATURALEZAS." Esto es muy interesante porque no solamente han traducido los traductores la Biblia sino también han insinuado su propia interpretación. (Por otro lado yo uso y me gozo en estas traducciones).

Cuando yo era un cristiano nuevo fui indoctrinado en las enseñanzas de la existencia de la naturaleza pecaminosa del cristiano. Yo acepté completamente que había una parte de mí que siempre sería opuesta a Dios. Me enseñaron lo que se llama verdad posicional. Mi posición estaba en Cristo. Me dijeron que Cristo no murió por mí sino por el Cristo en mí. Esa era mi posición.

Increíble, eso enseña que tenemos todo en Cristo pero nunca podemos experimentar eso aquí en la tierra. Es suyo pero no es suyo. ¿Por qué? Porque hay lo que se llama "naturaleza de pecado." Era como tener una tarea que nunca se pudiera completar. Su posición sería algo que se pudiera hacer un esfuerzo de alcanzar sin esperanza de cumplir o experimentar. Todo estaba reservado para el cielo.

Lentamente el Espíritu de Dios me guió a encontrar lo que llamo verdad relacional. Esto enseña que a causa de mi relación con Jesús, lo que Él ha prometido es mío. ¡Es mi propiedad ahora mismo! No es algo que debo esforzarme a obtener, sino algo que tengo ahora. No es lo que hago, sino lo que soy en Él que es lo más importante. No como la verdad posicional la cual nos convierte en seres mutantes de dos naturalezas, la verdad relacional nos hace participantes de la naturaleza divina ahora mismo.

La pregunta que viene a la mente inmediatamente es, "Si en verdad tengo una naturaleza justa, ¿Por qué aun sigo haciendo cosas injustas?" ¿No es esto prueba que tengo una naturaleza pecaminosa? Pablo tuvo el mismo problema con esta pregunta, y el entonces dice,

Porque lo que hago, no lo entiendo; pues no hago lo que quiero, sino lo que aborrezco, eso hago. Y si lo que no quiero, esto hago, apruebo que la Ley es buena. De manera que ya no soy yo quien hace aquello, sino el pecado que mora en mí.

Romanos 7:15-17 (RVR)

Él reitera este punto tres veces.

Ustedes habrán visto que Pablo no dice "naturaleza de pecado", sino "pecado". Pablo no está enseñando que el hombre tiene una naturaleza de pecado, sino que el pecado mora en su ser. Lo que él está explicando es que hay un principio de maldad, un agente de maldad extremamente

poderoso que infectó al hombre a la Caída, permeando todo su ser. El problema origina en una falta de entendimiento o una confusión acerca del pecado que mora en nosotros.

Este pecado que mora en nosotros es algo ajeno, foráneo a nosotros. Dios no tuvo la intención que el pecado more en el hombre, pero eso sucedió al momento de la Caída, cuando el hombre eligió vivir independiente de Dios. Entonces el pecado gobernó su ser entero: espíritu, alma y cuerpo. Es el pecado operando dentro de la persona que causa que uno peque.

En los que no son creyentes, el pecado gobierna como un soberano absoluto. El pecado tiene expresión libre y completa a través del cuerpo de esa persona. Lo que una persona es, en pecado, es lo que la Biblia llama "el viejo hombre". Lo que la persona es en Cristo, es lo que la Biblia llama "el nuevo hombre."

Pablo hace muy claro en Romanos 5:12 – 8:17 el hecho que "el viejo hombre" fue crucificado y destruido con Cristo. Lo que yo era en Adán (el hombre viejo) ha sido desechado para siempre. Lo que soy en Cristo está garantizado para siempre. Desde que estamos muertos al pecado y vivos hacia Dios en Cristo Jesús, no debemos dejar que el pecado reine en nuestros cuerpos. Por la fe debemos considerarnos muertos al pecado momento a momento.

Se debe entender que mis pecados no son ya un negocio pendiente. Mis pecados murieron al instante que

recibí a Cristo. El punto es Pecado, no "mis pecados." Cristo tomó a cargo Pecado y mis pecados en la cruz. (1 Pedro 2:24) y el Espíritu Santo en efecto toma a cargo el problema del pecado a diario a medida que ando en Cristo por la fe.

El principio de Pecado necesita dos cosas para ser activado. Primero, necesita los miembros de nuestro cuerpo para expresarse. Pablo nos dice que presentemos los miembros de nuestro cuerpo a Dios, como instrumentos de justicia. (Romanos 6:13b).

Segundo, el principio de Pecado adquiere su poder de la ley. Pablo hace esto claro en Romanos 7:8-9 que el poder del Pecado está en la ley. La solución de Dios es que muramos a la ley, y vivamos y andemos en el Espíritu. (Romanos 7:6 y 8:4).

Esto significa que puedo vivir una vida santa y piadosa. No quiere decir una vida de perfección sin pecado, sino una vida victoriosa en Cristo. En Cristo he cambiado mi vida vieja por una nueva. Puedo gozar todos los beneficios de esa vida nueva; estos son mi posesión presente.

De modo que si alguno está en Cristo, nueva criatura es; las cosas viejas pasaron; he aquí todas son hechas nuevas.

2 Corintios 5:17 (RVR)

Pero todo esto es imposible si una mitad de mi ser está siempre inclinada al pecado. La enseñanza de la naturaleza doble me roba de la bendición de Dios. Y entonces todo lo que he dicho es insulso. Podemos gozar esas bendiciones sólo en el cielo. ¡Qué tontería! Dios propone y lo hace abundantemente posible – no sólo probable – que cada uno de nosotros vivamos ahora nuestra nueva identidad en Cristo y experimentemos una vida abundante (Juan 10:10).

Es importantísimo que Romanos 5:12 - 8:17 se estudie como una unidad. Es aquí que Pablo trata 3 asuntos básicos:

• Estamos muertos al Pecado

• Hemos muerto hacia la ley

• Estamos vivos hacia el Espíritu

La solución de Pablo a todo este asunto del Pecado como un principio es esto,

Ahora, pues, ninguna condenación hay para los que están en Cristo Jesús, los que no andan conforme a la carne, sino conforme al Espíritu. Porque la ley del Espíritu de vida en Cristo Jesús me ha librado de la ley del pecado y de la muerte.   Romanos 8:1-2 (RVR)

Convirtiéndome en quien ya soy

Creando una Identidad Cristiana- Articulo de apoyo para "Viéndonos Nosotros como Dios nos Ve"

Por: Jim Craddock

Existe mucha confusión en las mentes de los miles de cristianos, debido a la contradicción que ellos ven entre lo que son por su relación con Cristo (Su nueva identidad en Cristo) y lo que experimentan en su vida diaria.

A medida que experimentamos la vida, somos programados por varias influencias para creer ciertas cosas acerca de nosotros mismos, ya sea que sean verdad o no. Como cristianos Dios ha declarado cosas inequívocas que serán verdad para nosotros así las experimentemos en nuestras vidas o no. Nuestra tendencia es a aceptar nuestra razón, nuestras emociones, nuestros sentidos, y nuestras circunstancias como nuestra absoluta y final autoridad.

La verdad de quién es usted en Cristo se vuelve realidad en su vida a través de un proceso que la Biblia llama: "renovación del entendimiento" (Romanos 12:2). Este proceso es dependiente de, primero, el poder de Dios a través de la obra del Espíritu Santo, y segundo, de un acto volitivo de fe de su parte. Dios nos ha dado su Espíritu Santo para que more en nosotros y nos dé su poder (Efesios

5:18) y su palabra para que nos dirija (2 Timoteo 3:16-17). Nuestra parte es para decidir (como un acto de nuestra voluntad) a creer lo que la palabra de Dios dice acerca de nosotros y para actuar a base de esa verdad en nuestras vidas. Desde que estamos en el proceso de cambio de nuestra "autoridad final" y renovación de nuestro entendimiento, habrá un tiempo de atraso entre nuestra identificación de quienes somos realmente en Cristo y nuestra actual experiencia de estas nuevas verdades en nuestras vidas diarias.

Como cristianos, hemos ingresado a una nueva relación con Dios. Esta relación nos garantiza una nueva identidad (2 Corintios 5:17). Una nueva identidad trae como consecuencia una nueva experiencia y estilo de vida. Es en este punto que para muchos cristianos el dilema se origina: Su experiencia tiende a reflejar su antigua manera de vivir en vez de su nueva identidad en Cristo. La canción (la vida antigua) ha acabado, pero la melodía aun resuena. Nuestra nueva identidad, a través de nuestra nueva relación con Cristo, garantiza una salida de este dilema. La salida está en el proceso de renovación de nuestro

entendimiento. Esto es también descrito como "despojaos del viejo hombre" y "vestíos del nuevo hombre" en Efesios 4:22-24.

En la siguiente página, encontrará tres columnas. La primera columna, reflejará a la persona que usted quizás piense que es. Esta vieja identidad viene de su vida pasada, basadas en las autoridades finales de la razón, emociones, sentidos, deberes, experiencias y circunstancias. La segunda columna refleja lo que Dios ha declarado que es verdad acerca de usted en su Palabra. La tercera columna muestra versículos para que usted los lea y memorice para que pueda darle un fundamento o base a su fe.

Es imperativo que usted establezca la palabra de Dios como verdad. Esta debe convertirse en la autoridad final en su vida. El tiempo de retrazo entre sus creencias y sus experiencias disminuirá en la medida que comience a aceptar y sostenerse en la palabra de Dios en lugar de sus razones, emociones, sentidos, deberes o experiencias. La palabra de Dios es verdad independientemente de su experiencia.

Creando una Identidad Cristiana

Lo que siento o pienso acerca de mí mismo	Lo que es verdad acerca de mí según la Escritura	Referencias Bíblicas
Soy indigno/ inaceptable	Soy aceptado/digno	Rom 15:7; Salmo 139
Estoy Solo	Nuca estoy solo	Heb 13:5b; Rom 8:38-39
Me siento como fracasado	Soy capaz/Suficiente	2Cor 3:5-6; Fil 4:13
No tengo confianza en mí mismo	Tengo toda la confianza que necesito	Prov 3:26, 14:26, 28:1; Heb 10:19; Ef 3:12
Me siento responsable por mi vida	Dios es el responsable/fiel a mí	Fil 1:6, 2:13; 2Tes 3:3; Sal 138:8
Estoy confundido/ Creo que me estoy volviendo loco Tengo la	mente de Cristo	1Cor 2:16; 2Tim 1:7; Ef 1:17
Estoy deprimido / sin esperanza	Tengo toda la esperanza que necesito	Rom 15:13, 5:5; Sal 27:13, 31:24; Heb 6:19
No soy bastante bueno o perfecto	Soy perfecto en Cristo	Heb 10:14; Col 2:10; Ef 2:10
Ho hay nada especial en mí	He sido escogido por Dios	Sal 139; 1Cor 1:30, 6:11; 2Tes 2:13
No tengo lo suficiente	No me falta nada	Fil 4:19; Sal 23:7
Soy temeroso / ansioso	No tengo temor	Sal 34:4; 2Tim 1:7; 1Pe 5:7; 1Jn 4:18
No tengo fe	Tengo toda la fe que necesito	Rom 12:3, 10:17; Heb 12:2
Soy débil	Soy fuerte en Cristo	Dan 11:32; Is 58:11; Fil 4:13
Estoy derrotado	Soy victorioso	Rom 8:37; 2Cor 2:14; Jn 5:4
No soy muy inteligente	Tengo la sabiduría de Dios	Prov 2:6-7; 1Cor 1:30; Ef 1:17
Estoy esclavizado	Soy libre en Cristo	Sal 32:7; 2Cor 3:17; Jn 8:36
Me siento muy desdichado	Tengo el consuelo de Dios	Jn 16:7; 2Cor 1:3-4
No tengo quien cuide de mi	Estoy protegido / seguro	Sal 32:7; Sal.91
Nadie me ama	Soy muy amado	Jn 15:9; Rom 8:38-39; Ef 2:4, 5:1-2
Nadie me quiere/ no pertenezco a nadie	Fui adoptado por Dios. Soy su hijo	Rom 8:16-17; Gal 4:5; Ef 1:5;1Jn 3:1-2
Me siento culpable	Soy totalmente perdonado, redimido.	Sal 103:12; Ef 1:7; Col 1:14, 20; Col 2:13-14; Heb 10:10
Soy un pecador	He sido declarado santificado, justo y justificado. Soy un Santo.	Rom 3:24; 1Cor 1:30, 6:11; 2Cor 5.21
No tengo fortaleza	Tengo el poder de Dios. El Espíritu Santo mora en mí.	Hechos 1:8; Ef 1:19, 3:16; Rom 8:9-11
No puedo alcanzar a Dios.	Tengo acceso directo a Dios por causa del sacerdocio del creyente.	Ef 2:6; 1Pe 2:5, 9; Heb 10:19-20
Me siento condenado.	Estoy sin condena / libre de culpa.	Jn 3:18; Rom 8:1; Col 1:22
No hay dirección o plan para mi vida.	Dios dirige mi vida / tiene un plan para mí	Sal 37:23, 138:8; Ef 2:10; Jer 29:11
Siento como que nada cambiará.	Me ha sido dada una nueva vida.	2Cor 5:17; Ef 4:22-24
Tengo miedo de Satanás.	Tengo autoridad sobre Satanás.	Col 1:13; 1Jn 4:4; Apo 12:11
El pecado me vence.	Estoy muerto al pecado.	Rom 6:6, 11, 17-18

Llegando a Conocer a Nuestro Padre Celestial

Si me conocieseis, también a mi Padre conoceríais; y desde
ahora le conocéis, y le habéis visto... El que me ha visto a mí,
ha visto al Padre; ...

Juan 14:7,9b (RVR)

Lección 4

Tres años atrás, no quería vivir, Estaba controlado por el miedo y la vergüenza, Evitaba mirar a la gente.

Y era yo un cristiano. Hablaba con las palabras correctas acerca de Dios. Hablaba como si lo conociera y hubiera tenido una relación cercana con Él, pero en lo profundo de mí, la idea de que Dios era mi Padre amante me causaba un malestar físico. Creía que Dios estaba escondido en las sombras, listo para usarme y castigarme.

Obviamente mi concepto de Dios estaba torcido. Con mis padres involucrados en el ocultismo, aprendí desde mi infancia a ver a Dios como mi enemigo. En ves de enlazar mis afecciones con mis padres me aferré a la oscuridad y al ocultismo. Los rituales de cultos satánicos me consumían aun antes de que pudiese hablar. Pensé que el abuso sexual era amor verdadero. La vergüenza estaba siempre presente en mi vida.

En 1989, estuve cansada de la vida, y entregué mi vida a Jesús porque no quería ir al infierno. Pero no quería confiar en su amor.   En lugar de ello confié en recetas médicas mientras me llenaba la cabeza con el conocimiento acerca de Dios; pero aun no lo conocía personalmente. Estuve atrapada en las más obscuras decepciones y mentiras, las cuales mi razón humana no podía elucidar. Pensaba que yo era una persona tan mala que decidí castigarme a mí misma a través de una auto- mutilación y otro tipo de conducta destructiva ya que me sentía merecedora de esos castigos.

En 1995 estaba distanciada y deprimida. No podía vivir esta vida un momento más. Planeé una muerte tranquila, pero Dios intervino. Comencé una travesía sin rumbo que pensé era para mí, pero esta travesía era realmente manejada por Dios y se tornó en un viaje desde mi penumbra hacia Su luz admirable.

Continuará…

Llegando a Conocer a Nuestro Padre Celestial - Lección Cuatro

En las tres lecciones anteriores hemos visto nuestras creencias en general, nuestras creencias acerca de "las buenas Nuevas", y nuestras creencias acerca de nosotros mismos. Hemos visto como las creencias corruptas en estas áreas nos han afectado negativamente. En esta lección descubriremos cómo nuestras creencias acerca de Dios nos afectan.

Un físico y filósofo francés, Pascal, escribió una vez, "Hay un gran vació en el corazón de cada hombre que tiene la forma de la imagen de Dios y que no puede ser satisfecho por nada creado, sólo por el creador el cual se hizo conocer a través de Jesucristo". Sin embargo, nuestra idea equivocada de Dios no sólo no nos satisface, sino también nos causa algunas de nuestras más grandes dificultades.

Nuestro Concepto de Dios Afecta la Calidad de Nuestras Vidas

Nuestro concepto de Dios afecta cada área de nuestras vidas.

Nuestras creencias corruptas acerca de Dios son un tropiezo a gozar una relación íntima con Él. Nuestra percepción equivocada de Dios afecta:

- el propósito y significado que le damos a la vida (Filipenses 3:8)
- el grado en que amamos y obedecemos a Dios (Salmos 16:11, 1 Timoteo 6:17)
- como nos vemos a nosotros mismos (Números 13:33, Juan 15:5)
- como nos relacionamos con otros (1 Juan 4:8)

> Gracia y paz os sean multiplicadas, en el conocimiento de Dios y de nuestro Señor Jesús. Como todas las cosas que pertenecen a la vida y a la piedad nos han sido dadas por su divino poder, mediante el conocimiento de aquel que nos llamó por su gloria y excelencia, por medio de las cuales nos ha dado preciosas y grandísimas promesas, para que por ellas llegaseis a ser participantes de la naturaleza divina, habiendo huido de la corrupción que hay en el mundo a causa de la concupiscencia. 2 Pedro 1:2-4 (RVR)

Nuestro concepto de Dios fue distorsionado por la Caída.

Satanás engañó a Eva disputando la palabra de Dios y sembrando duda en su mente en lo concerniente al carácter de Dios. Dudando del carácter de Dios y de sus intenciones para con ellos, Eva y Adán declararon su independencia de Dios comiendo del árbol del conocimiento del bien y del mal. Desde esa vez, el hombre ha determinado por si mismo lo que es verdad y es falso, bueno o malo, correcto o equivocado, basado en sus sentidos, razones y emociones.

Debido a que el espíritu del hombre murió a las cosas de Dios, no pudo más comunicarse con Dios ni conocerle como su Padre. Tal como un niño tiene los genes y rasgos de sus padres, así nos convertimos en imagen de nuestro padre Adán: "huérfanos espirituales" sin capacidad de conocer a Dios y relacionarnos con Él.

Perdimos la relación especial de Padre a hijo que tuvimos con Dios.

Nuestra experiencia como "huérfanos espirituales" distorsiona nuestra percepción de Dios como un perfecto Padre Celestial. Podemos conocer mucho acerca de Dios pero aun así no podemos tener una relación íntima y personal con Él como nuestro Padre.

Cristo restauró con Dios una permanente relación de Padre a hijo.

Como personas que hemos confiado en Cristo, somos ahora hijos de Dios (1 Juan 3:1-3). Ya no somos más hijos pecadores de Adán, sino ahora somos justificados Hijos de Dios. Tenemos un nuevo espíritu humano desde que el Espíritu Santo mora en nosotros, y tenemos una permanente relación de Padre a hijo con Dios el Padre.

Las Experiencias con nuestros padres terrenales han influenciado nuestro concepto de nuestro Padre Celestial

Aun cuando nuestra relación con Dios ha cambiado, la experiencia de haber sido un "huérfano espiritual" ha afectado nuestro sistema de creencias acerca de nuestro Padre Celestial. Mucha de nuestra percepción de Dios es incorrecta porque fue desarrollada mientras fuimos huérfanos. Aun ahora, nuestras ideas acerca de Dios devienen de nuestras relaciones y experiencias terrenales con personas en autoridad. Generalmente, la relación que más influencia nuestra percepción de Dios es nuestra relación con nuestro padre terrenal. Frecuentemente lo más negativa y penosa que esa relación fue, lo más distorsionado es nuestro punto de vista de Dios. Por ejemplo:

El Padre Autoritario — Está más interesado en la obediencia que en la relación. Insiste en que las cosas se hagan a su manera. No le importa la opinión, los deseos o metas de sus hijos. No desea tener intimidad con sus hijos -sólo obediencia. Tener esta opinión de Dios solo motiva a la rebelión en vez de la obediencia.

El Padre Abusivo — Castiga intencionalmente a sus hijos, hiriéndolos emocionalmente, mentalmente, físicamente, y/o sexualmente. Este tipo de relación destruye el sentido de autoestima de los hijos y les quita la capacidad de confiar. Se ven como alguien que va a ser usado en vez de ser avalorado en la relación. Esta percepción destruye la capacidad de confiar en Dios y relacionarse emocionalmente con Él.

El Padre
Distante/ _____
Pasivo

Expresa poca afección. Quizás sea un buen proveedor pero tiene poco contacto con sus hijos. Este padre raramente muestra emociones o dice "te amo". No comparte las penas o alegrías de sus hijos: Esta clase de padre causa un concepto de un Dios distante y no involucrado en la vida diaria de la gente.

El Padre
Acusador _____

Es crítico y juzga cada error. Piensa que esto motivará a que sus hijos hagan las cosas mejor y lo intentarán con más empeño. Raramente les da ánimo o afirmación. Esta clase de padre puede ocasionar que la gente vea a su Padre Celestial como a un juez colérico y quien nunca estará satisfecho con ellos.

El Padre
Ausente _____

Es el que está ausente porque murió, se divorció, trabaja muy duro, o está desinteresado. A diferencia del padre pasivo quien está presente pero no se comunica, el padre ausente simplemente no está a la mano. Sus hijos se sienten abandonados, descuidados, no solamente por su padre terrenal, sino también por Dios.

Algunas de las posibles consecuencias de un padre ausente física o emocionalmente:

Consecuencias en una mujer:

- Rechaza su apariencia y su feminidad
- Anhela la atención y la afección, especialmente de hombres, o está tan resentida con los hombres que no desea la atención de ellos
- Percibe rechazo en todo, necesita constante reafirmación del amor
- Atraída por hombres mayores a ella; puede que se case con un hombre mayor y experimente un mal funcionamiento sexual, debido a que ella tiene dificultad mental de "acostarse con papá"
- Primero que nada, tiene dificultad de confiar en Dios

Consecuencias en un hombre:

- Ausencia del modelo del rol masculino le ocasiona que busque otras fuentes de información. Quizás note a su madre, lo cual puede resultar en algunos rasgos afeminados. Quizás note al mundo, lo cual puede resultar en un tipo "macho" de masculinidad
- Atraído por mujeres dominantes, quizás se case con una mujer dominante y establezca un rol pasivo en la relación
- Tiene muchos deseos de atención y afecto masculino, lo cual puede orientarlo a ser un pendenciero, o hacia la homosexualidad
- Puede ser muy sensitivo al rechazo de figuras autoritarias masculinas
- Se siente amenazado por otros hombres; se compara con otros y se siente inferior
- Primero que nada, tiene dificultad de confiar en Dios

Principios claves: "Nos parecemos más a Dios en la misma proporción en que lo vemos como Él es."

"Mientras más conocemos a Dios como Él realmente es, más lo amamos. Mientras más lo amamos, más nos parecemos a Él. Mientras más nos parecemos a Él, más deseamos conocerlo."

Por tanto, nosotros todos, mirando a cara descubierta como en un espejo la gloria del Señor, somos transformados de gloria en gloria en la misma imagen, como por el Espíritu del Señor.

2 Corintios 3:18 (RVR)

Nuestra percepción de Dios como padre es frecuentemente derivada de:

- Nuestras experiencias personales con nuestro padre terrenal (u otra figura de autoridad similar)
- Necesidades no saciadas en nuestra relación con nuestro padre terrenal
- Información del mundo acerca de los padres terrenales
- Falsa o incompleta información acerca de Dios

> Pues si vosotros, siendo malos, sabéis dar buenas dádivas á vuestros hijos, ¿cuánto más vuestro Padre Celestial dará el Espíritu Santo á los que se lo pidan? Lucas 11:13 (RVR)

Como huérfanos espirituales visualizamos en nuestras mentes una imagen de Dios como Padre basadas en nuestras experiencias con nuestro padre terrenal. Algunos de nosotros hemos tenido un buen padre, por tanto los efectos de la ausencia física y emocional no son tan drásticos en nuestras vidas como en la de otros. Sin embargo aun cuando hayamos tenido padres excelentes, ellos son imperfectos y nunca nos darán una completa y acertada visión de Dios como Padre. Todos aun necesitamos conocer a Dios como el Padre perfecto.

Necesitamos Conocer a nuestro Padre Celestial como Él Realmente Es

Somos adoradores y nos tornamos en la imagen de lo que adoramos.

Salmos 115:1-8 revela que nos convertiremos en aquello que adoramos. De hecho la esencia de la vida eterna es conocer a Dios el Padre íntimamente a través de Jesucristo (Juan 17:3). A mediada que lo conocemos más, más seremos como Cristo. Mientras más seamos como Él, más desearemos conocerlo a Él y estar en relación con Él.

Sin embargo, sin una visón adecuada de Dios, crearemos una falsa o incompleta visión de Dios y adoraremos esta imagen (Romanos 1:18-32). Este es el objetivo de Satán. Sin embargo, aunque él no puede arrebatarnos nuestra salvación, desea limitar nuestra relación con Dios distorsionando nuestra visión de Él. Él sabe que si no adoramos a Dios como realmente Él es, no nos convertiremos como Él.

Nuestras reales creencias de Dios están reveladas por nuestras vidas. Cómo respondemos a Dios en momentos de dificultad y la manera como tratamos y nos relacionamos con otros revelan en gran manera como vemos a Dios.

> En lo cual vosotros os alegráis, aunque ahora por un poco de tiempo, si es necesario, tengáis que ser afligidos en diversas pruebas, para que sometida a prueba vuestra fe, mucho más preciosa que el oro, el cual aunque perecedero se prueba con fuego, sea hallada en alabanza, gloria y honra cuando sea manifestado Jesucristo, a quien amáis sin haberle visto, en quien creyendo, aunque ahora no lo veáis, os alegráis con gozo inefable y glorioso. 1 Pedro 1:6-8 (RVR)

Mientras más conocemos a Dios como realmente es, más lo amamos. Mientras más lo amamos, más nos parecemos a Él. Mientras más nos parecemos a Él, más deseamos conocerle a Él.

> Amados, amémonos unos á otros; porque el amor es de Dios. Todo aquel que ama, es nacido de Dios, y conoce a Dios. El que no ama, no ha conocido a Dios; porque Dios es amor. 1 Juan 4:7-8 (RVR)

Jesús reveló quién nuestro Padre Celestial realmente es.

Él es la visible expresión de nuestro Padre Celestial. A través de Jesús podemos llegar a conocer el carácter y corazón de nuestro Padre Celestial.

> Y aquel Verbo fue hecho carne, y habitó entre nosotros (y vimos su gloria, gloria como del unigénito del Padre), lleno de gracia y de verdad. Juan 1:14 (RVR)

> Si me conocieseis, también á mi Padre conoceríais; y desde ahora le conocéis, y le habéis visto. .. El que me ha visto a mí, ha visto al Padre. Juan 14:7,9b (RVR)

Quizás conocemos mucho acerca de Dios pero aun no nos relacionamos con Él como Jesús Lo revela o como la escritura nos lo enseña. Si conocemos a Dios como verdaderamente es, podemos restablecer una verdadera relación de Padre a hijo con Él y luego podremos reflejar o manifestar Su semejanza.

La Palabra de Dios revela Quién es realmente nuestro Padre.

Debemos enfocarnos en la escritura para hallar exactamente lo que dice, en ves de rebuscar nuestras experiencias dentro en ella. Si leemos la escritura sin indagar qué percepciones equivocadas tenemos de Dios, podríamos "encontrar" en la Palabra de Dios la pasividad, desinterés o mezquindad que hemos asumido pueden ser verdades acerca de Dios. Necesitamos preguntarnos si hemos atribuido a Dios cualquier sentimiento que pudiéramos tener con nuestro padre terrenal.

Con esto en mente, necesitamos leer la palabra de Dios dependiendo del Espíritu Santo para que nos revele el carácter de Dioss.

Necesitamos vernos como Hijos adoptivos de Dios

Somos hijos e hijas nacidos del Espíritu de Dios.

El ser hijos de Dios nos hace príncipes o princesas, Nos hemos convertido en seres dignos y valuables. La presencia de Cristo en nosotros nos avalora. Estamos en Cristo y cristo en nosotros, haciéndonos uno con Él. Algunas otras grandes

Abba - Papá

Nuestro protector, Rey, proveedor, consolador.

El nos ama incondicionalmente.

El desea lo mejor para nosotros.

El es confiable, perdonador, misericordioso, amable, y compasivo.

verdades que vienen de nuestra nueva posición como hijos de Dios son las siguientes:

- Somos perdonados totalmente por nuestro Padre.-Efesios 1:3-7, 2:4-5
- Tenemos al Espíritu Santo para enseñarnos y hacernos recordar. Juan14:26
- Nuestro Padre nos ama de la misma manera que Él ama a Jesús. Juan 16:27, 17:23
- Nuestro Padre nos ha hecho aceptables y se deleita en nosotros. Sofonías 3:17, Romanos 15:7, Colosenses 1:22
- Nuestro Padre está comprometido a transformarnos. Romanos 8:29, Filipenses 1:6

Necesitamos reconocer nuestra adopción como hijos amados de Dios y relacionarnos con Él, como nuestro ABBA celestial (Papito Celestial).

Debemos decidirnos a renovar nuestra mente acerca de Dios.

Necesitamos pensar en las situaciones diarias de acuerdo a nuestras nuevas creencias acerca de Dios como nuestro Padre. Necesitamos ver nuestras circunstancias a la luz del cuidado de nuestro amante Padre Celestial, poniendo nuestra confianza en Él y en Su propósito ulterior para con nosotros (Romanos 8:28, Jeremías 29:11).

Debemos optar por reaccionar y actuar de acuerdo a Quien Dios es.

Dependiendo del Espíritu Santo, aprenderemos a actuar con nuestros nuevos pensamientos y creencias. Esto es como vivir en una relación de Fe con Dios.

NOTA:

Es importante de que no culpemos a nuestros padres terrenales por nuestros puntos de vista equivocados de Dios. Nuestro real enemigo es Satanás, el padre de mentiras. La buenas nuevas es que nuestro Padre Celestial ha hecho posible conocerlo como realmente es a través de Jesucristo. Sin embargo no existen "3 pasos fáciles" hacia un buen concepto de Padre/Dios. Conocer a Dios como Él es realmente, es un largo proceso que involucra más que el tener un gran conocimiento de Dios. Es la experiencia de conocer y confiar en Su carácter verdadero en medio de las circunstancias de la vida. Recuerde, podemos lograr esto solo a través de la presencia del Espíritu Santo en nuestras vidas.

```
RESUMEN:
```

1. Nuestro concepto de Dios afecta la calidad de nuestras vidas.

2. Nuestra experiencia con nuestro papá terrenal ha influenciado nuestro concepto de Dios como Padre.

3. Podemos conocer a nuestro Padre Celestial como Él realmente es a través de Jesús y de la renovación de nuestra mente con la Escritura.

4. Debemos decidir a renovar nuestra mente acerca de Dios y relacionarnos a Él como Sus hijos amados.

Dios comenzó a exponer las tinieblas en mi alma en mi mente y en mi cuerpo, y comenzó a revelarse a mí como Él realmente es. Encontré al Jesús real en el cual no hay tinieblas, y me dio una manera segura de pensar en Él – como si fuera una luz brillante.

Poco a poco, la Verdad de Dios comenzó a sacar las mentiras más arraigadas acerca de quien es Él y quien soy yo. Yo creía que Él estuvo castigándome al ocultar las cosas buenas de mí. Ahora sé que Él me ama, que Él sabe que es lo mejor para mí y me lo da. Pensé que me había abandonado cuando estaba siendo maltratado y que me abandonaría otra vez. Ahora sé que Él estaba conmigo cuando era maltratado y que Él me hará justicia. Estoy seguro que nunca me dejará.

El me restauró mi infancia – de una manera- usando niños en mi vida para mostrarme como relacionarme con Él. Comencé a hablar con Él, compartiendo más y más con Él. Comencé a confiar en Él en pequeñas cosas y a desear recibir de Él con corazón sencillo. Comencé a expresar mis emociones a Él, no importa cuan infantiles o desagradables. Aprendí que aun cuando estuviese molesto con Él, aun así estaría seguro por el mero hecho de estar con Él y permitir que me ame.

Muchas creencias que tenía acerca de mí también cambiaron. Nunca más volví a creer que era huérfano, repugnante para Dios, sin valor, sucio, señalado, y contaminado.

Ahora creo que fui escogido, aceptado, amado, limpiado, perdonado y santificado.

Así como cambié por dentro, cambié por fuera, pero no vi los cambios al principio. Aprendí a escuchar a Dios a través de mi jornal de devociones y la música. Comencé a experimentar la libertad en la adoración y la alabanza. Rompí el código del silencio y fui capaz de clamar a Dios con gozo. Me vi riendo. Podía llamarlo a Dios Padre.

Nunca más volví a creer que tenía que limpiarme y hacerme digno de Él para ser suficientemente bueno como para recibir Su amor. Mi deseo por recibir Su amor fue mucho más fuerte que mi deseo para herirme o castigarme. Fui finalmente libre para recibir Su amor.

A medida que comencé a recibir su amor ya no tuve que buscarlo en otra gente. No tengo miedo de perder mi relación con Él si no lo hago todo perfecto. No tengo que asumir la responsabilidad de todo. No tengo que manipular o controlar las circunstancias o a otros. En lugar de que mis necesidades interiores sean la fuerza que manejen mis relaciones, ahora es el amor.

Mi jornada continúa. Dios es mi Padre, y sé que realmente me ama. Para parafrasear 1 Pedro 2:9, Dios me ha sacado de mis tinieblas, y ahora vivo en Su luz admirable.

Cyndee - Asistente Contable

Llegando a Conocer a nuestro Padre Celestial – Día Uno

Meta: Reconocer cómo nuestro padre terrenal (u otro que ejerza autoridad) ha influenciado su percepción emocional de Dios como su Padre Celestial.

1. Escriba una descripción de quién es su padre terrenal para usted.

2. Escriba quién es para usted Dios el Padre (a base de tu comprensión emocional de Dios - **no** intelectual).

3. ¿Ve alguna relación entre el modo en que ve a su padre terrenal y la manera en que usted ve a Dios como su Padre? Si es así, ¿de qué manera?

4. Mientras que no nos demos cuenta de las mentiras que estuvimos creyendo acerca de Dios, probablemente no confiaremos en Él suficientemente para volver a Él en los momentos de necesidad o para cultivar una relación intima con Él. Más abajo figuran algunas de las percepciones equivocadas más comunes que tenemos de Dios.

Evalúe sus percepciones emocionales de Dios (no lo que sabe que es verdad) marcando con un circulo lo que mejor describe sus pensamientos y sentimientos).

0 = nunca 1= rara vez 2 = algunas veces 3 = frecuentemente 4 = usualmente 5 = siempre

Generalmente, en mi relación con Dios me siento:

Nada (no siento su presencia en nada)	0	1	2	3	4	5
Abandonado (Tengo que hacer las cosas yo mismo)	0	1	2	3	4	5
Solo (estoy solo si tengo problemas o soy débil)	0	1	2	3	4	5
Inseguro (de lo que Él piensa de mí)	0	1	2	3	4	5
Ansioso (nunca sé lo que va a pasar)	0	1	2	3	4	5

Generalmente yo pienso que Dios es:

Desconsiderado (no toma en cuenta mis sentimientos y me obliga a hacer cosas que no quiero o no me deja hacer las cosas que quiero hacer)	0	1	2	3	4	5
Difícil de complacer (no importa lo que yo haga, no es lo suficientemente bueno, no sé lo que quiere)	0	1	2	3	4	5
Ama con condiciones (me ama sí soy obediente)	0	1	2	3	4	5
No me ama (ve mi situación y me permite sufrir)	0	1	2	3	4	5
Molesto (me castiga tan pronto como fallo y me da Su espalda)	0	1	2	3	4	5
Impaciente (¡quiere las cosas ahora mismo!)	0	1	2	3	4	5
Criticón (la mayoría de sus comentarios son negativos)	0	1	2	3	4	5
Severo (se enfada y me castiga cuando peco)	0	1	2	3	4	5
No le oigo (o quizás vagamente le oigo)	0	1	2	3	4	5
No se comunica conmigo (no me habla)	0	1	2	3	4	5
Difícil de entender (parece todo muy complicado)	0	1	2	3	4	5
No me ayuda (tengo que actuar de mi propia cuenta)	0	1	2	3	4	5
No toma responsabilidad (deja que me ocurra lo malo)	0	1	2	3	4	5
Actúa muy despacio (tarda mucho en cambiarme)	0	1	2	3	4	5
No le importa (realmente no le importa)	0	1	2	3	4	5
Tolera mi presencia (no me prefiere)	0	1	2	3	4	5

5. Ahora liste las características de Dios que marcó con 3 o más en la pregunta 4.

6. ¿Qué es lo que le dice el siguiente versículo acerca de su Padre Celestial?

> A Dios nadie le vio jamás: el unigénito Hijo, que está en el seno del Padre, él le ha dado a conocer.
>
> Juan 1:18 (RVR)

7. ¿Qué es lo que Jesús declara en los siguientes versículos?

> Jesús le dijo: Yo soy el camino, y la verdad, y la vida; nadie viene al Padre, sino por mí.
>
> Si me conocieseis, también á mi Padre conoceríais; y desde ahora le conocéis, y le habéis visto.
>
> Felipe le dijo: Señor, muéstranos el Padre, y nos basta.
>
> Jesús le dijo: ¿Tanto tiempo hace que estoy con vosotros, y no me has conocido, Felipe? El que me ha visto a mí, ha visto al Padre; ¿cómo, pues, dices tú: Muéstranos el Padre?
>
> ¿No crees que yo soy en el Padre, y el Padre en mí?
>
> Juan 14:6-10a   (RVR)

8. Según estos versículos, ¿cómo podemos saber cómo es nuestro Padre Celestial?

Llegando a conocer a nuestro Padre Celestial – Día Dos

Meta: Identificar y reforzar las áreas donde nuestro concepto de nuestro Padre Celestial es débil o distorsionado.

1. Evaluación relacional: este ejercicio les permite evaluar su relación con Dios como su Padre Celestial: ya que esto es subjetivo, no hay respuestas incorrectas. En una escala del 1 al 10, califique cuan real es esta característica en su relación con su Padre Celestial. Recuerde que está evaluando cuanto experimenta esta característica de Dios.

Ve a su Padre Celestial como alguien que es:

Características	Nunca . . . . . . Siempre
___ Amoroso	1 2 3 4 5 6 7 8 9 10
___ Cuidadoso	1 2 3 4 5 6 7 8 9 10
___ Perdonador	1 2 3 4 5 6 7 8 9 10
___ Compasivo	1 2 3 4 5 6 7 8 9 10
___ Proveedor	1 2 3 4 5 6 7 8 9 10
___ Comprensivo	1 2 3 4 5 6 7 8 9 10
___ Aceptador	1 2 3 4 5 6 7 8 9 10
___ Satisface	1 2 3 4 5 6 7 8 9 10
___ Persistente en su búsqueda	1 2 3 4 5 6 7 8 9 10
___ Razonable	1 2 3 4 5 6 7 8 9 10

2. Salmo 103 contiene muchas características de nuestro Padre-Salvador. A cada característica asígnele un versículo, luego califíquese usted mismo para reflejar cuan real es esta característica para usted en su relación con Dios.

Características	Verso	Nunca . . . . . . Siempre
___ Perdonador	_____	1 2 3 4 5 6 7 8 9 10
___ Curador	_____	1 2 3 4 5 6 7 8 9 10
___ Redentor	_____	1 2 3 4 5 6 7 8 9 10
___ Tierno	_____	1 2 3 4 5 6 7 8 9 10
___ Compasivo	_____	1 2 3 4 5 6 7 8 9 10
___ Satisface	_____	1 2 3 4 5 6 7 8 9 10
___ Renueva	_____	1 2 3 4 5 6 7 8 9 10
___ Justo	_____	1 2 3 4 5 6 7 8 9 10
___ Misericordioso	_____	1 2 3 4 5 6 7 8 9 10
___ Soberano	_____	1 2 3 4 5 6 7 8 9 10

Una calificación del 1 al 6 probablemente indica un concepto equivocado de Dios como Padre-Salvador. De esta lista y de la lista de la pregunta 5, Día uno, identifique las características que más necesita experimentar en su relación con Dios y márquelo en la lista de abajo.

Amoroso- Juan 3:16; Corintios 13:4:8; 1 Juan 4:10
____ Mi Padre-salvador me ama como soy.
____ Su amor por mí es continuo y sin condiciones.

Cuidadoso- Mateo 6:26; 10:29-31; 1 Pedro 5:7
____ Mi Padre-salvador me cuida siempre.
____ Su mayor preocuparon es mi bienestar.

Perdonador- Salmos 103:12; Colosenses 1:14; Hebreos 10:17
____ Mi Padre-salvador me ha perdonado incondicionalmente.
____ Su perdón por mis pecados incluye olvidarlos.

Compasivo- Éxodo 33:19; Deuteronomio 4:31; Salmo 103: 4-5
____ Mi Padre-salvador esta lleno de compasión hacia mí.
____ Su compasión me afirma y me apoya.

Proveedor- Salmo 37:4; Romanos 8:32; Santiago 1:17
____ Mi Padre-salvador me concede los deseos de mi corazón.
____ Su naturaleza proveedora no me priva de todo lo bueno.

Comprensivo- Job 12:13; Salmo 139:1-2; Isaías 40:28
____ Mi Padre-salvador entiende mis pensamientos y mis acciones.
____ Su comprensión me fortalece y me conforta.

Aceptador- Salmo 139:1-6; Romanos 15:7
____ Mi Padre-salvador mí acepta total e incondicionalmente.
____ Su aceptación hacia mí está basada en lo que soy y no en lo que hago.

Satisface- Salmo 107:9; Mateo 6:33; Juan 14:14; Efesios 3:19
____ Mi Padre-salvador provee para cada necesidad.
____ Su gracia me cubre de satisfacción.

Persistente en su Búsqueda- Lucas 19:10; Timoteo 1:15; 2:4; Tito 2:11
____ Mi Padre-salvador es el Sabueso Celestial.
____ Él mueve cielo y tierra para traerme hacia Él.

Razonable- Proverbios 3:5-6; Isaías 1:18; Efesios 3:12
____ Mi Padre-salvador es completamente accesible.
____ Su actitud hacia me es muy favorable y de buena voluntad.

Perdona- Salmo 103:3; Isaías 43:25; 55:7

____ Mi Padre-salvador me ofrece perdón total.

____ No toma en cuenta los agravios que le pudiera haber hecho.

Sana- 2 Crónicas 7:14; Salmo 147:3; Isaías 53:5

____ Mi Padre-salvador es un Dios que me da sanidad.

____ Su mayor preocupación es mi bienestar.

Redime-Job 19:25; Salmos 19:14; Isaías 63:16

____ Mi Padre-salvador me ha redimido de todos mis pecados.

____ Su redención hacia mí es por toda la eternidad.

Tierno Salmo 86:15; 117:2

____ Mi Padre-salvador expresa Su ternura hacia mí siempre.

____ Su ternura hacia mí me sustenta a través de todo.

Renueva- Isaías 40:31; 2Corintios 4:16; Tito 3:5

____ Mi Padre-salvador me renueva día a día.

____ Él me imparte su fortaleza y su poder.

Justo- Jeremías 9:23-24; Salmo 11:7; 1 Corintios 1:30

____ Mi Padre-salvador es justo en todo lo que Él hace por mí.

____ Me imparte justicia, haciéndome justo.

Misericordioso- Nehemías 9:31; Salmo 86:1-15; Efesios 1:7,8

____ Mi Padre-salvador es siempre misericordioso conmigo.

____ Prodiga Su gracia hacia mí como Su hijo.

Soberano- Salmo 24:8, 103:19; Apocalipsis 1:8

____ Mi Padre-salvador es soberano sobre todas las cosas.

____ Él es Rey de Reyes y Señor de Señores, y yo soy su hijo.

Ahora que conoce las características que necesitan ser reforzadas en su entendimiento de Dios, seleccione un versículo de cada una de estas características. Comience renovando su mente acerca de quién es su Padre meditando cada día en estos versículos. Ahora tómese un tiempo escribiendo cuales han sido sus ideas equivocadas y escriba las correctas. Tómese un tiempo hablándole a Dios y tomando una decisión consciente para desechar esas ideas equivocadas de su mente.

Ideas Equivocadas acerca de Dios Sacarlas	Ideas Correctas acerca de Dios Ponerlas
Ejemplo: No veo como Dios pudo amarme.	Ejemplo: El amor de mi padre es sin condiciones y no cambia. No se basa en lo que soy yo, sino en Quien es Él.

Llegando a Conocer a nuestro Padre Celestial – Día Tres

Meta: conocer el carácter y corazón de Dios el Padre a través de su Hijo, Jesucristo.

1. Describa como ve a Jesús como persona.

2. ¿Qué es lo que los siguientes versículos le dicen acerca de Jesús?

Yo y el Padre uno somos.   Juan 10:30 (RVR)

El es la imagen del Dios invisible, el primogénito de toda creación.   Col 1:15 (RVR)

Porque en él habita corporalmente toda la plenitud de la Deidad.   Col 2:9 (RVR)

3. Compare su opinión de Jesús con su opinión de Dios el Padre desde el Día Uno. ¿Cuáles son las cosas similares y/o diferentes?

Frecuentemente nuestra opinión de Jesús es muy diferente a la de Dios el Padre. Esto se debe quizás a que hemos desarrollado nuestra opinión de Jesús más por las historias en los evangelios, y la de Dios el Padre la hemos basado en nuestras experiencias pasadas.

4. Lea los siguientes versículos y escriba como estos describen a Jesús.

Lucas 19:10 _____

Mateo 9:10-13 _____

Mateo 9:36 _____

Mateo 11:28-30 _____

Mateo 23:37 _____

Juan 8:1-11 _____

Juan 10:11 _____

5. Es importantísimo ver al Padre a través de Jesús y aprender a relacionarnos con El de una manera personal e íntima. Pase unos minutos agradeciendo a Dios por Sus atributos y carácter y por la verdad de cómo Él es en realidad. Pídale a Dios que se revele a usted más claramente y le permita tener una relación más profunda e íntima con Él como su Padre. Recuerde que la habilidad y deseo del Padre de revelarse a usted es más grande que la habilidad y deseo que usted tiene de cambiar su percepción de Él.

6. Continué meditando sobre versículos del Día Dos concernientes al carácter de Dios.

Llegando a Conocer a nuestro Padre Celestial – Día Cuatro

Meta: Comenzar a identificar y recibir el pensar del Padre Celestial hacía usted.

Has aumentado, oh Jehová Dios mío, tus maravillas; Y tus pensamientos para con nosotros, No es posible contarlos ante ti. Si yo anunciare y hablare de ellos, No pueden ser enumerados.

Salmo 40:5 (RVR)

¡Cuán preciosos me son, oh Dios, tus pensamientos! ¡Cuán grande es la suma de ellos!

Salmo 139:17 (RVR)

1. Lea en voz alta los versículos parafraseados, personalizados de la página siguiente, colocando su nombre en los espacios en blanco.

2. Medite sobre uno de estos versículos durante los siguientes días. Reciba esto como los pensamientos de Su Padre Celestial hacia usted cada mañana antes de que comience su día y cada noche antes de acostarse.

LOS PENSAMIENTOS DE MI PADRE CELESTIAL ACERCA DE MÍ

_____, Yo soy Jehová, Jehová, fuerte, misericordioso, y piadoso; tardo para la ira, y grande en benignidad y verdad hacia ti Ex 34:6 (RVR)

Porque no has recibido el espíritu de servidumbre para estar otra vez en temor; mas has recibido el espíritu de adopción, por el cual clamas_____, Abba, Padre. Porque el mismo Espíritu da testimonio á tu espíritu que eres hijo/a de Dios. Rom 8:15-16 (RVR)

Entonces te dije_____: No temas, ni tengas miedo de ellos. Jehová tu Dios, el cual va delante de ti, él peleará por ti, conforme á todas las cosas que hizo por Israel en Egipto delante de sus ojos; Yo te llevaré en mis brazos, como carga el hombre á su hijo. Deuteronomio 1:29-31 (RVR)

Ahora, así dice Jehová Creador tuyo, oh _____, y Formador tuyo…: No temas, porque yo te redimí; te puse nombre, mío/a eres tú. Cuando pases por las aguas, yo estaré contigo; y si por los ríos, no te anegarán. Cuando pases por el fuego, no te quemarás, ni la llama ardará en ti. Porque yo Jehová Dios tuyo, el Santo de Israel, soy tú Salvador: á Egipto he dado por tu rescate, á Etiopía y á Seba por ti. Porque a mis ojos fuiste de grande estima, fuiste honorable, y yo te amé; daré, pues, hombres por ti, y naciones por tu vida. Isaías 43:1-4 (RVR)

Óyeme_____, yo te he traído por mí desde el vientre, y desde la matriz…y hasta las canas de tu vejez yo seré el mismo sin cambiar, porque YO SOY la fuente de provisión para todas tus necesidades, y yo te guardaré_____. Isaías 46:3-4 (RVR)

¿Se olvidará la mujer de lo que dio a luz, para dejar de compadecerse del hijo de su vientre? Aunque olvide ella, yo nunca me olvidaré de ti_____. He aquí que en las palmas de mis manos te tengo gravada y esculpida_____ Isaías 49:15-16 (RVR)

Con amor eterno te he amado_____; por tanto, te prolongué mi misericordia. Jer 31:3 (RVR)

No temas: _____, no se debiliten tus manos y nunca estés descorazonado/a. Jehová está contigo, poderoso, él salvará; se gozará sobre ti con alegría, con amor, se regocijará sobre ti con cánticos. Sofonías 3:16-17 (RVR)

Pero Dios, que es rico en misericordia, por su gran amor con que te amó_____, aun estando tu muerto/a en pecados, te dio vida juntamente con Cristo; (por gracia eres salvo/a); y juntamente con él te resucitó, y asimismo te hizo sentar en los lugares celestiales con Cristo Jesús, para mostrar en los siglos venideros las abundantes riquezas de su gracia en su bondad para contigo en Cristo Jesús. Porque por gracia eres salvo/a_____ por medio de la fe; y esto no de ti, pues es don de Dios: No por obras, para que nadie se gloríe. Porque eres hechura suya, creado/a en Cristo Jesús para buenas obras, las cuales Dios preparó de antemano para que tu_____andes en ellas. Efesios 2.4-10

4.22

Llegando a Conocer a nuestro Padre Celestial – Día Cinco

Meta: Entendiendo como vivir y caminar como Hijo de Dios.

1. Lea el articulo "El Cuidado del Padre" en la página 4.27. Subraye las oraciones más importantes que tienen un mensaje para usted. Escriba la idea o pensamiento principal recibido de este artículo.

2. Pídale a Dios que le revele quién o qué ha usado usted para satisfacer sus necesidades más profundas. Llene los espacios en blanco mas abajo.

He dependido primeramente de _____ para satisfacer mi necesidad de amor.
   He tratado de _____ a fin de sentirme como que pertenezco.
He dependido de _____ para que me dé una sensación de bienestar.
Tengo dependencia de _____ para hacerme sentir seguro.
He acudido a _____ para sentirme aprobado.
He tratado de ganar aceptación de _____ por medio de_____.
He adorado (valorado)_____ más que a Dios.

3. Ore en voz alta la siguiente oración a Dios.

Amado Padre Celestial, me he dado cuenta que no te conozco como realmente eres, y debido a esto, no he experimentado la clase de intimidad que tu deseas tener conmigo. He tornado a mí mismo, a otros, a cosas para satisfacer mis más profundas necesidades. Ahora anhelo que Tú proveas para estas necesidades interactuando contigo diariamente de un modo íntimo. Quiero conocerte tan completamente como sea posible, pero no sé como lograr conocerte. Padre, estoy pidiéndote que te reveles a mí a través de tu palabra y en mi vida diaria. Abre mis ojos para que pueda ver Tu gloria, majestad y bondad. Abre mi mente mi corazón para entender y recibir Tu perfecto e incondicional amor por mí.

Llegando a Conocer a Nuestro Padre Celestial – Lección Cuatro

Nombre _____ Fecha _____

Responda a las siguientes preguntas. Para entregar la página a un líder de grupo utilice páginas perforadas al final del libro.

1. ¿Qué Creencias equivocadas acerca de Dios como Padre reconoció a través de esta lección?

2. ¿Cómo afectaría su vida el conocer y relacionarse a Dios como su Padre (en sus emociones, relaciones, conducta)?

3. ¿Cómo afectaría su vida el relacionarse a Dios como un Padre perfecto y cuyo amor no lleva condiciones?

4. ¿Cuál de las tareas de esta semana fue la más significativa para usted?

5. ¿Qué características de Dios necesitan reforzarse en su vida?

6. Marque el gráfico para indicar la cantidad de tareas que ha completado esta semana.

	50%	100%

Escriba lo que le pide al Señor en oración:

_____
_____
_____
_____
_____
_____
_____
_____
_____
_____
_____
_____
_____
_____
_____
_____
_____
_____
_____
_____
_____
_____

El Cuidado del Padre

Adaptado de "FatherCare"
por Jim Craddock

La vida esta constituida de relaciones- algunas buenas otras malas, pero todas son necesarias. La Biblia, el libro sobre relaciones inspirado de Dios, revela que el común denominador básico e inherente en toda relación es la relación del hombre con Dios, la relación padre/hijo que hizo única la interacción de Adán con Dios, y fue justamente la relación padre/hijo la que se perdió en la Caída del hombre, tornando en consecuencia la vida del hombre en un cuadro desesperado.

La historia nos muestra que los hombres siempre han buscado a Dios. Desde las más antiguas y más primitivas culturas, ha habido un modelo de adoración, del intento del hombre de restaurar la relación perdida de padre a hijo. Sin embargo el hombre no es capaz de restaurar esta relación perdida. Tiene que ser un acto de Dios. Desde la perspectiva de Dios la restauración de la relación Padre/hijo, para que podamos conocerlo como nuestro Padre, fue tan importante y crítica que Él salió del cielo en la Persona de Jesucristo para iniciar el cumplimiento de esto.

La Biblia demuestra que todo lo que Jesús hizo y dijo, fue con el único propósito de revelar a Dios como nuestro Padre. Lo que el hombre perdió en la Caída- la relación padre/hijo- Dios estaba resuelto a restaurarla.

Al mismo tiempo, la restauración de la relación Padre/hijo es tan terriblemente amenazante para Satanás, que él ha hecho todo intento posible para tratar de impedir o confundir el proceso de esta restauración (2 Corintios 4:4). Cuando un hijo de Dios conoce a Dios como Padre, lleva a ese hijo a tal intimidad con Dios, y produce tal adoración a Dios y servicio a Él, que toda la organización del enemigo se ve amenazado.

Debido a que la estrategia principal de Satán es confundir y fomentar los obstáculos, la gran mayoría de cristianos tienen un concepto erróneo o vago de Dios como su Padre.

Esta ignorancia de Dios y de Quien es como Padre causan la mayoría de problemas espirituales y emocionales en un cristiano. Estudiando como Cristo reveló al Padre puede revolucionar su vida, ya que lo lleva a una intimidad tal con Dios como Padre que usted nunca lo ha experimentado antes.

¿Por qué es importante conocer a Dios como Padre?

Primero, es importante porque la Biblia nos manda que conozcamos a Dios.

Para que el Dios del Señor nuestro Jesucristo, el Padre de gloria, os dé espíritu de sabiduría y de revelación en el conocimiento de él.   Efesios 1:17 (RVR)

Mas si desde allí buscares a Jehová tu Dios, lo hallaréis, si lo buscareis de todo tu corazón y de toda tu alma.

Deuteronomio 4:29 (RVR)

He manifestado tu nombre á los hombres que del mundo me diste; tuyos eran, y me los diste, y han guardado tu palabra.

Juan 17:6 (RVR)

Para conocer íntimamente a Dios, como Él lo desea, necesitamos conocer a Dios como nuestro Padre. Es una cosa conocer a Dios a través de Sus atributos y otra muy diferente conocerlo como Padre. Conocer a Dios solo a través de Sus atributos tiende a producir una relación estéril y no íntima, mientras conocerlo como Padre crea una increíble relación de intimidad.

Es asombroso leer la Escritura y darse cuenta que Dios, el Soberano absoluto del universo, desea que lo conozcamos, e hizo posible que así sea. Vuelvo a repetir, el propósito principal de Cristo al venir a este mundo pecador fue revelar a Dios como Padre, a fin de que nosotros, como sus hijos, podamos disfrutar de la relación padre/hijo que alguna vez existió entre Dios y Adán.

No sólo se nos ordena conocer a Dios, sino también conocerlo como Padre lo cual es importante para dar significado a nuestras vidas.

J.I.Packer escribió:

"Saber de Dios es crucialmente importante para el resto de nuestras vidas. Así como sería cruel para un indio amazónico hacerlo volar a Londres, llevarlo sin ninguna explicación a Trafalgar Square y dejarlo como si conociera Ingles o Inglaterra para defenderse por si solo, así seriamos crueles con nosotros mismos si tratamos de vivir en este mundo sin conocer nada acerca del Dios que es el dueño del mundo y lo dirige. El mundo se vuelve en un lugar extraño, loco y doloroso, y la vida en medio de esa locura, una ocupación nada placentera, y llena de desilusión para aquellos que no conocen de Dios. Al descuidar el estudio de Dios, se condena usted mismo a moverse a ciegas y cometer el desatino de vivir una vida con los ojos vendados, como si no tuviera sentido de dirección ni comprensión de lo que pasa alrededor suyo. Esta manera de vivir lo puede llevar a desperdiciar su vida y su alma."

Tercero, es importante para el Cristiano conocer a Dios como Padre para el bienestar emocional y espiritual. Una persona no puede confiar en un extraño. Si Dios como Padre nos es un extraño, por

cualquier razón, no podremos confiar en Él tampoco (Salmo 9:10). Si no confiamos en Él, dudaremos de Él. A medida que tratamos de vivir para Dios, nuestras dudas acerca de Dios producen una contradicción en nuestras vidas, y esto crea una tremenda tensión espiritual y emocional (Santiago 1:6). Nunca he instruido a alguien que haya sufrido de una tensión emocional y confusión y que a la vez tenga un buen concepto Bíblico de Dios como Padre.

Ninguna relación es más crucial para los niños que la relación padres/hijos. Desdichadamente, en nuestra cultura, hemos olvidado cuan importante es la relación padre/hijo. El promedio de tiempo aproximado que el padre pasa con sus hijos es de seis minutos diarios. Vivimos en una sociedad que no sólo condona, sino también alienta la ausencia del Padre en la familia.

¿Qué es un verdadero padre? William Barclay escribe:

"La paternidad describe una íntima, amorosa, continua relación en la cual el padre y el hijo crecen estrechamente el uno al otro cada día.".Esta "Paternidad" describe la relación de Dios hacia nosotros. Un padre verdadero. Un verdadero padre, un perfecto padre, un padre que realmente cuida de sus hijos es aquel que tiene la habilidad y deseo de suplir las necesidades mas profundas de sus hijos.

Sin embargo, generalmente no

experimentamos a Dios como esa clase de Padre porque nos hemos formado un concepto de esta clase de Paternidad de acuerdo a nuestras experiencias con nuestros padres terrenales. Desafortunadamente, hemos plasmado conceptos erróneos de un padre verdadero, porque no hay un padre terrenal que sea absolutamente perfecto, el cual pueda ser un modelo para nosotros.

Qué diferencia tan alentadora y asombrosa es darse cuenta que Dios es Nuestro Padre y que Él nunca está ausente, sino al alcance de nosotros cada momento de cada día. Nuestro Padre Celestial es un Padre verdadero, un Padre perfecto, un Padre que nos cuida, quien tiene la habilidad y el deseo de suplir nuestras necesidades más profundas. ¿Cuáles son esas necesidades tan profundas?

Veamos a seis necesidades:

• Adorar

• Ser amado y pertenecer

• Tener bienestar

• Sentirse seguro

• Estar aprobado

• Ser aceptado

La Necesidad de Adorar

La mayoría de personas probablemente no incluirían en esta lista la adoración como una de sus necesidades profundas, pero esta es una necesidad vital porque el hombre fue creado para adorar.

La palabra "adoración" [significa "reverenciar con sumo honor o respeto", pero] en inglés se escribe "worship" e incluye la idea de atribuir "worth" o "valor" a algo o alguien. El hombre no fue diseñado para vivir independientemente de Dios sino para tener una relación íntima con Él y depender totalmente de Él. Para vivir la vida de la manera que fue planeada por Dios – en plenitud – el hombre debe atribuir a Dios su valor absoluto, infinito, al tope de todo. El hombre debe de adorar. Sin la adoración no ponemos a Dios en el lugar que le pertenece, y así, todo el resto en la vida está totalmente fuera de lugar, en desorden. Adoración correcta es atribuir y dar a Dios su propio valor y mérito.

Adoración e intimidad están relacionadas. Solamente por medio de adoración correcta podemos llegar a conocer a Dios y a experimentar su amor y amoroso cuidado. Cuando Su Espíritu viene a morar en nosotros al momento de nuestro nuevo nacimiento en Cristo, Él nos da la habilidad de adorarle correctamente, de ponerle en su posición que merece, de honrarlo, y así también, de retornar a nuestra dependencia total en Él en cada aspecto de nuestras vidas, en otras palabras, estar en una relación íntima y correcta con nuestro Padre.

El día de hoy, cuando "autovaloración" es considerada ser básica, debemos darnos cuenta que el verdadero valor – un correcto entendimiento de quienes somos –

viene sólo de la adoración correcta. Esta adoración está basada en el correcto entendimiento de Quién Dios es, Aquel que tiene todo mérito y valor incalculable.

La Necesidad de Ser Amado y Aceptado

El ser amado es una necesidad muy básica y profundamente sentida. Anhelamos ser amados, pero no de manera condicional, o a base de lo que tenemos o que podemos alcanzar con esfuerzo. Anhelamos un amor sin condiciones basado en nuestro propio valor, lo que somos. Nuestra habilidad de amar y ser amados está directamente relacionada a nuestro conocimiento de Dios como Padre, nuestro Padre. La Biblia lo explica bien:

Nosotros amamos, porque Él nos amó primero.   1 Juan 4:19 (LBLA)

El amor de Dios hacia nosotros siempre está basado en esto: Quien Dios es – Su carácter santo que no tiene ni sombra de variación. El amor de Dios siempre da y provee sin egoísmo. Pero Su amor no está limitado a la eternidad en el más allá, sino se deleita en relacionarse con nosotros al presente como hijos Suyos.

Cuando mi hijo Danny tenía 4 años de edad él siempre tenía una gran atracción hacia una o más de las muchachas de la oficina, lo cual dependía en cual era la más bonita o la que daba más atención. Un domingo por la tarde tuvimos una

recepción en la casa para introducir a unos nuevos miembros de nuestro personal de oficina. Una jovencita que se llamaba Arlys estaba vestida en el vestido más lindo, blanco, y diáfano que yo he visto en mi vida.

Mientras los adultos hablaban, Danny entró a la sala rodeado de una nube de polvo, como una estampa de alguien que acaba de inventar 12 maneras nuevas de poner aplicaciones de lodo y suciedad en su ropa y cuerpo cuatro-añejo. Cuando estaba a punto de salir otra vez, su ojo cogió una visión de la linda niña. Y un segundo más tarde estaba sentado en su regazo abrazándola hasta quitarle el resuello.

Casi me desmayé. Lo único que yo veía era un chiquillo enlodado que estaba manchando y ensuciando el vestido más blanco en esa sala. Pero lo que Arlys pudo ver fue un pequeñuelo que necesitaba amor, y ella simplemente lo abrazaba y acariciaba como si Danny fuera el único niñito en este mundo.

Dios me enseño algo en ese momento. Tenemos la tendencia de mirarnos en nuestra suciedad, como pecadores enlodados, pero Dios, como nuestro Padre sólo nos ve como hijitos e hijitas que necesitan mucho amor. ¡Por eso es que Su amor es I N C R E I B L E M E N T E MAGNIFICENTE!

El pertenecer a Dios nos deja ejercer "el otro lado de la moneda", el cual es el pertenecer a otros. En Génesis 2 Dios dijo que no era bueno que el hombre estuviera solo. La palabra "solo" en el Hebreo significa estar "aislado". Si estamos relacionados correctamente hacia Dios, gozando la intimidad de adoración verdadera, entonces Él es el agente principal que mueve a otras gentes hacia nosotros para cumplir la necesidad de ser aceptado. ¿Cómo? Él lo hace a través de la iglesia – una familia de personas que tienen la misma disposición, nacidos de Su Espíritu, gozando la unidad en ese Espíritu, y aprendiendo a cuidar el uno por el otro. Es allí donde esta necesidad de aceptación – de pertenecer – debe ser satisfecha.

La Necesidad de Bienestar

Nuestro Señor lo hizo muy claro en Mateo 6 que el sentido de bienestar viene, no de nuestras posesiones ni de lo que podemos obtener, sino que proviene de esto: ¡Quién nuestro Padre es!

"...no os preocupéis por vuestra vida, qué comeréis o qué beberéis; ni por vuestro cuerpo, qué vestiréis. ¿No es la vida más que el alimento y el cuerpo más que la ropa? Mirad las aves del cielo, que no siembran, ni siegan, ni recogen en graneros, y sin embargo, vuestro Padre celestial las alimenta. ¿No sois vosotros de mucho más valor que ellas?...Por tanto, no os preocupéis, diciendo: "¿Qué comeremos?" o "¿qué beberemos?" o "¿con qué nos vestiremos?" Porque los gentiles buscan ansiosamente todas estas cosas; que vuestro Padre celestial sabe que necesitáis todas estas cosas. Pero buscad primero su reino y su justicia, y todas estas

cosas os serán añadidas."

Mateo 6:25b-26, 31-33 (LBLA)

Nuestro Padre promete suplir todas nuestras necesidades. A medida que nos relacionamos con nuestro Padre, Él nos abre los ojos para que veamos Su provisión abundante, y también veamos que Él desea mucho satisfacer esta necesidad de nuestro bienestar.

La Necesidad de Sentirse Seguro

Es un padre aquel que provee seguridad. Dios nuestro Padre garantiza nuestra seguridad personal. Este sentido personal de seguridad es afirmado y reforzado por la expresión "Abba Padre" en la Biblia (Marcos 14:36; Romanos 8:15; Gálatas 4:6). La palabra "abba" es una transcripción de una palabra aramea, la cual es la primera palabra que un bebito usa para llamar a su padre. La palabra moderna sería "da da", y quizás la mejor traducción sería "papito". ¡Dios es nuestro "Papito"!! Cuando conocemos a Dios como nuestro Abba, tenemos esa sensación profunda de confianza y seguridad personal. ¡No importa lo que encaramos, los obstáculos en nuestro camino, o las luchas de la vida, nuestro Padre está allí!!! ¡Él nunca nos dejará ni nos desamparará! (Hebreos 13:5).

La Necesidad de Aprobación y de Ser Significante

Aprobación viene en muchas formas pero todos la deseamos. Cada uno busca desesperadamente aprobación de los padres, y la falta de ella crea

muchos problemas. El frenesí de ganar aprobación es tan fuerte que la gente puede descuidar sus familias, su salud, y todo lo que tienen para obtener aprobación.

¿Por qué es el ser significante tan importante para nosotros? Porque tenemos ese profundo deseo de ser "alguien", de sobresalir en medio de la multitud, de dejar una marca indeleble en la humanidad, de ser proclamado "aprobado" ante otros. ¿Qué nos da significado? El día de hoy eso se basa en nuestra actuación, en lo que producimos, en lo que tenemos y lo que otras personas piensan de nosotros. Tomen nota que esa manera de obtener significado depende solamente en factores externos, no en factores internos.

¿Cómo ganan los cristianos ese sentido de aprobación de Dios y de significado personal? ¿A través de nuestra actuación o lo que producimos? ¿Nuestros actos o actividades, o nuestras cosas, o por qué medio? Obviamente es por medio de un acto de Dios y no por esfuerzo humano. ¡La Biblia nos dice que Dios nos da aprobación sin condiciones por medio de Nuestro Señor Jesucristo. (Colosenses 1:22)! Nuestro Padre está mucho más interesado en lo que somos que en lo que hacemos. En otras palabras, aprobación y significado están relacionados a SER no a HACER. Una aprobación real y duradera viene de una relación con el Padre la cual nos asegura que somos Sus hijos.

Dios creó al hombre para ser amado,

aceptado, aprobado, y comprendido sin condiciones. En cada uno de nosotros hay la expectativa de ser recibido incondicionalmente, Sin embargo nacemos en un mundo que no recibe a nadie sin condiciones, sino condicionalmente a base de lo que la persona puede llegar a hacer o ser o tener. Cada uno que nace en este mundo descubre que hay una contradicción directa entre sus necesidades y el sistema del mundo que no honra esas necesidades. Esto produce una tensión tremenda precisamente por causa del frenesí en que nos encontramos para obtener aprobación.

El concepto del hombre acerca de Dios fue destrozado a la Caída en el Edén y reemplazado por un cuadro grotesco. Como consecuencia el hombre no tenía ya una base para medir su propio valor, y así, su propia identidad fue destrozada. Desde que el hombre no tenía una base para adquirir valor sin previas condiciones, tuvo que compensar. Lo hizo adoptando un sistema de compensación a base de reglas impuestas a sí mismo para ganar una avaluación con condiciones.

En otras palabras trataba de obtener valor propio y de ser significante por medio de sus obras y comportamiento en lugar de simplemente aceptar lo que Dios dice, el plan Dios tuvo para el hombre antes de que el pecado entrara en el mundo. Una persona de esta clase no se considera "digna" de recibir nada sin condiciones, y trata más

y más duro de hacer "hechos" dignos de aprobación. Pero nunca podemos hacer lo suficiente para obtener lo que anhelamos, aprobación y aceptación.

Las buenas nuevas es que nuestro Padre, Quien nos creó para ser aceptados sin condiciones, en efecto nos recibe de manera incondicional. Su aprobación es dada a base de esto, de lo que somos hechos en Cristo Jesús, y no a base de lo que hacemos. Nos ama, nos acepta, y nos aprueba simplemente porque somos sus hijos e hijas.

La Necesidad de Aceptación

Aprobación y aceptación son cosas muy afines. Si nos sentimos aprobados, también nos sentimos aceptados. Desafortunadamente muchos cristianos no se sienten aceptados o aprobados de Dios.

Equivocadamente hemos creído que Dios no nos ama, sino que sólo ama Cristo en nosotros. Hemos razonado que por causa del pecado no hay nada bueno en nosotros. Por lo tanto, Dios en su santidad, nos puede ver sólo a través de "lentes con lunas rosadas" – los lentes rosados son en este cuadro por causa de la sangre de Jesús.

¡Qué cosa más falsa! La verdad es que Dios no sólo ama a Cristo en nosotros, ¡pero también nos ama a nosotros!!! Nos acepta sin condiciones por causa de lo que Cristo consumó en la cruz. Por razón de que somos aceptables a Dios , Su

Espíritu vive en nosotros y nos hace justos. Dios, nuestro Padre, nos acepta con todos nuestros defectos, pecados, debilidades, como estamos, sin condiciones.

Nuestra Relación con el Padre

Como ya hemos dicho, un padre tiene hijos y trata de satisfacer las necesidades de sus hijos. Otra parte crucial de la paternidad es eso de la *relación*, una relación que tiene tres partes: es constante, crece y es íntima.

Una relación entre padre é hijo siempre es una relación continua. Vemos esto en la parábola del hijo pródigo (San Lucas 15:11-32). Ni su disposición ni sus hechos afectaron la relación del padre con su hijo. La parábola nos enseña que nada puede afectar la consistencia de la relación del Padre con nosotros. Esto es importante porque cada hijo necesita un padre que no cambia aunque el hijo está cambiando. Como padres, no debemos responder de mal forma al mal comportamiento de nuestros hijos.

Debemos estar resueltos a tener un amor que no cambie. Tristemente, no podemos, pero el Padre celestial sí lo logra. (Es importante recordar que aunque nada afecta la manera en que Dios se relaciona con nosotros, el pecado en nuestras vidas sí afecta la manera en la cual nos relacionamos con El.

Aunque el amor de nuestros padres falla de vez en cuando, el amor de nuestro Padre Celestial es constante.

Si no somos fieles, El es fiel (2 Timoteo 2:13). Si somos malos, el es bueno. Si estamos enojados contra Dios, El es paciente. Necesitamos la seguridad de un Padre que nos da aprobación, amor, y aceptación constante que no cambian con los caprichos de las emociones. ¡Tenemos esa clase de Padre!

Nuestra relación con el Padre es no sólo constante sino que también tiene que estar creciendo – creciendo más profunda cada día. La relación que tenemos con nuestros hijos recién nacidos es muy diferente que la relación que tenemos con los mismos hijos cuando son adolescentes ó adultos.

Aunque la relación del Padre con nosotros depende de El, el crecimiento de esa relación depende de nosotros. En su libro *Gozando Intimidad con Dios,* J Oswald Sanders gráficamente describe las posiciones varias de los discípulos de Cristo:

"Cada uno de los discípulos estaba tan cercano a Jesús como deseaba, porque el Hijo de Dios no tenía favoritos… Es un punto que sopesar que nosotros también podemos elegir estar tan cerca de Cristo como deseamos."

La intimidad (proximidad emocional) se desarrolla de una relación que está creciendo continuamente con nuestro Padre. Esta intimidad no es un lujo, sino una necesidad para nuestro bienestar. Mientras más conocemos a Dios, más nuestro amor para El aumenta, y más nos semejamos a El. Este ciclo

positivo nos transforma para ser más y más como Cristo.

Aunque Dios nuestro Padre inició nuestra relación con Él y ahora la sostiene, tenemos que responder a su llamado. En relación a la parte que tiene Dios, J.I. Packer lo dice bien:

"Lo que es de suprema importancia es, en efecto, no el hecho que conozco a Dios, sino la realidad mucho más grandiosa que **Él me conoce a mí**. Estoy grabado en las palmas de sus manos; nunca estoy fuera de su mente. Todo mi conocimiento de Él depende en Su iniciativa constante de conocerme. Yo le conozco porque Él me conoció primero y continua conociéndome."

En estas relaciones la Biblia llama la parte de Dios "gracia" y la parte nuestra "fe". La fe es la respuesta humana al amor de Dios. Mientras más nos damos cuenta de su gracia, crecemos en experimentar su amor, su cuidado y su paz como nuestro Padre.

¿Entonces, quién es un padre? Padre es uno que tiene hijos, que los cría, uno que trata de satisfacer los deseos de sus hijos, y uno quien desea una relación íntima y constante con ellos, una relación que sigue creciendo. Un Padre es quien ama a sus hijos profundamente y que les cuida cariñosamente, les entiende, les habla, les escucha y se preocupa por ellos. Esto es nuestro Padre Celestial.

¿Como es que debemos crecer en relación con el Padre, quien es Espíritu (Juan 4:24), cuando nosotros hechos de carne y hueso ni podemos identificarnos con un

Espíritu? El Padre se reveló en la carne en su hijo Jesús. Jesús dijo: "Si me has visto, has visto a mi Padre". Podemos conocer a Dios como Padre por medio de su hijo Jesús quien lo reveló.

Al estudiar a Jesús en los evangelios, podemos ver la actitud cariñosa de Dios hacia los pecadores, los de corazón quebrantado, los enfermos y los religiosos. Podemos conocer el amor sacrificado de Jesús mientras que le vemos muriendo una muerte angustiosa en la cruz. Su corazón perdonador es revelado en las últimas palabras de Jesús: Padre, perdónalos, porque no saben lo que hacen (Lucas 23:34).

No hay nada que nos satisface más que conocer a Dios como Padre personal. Al estudiar la vida de Cristo, podemos ver en detalle al Padre trabajando aquí en la tierra. En Jesús podemos ver todas las características de nuestro Padre perfecto. Es en el amor de Jesús que vemos un Padre amante. Es en el cuidado de Jesús que vemos un Padre cuidadoso. Es en la aprobación de Jesús que vemos un Padre que aprueba. Es en la amabilidad de Jesús que vemos un Padre amable. Es en la ternura de Jesús que vemos la ternura de nuestro Padre.

Es en la aceptación de Jesús que sentimos la aceptación de nuestro Padre. Es por la paciencia de Jesús que podemos ver la paciencia del Padre. Es en el conocimiento de Jesús que el conocimiento de nuestro Padre puede ser completo.

Viviendo por el Espíritu

Si alguno tiene sed, que venga á mí y beba. El que cree en mí, como ha dicho la Escritura: "De lo más profundo de su ser brotarán ríos de agua viva."

Juan 7:37b-38 (LBLA)

Lección 5

Una Vida Transformada

Mis padres se divorciaron cuando yo era una bebita. Cuando mi madre nos abandonó y mi padre no podía cuidarnos, me enviaron a un colegio de internado para niños Indios cuando tenía cinco años. Me sentí como una huérfana, como si nunca hubiera pertenecido a nadie, especialmente cuando mi hermano y hermana se fueron a vivir con mi madre por un tiempo pero yo nunca lo hice.

Cuando yo tenía 12 años, me convertí al cristianismo, pero nada cambió. Aun me sentía sola y descartada, como una huérfana, y pensé que Dios estaba distante y desinteresado. Nadie me dijo que la vida cristiana podría ser diferente.

Muchos años más tarde aprendí que, cuando me convertí en cristiana, el Espíritu Santo vino a mi vida. Me di cuenta que había estado viviendo como si tuviese un espíritu muerto y como si aún estuviera separada de Dios, como si aun fuera una huérfana espiritual. Había leído en Juan 14 que Jesucristo dijo que el Espíritu Santo me enseñaría, así comencé a preguntarle al Espíritu Santo, "¿Me enseñarás acerca de mi misma para que pueda entender mi vida y saber quien soy?"

Continuará…

Viviendo por el Espíritu - Lección Cinco

La Persona del Espíritu Santo

Ya hemos descubierto cómo nuestras creencias corruptas acerca de nosotros mismos y de Dios afectan la calidad de nuestras Vidas. Este capítulo nos ayudará a descubrir cómo vivir la vida por el Espíritu en lugar de por la carne. Fuimos creados para contener el Espíritu de Dios en nosotros y para vivir a través de Él. Sólo cuando vivimos por el Espíritu logramos experimentar nuestra nueva identidad y gozar de una relación con Dios que satisface.

El Espíritu Santo es una persona

El Espíritu Santo es la tercera persona de la Trinidad. Dios es revelado en tres personas: Padre, Hijo y Espíritu Santo. El Espíritu Santo es en esencia idéntico al Padre y a Dios el Hijo. Él es una persona, no "un vapor" o "un poder". Él tiene una mente (conoce y comunica los pensamientos de Dios [1 Corintios 2:10-11]), voluntad (da dones como Él desea [1 Corintios 12:11]), y emociones (puede ser contristado [Efesios 4:30], y expresar gozo [Lucas 10:21]).

El Espíritu Santo es el Espíritu de Cristo viviendo en nosotros.

Jesús prometió enviar al Espíritu Santo a vivir en aquellos que lo reciben.

> Pero el que se une al Señor, un espíritu es con Él.
>
> 1 Corintios 6:17 (RVR)

La palabra "un" en "un espíritu" es la misma palabra usada para la relación entre hombre y mujer-"una sola carne". Los dos serán "una sola carne" (Génesis 2:24) significa que ellos no harán más las cosas por separado, como dos personas independientes. De igual modo, nosotros somos uno con el Espíritu de Cristo, así que cuando vivimos y andamos por el Espíritu, Cristo está viviendo a través de nosotros.

> ...y ya no vivo yo, mas vive Cristo en mí: y lo que ahora vivo en la carne, lo vivo en la fe del Hijo de Dios...   Gálatas 2:20b (RVR)

El Espíritu Santo es nuestro Ayudador.

En Juan 14:16 Jesús describe al Espíritu Santo como "otro Ayudador", dando a entender que es otra persona de la misma naturaleza. El Espíritu Santo es para nosotros todo lo que fue Jesús para sus discípulos y más. Él hace por nosotros lo que Jesús haría si estuviera físicamente presente. Él es nuestro permanente Consejero, Consolador, Ayudador, Intercesor, Abogado, y Fortalecedor.

> Y yo rogaré al Padre, y os dará otro Consolador, para que esté con vosotros para siempre.   Juan 14:16 (RVR)

Consejero

Ayudador

Intercesor

Revelador

Fortalecedor

Consolador

Maestro

Tres Personas

El Espíritu Santo es nuestro Consolador.

Nuestro Padre celestial es el "Padre de misericordias y Dios de toda consolación" (1 Cor.1:3). Él nos ha dado Su Espíritu para reconfortarnos en nuestras vidas. Necesitamos el consuelo de Dios cuando nos sentimos rechazados, tristes, solos o deprimidos. Necesitamos el consuelo de Dios cuando experimentamos pruebas o cuando perdemos amigos o familiares queridos. Dios tiene cuidado de cómo nos sentimos y no nos deja solos.

El Espíritu Santo es nuestro maestro.

Jesús no nos ha dejado para que resolvamos nuestras vidas solos. Nos ha dado el Espíritu Santo para enseñarnos la verdad acerca de Dios, de nosotros mismos, de la vida y de otras cosas. Él no solo nos enseña sino que nos hace recordar la verdad cuando necesitamos aplicarla a nuestras vidas. Él nos da la perspectiva, sabiduría y entendimiento de Dios.

> Mas el Consolador, el Espíritu Santo, a quien el Padre enviará en mi nombre, él os enseñará todas las cosas, y os recordará todo lo que yo os he dicho.
> Juan 14:26 (RVR)

Los Roles del Espíritu Santo

Imparte Vida —— (Juan 6:63) El Espíritu Santo nos da vida eterna, la cual es la calidad de vida de Dios. Nos ha dado todo lo que necesitamos para vivir una vida plena. El Espíritu Santo ha puesto la vida de Dios resucitado en nuestro espíritu. Cuando vivimos en el Espíritu, experimentamos la calidad de vida de Dios.

Imparte Esperanza —— (Romanos 15:13) El Espíritu Santo es el agente activo de Dios para el cambio. Él es "la cuota inicial" que nos asegura que Dios completará Su buena obra. Él lo empezó en nosotros a través de la obra regenerativa del Espíritu Santo.

Imparte Dones Espirituales —— (Romanos 12:5-8) El Espíritu Santo nos ha dado dones espirituales a cada creyente a fin de poder estar capacitados para ministrar a otros.

Revela la Verdad —— (Juan16:13) El Espíritu Santo nos guía a la verdad. La verdad mostrada por el Espíritu Santo quita el velo a realidades nunca vistas. Él desea hacer esto porque la verdad nos hará libres (Juan 8:32).

Revela a Jesús —— (Juan 16:14) El Espíritu Santo hace a Cristo real en nosotros. Cualquiera puede aprender acerca de Jesús. Pero solo el Espíritu Santo puede hacer que conozcamos a Jesús de una manera íntima y personal.

Revela los pensamientos de Dios —— (1Corintiios 2:10-13) El Espíritu Santo pone los pensamientos de Dios en nuestras mentes y nos revela las cosas dadas por Dios libremente. Desde que tenemos la mente de Cristo, podemos recibir la sabiduría de Dios en nuestra vida cotidiana. El Espíritu Santo hace posible una relación íntima con Dios.

Revela el amor de Dios —— (Romanos 5:5, 1Juan 4:8-10, 18-19) El Espíritu Santo hace que podamos conocer el amor de Dios. Solo en la medida que experimentemos Su amor incondicional seremos libres del temor y capaces de confiar en Sus caminos. Cuanto más es revelado el amor de Dios a través del Espíritu Santo, más amamos a Dios.

Revela el porvenir —— (Juan 16:13) A veces el Espíritu Santo nos muestra el porvenir, preparándonos para futuros sucesos: el Espíritu Santo nos da una orientación práctica para nuestra vida diaria.

Nos provee de una vida Sobrenatural —— (Efesios 1:17-20, 3:16) El Espíritu Santo nos da la facultad de enfrentar todos los obstáculos de la vida con confianza y esperanza. Nos faculta a gozarnos en la pruebas y amar a las personas más complicadas. El Espíritu Santo nos da dones espirituales que nos facultan para servir y ministrar a otros.

Nos da la facultad de amar a otros —— (Gálatas 5:22) El Espíritu Santo es Dios y Dios es amor, por tanto, el fruto del Espíritu es amor. El Espíritu Santo nos faculta a hacer lo que Dios manda, a amar a otros como Él nos ha amado.

Nuestra Decisión

El recuerdo de nuestra vida pasada influencia nuestro presente.

Nuestras viejas maneras de pensar, hábitos y reacciones emocionales nos son muy familiares, pero los pensamientos y maneras del Espíritu pueden verse extrañas. Aun el apóstol Pablo tuvo que aprender a no poner su confianza es sus viejos caminos (la carne).

Lo carnal puede ser definido como las tendencias naturales, deseos, pensamientos, y capacidades del alma y el cuerpo, potenciado por el pecado que vive en nosotros. Como cristianos, nuestra identidad NO está en nuestra carne, está en nuestro espíritu. Jesús dijo que la carne para nada aprovecha, pero el Espíritu da vida.

> El Espíritu es el que da vida; la carne para nada aprovecha; las palabras que yo os he hablado, son espíritu y son vida.   Juan 6:63 (RVR)

> Mas vosotros no vivís según la carne, sino según el Espíritu, si es que el Espíritu de Dios mora en vosotros.   Romanos 8:9a (RVR)

Somos tentados a confiar en nuestra habilidades y fuerzas naturales.

> Digo, pues: Andad en el Espíritu, y no satisfagáis los deseos de la carne. Porque el deseo de la carne es contra el Espíritu, y el del Espíritu es contra la carne; y estos se oponen entre sí, para que no hagáis lo que quisiereis.   Gálatas 5:16-17 (RVR)

Viviendo en la carne es tratar de suplir nuestras necesidades apartados de Dios. La carne puede parecer buena y respetable, pero nunca podrá producir la calidad de vida de Dios.

> Mas el fruto del Espíritu es amor, gozo, paz, paciencia, benignidad, bondad, fe, mansedumbre, templanza; contra tales cosas no hay ley.   Gálatas 5:22-23 (RVR)

Recuerde nuestro ejemplo del árbol y el fruto del Espíritu.

Produce una vida transformada y llena del poder de Dios.

↑

Revela la verdad a nuestras mentes. Nos motiva a hacer la voluntad de Dios. Nos llena de amor gozo y paz.

↑

Cristo en Nosotros

Es importante que nos demos cuenta y creamos que ya se nos ha sido dado todo lo que necesitamos para vivir en santidad a través de la presencia del Espíritu Santo en nuestro espíritu. Este es el misterio del evangelio, Cristo en nosotros, la esperanza de gloria (Colosenses 1:27). El árbol ilustra el ministerio del Espíritu Santo en el alma del creyente. Lo que el Espíritu Santo hace por nuestras almas produce un cambio en nuestro comportamiento.

Muchas veces tratamos de producir el fruto del Espíritu confiando en nuestras propias habilidades y fuerzas personales. Podemos comparar esto al fruto que esta amarrado al árbol en vez del fruto que ha crecido de él. Sabemos que si queremos manzanas en el árbol, podemos comprar manzanas y atarlas a él. Las manzanas se verán buenas al principio, pero dentro de pocos días se pudrirán. Las frutas no durarán. Para que crezcan verdaderas frutas en el árbol, tenemos que abonar y regar sus raíces.

Frecuentemente, como cristianos, tratamos de atar frutos espirituales a nuestro árbol espiritual (nosotros mismos). Tratamos de producir el fruto del "Espíritu Santo" (amor, gozo, paz, paciencia, bondad, benignidad, mansedumbre, fidelidad, y autocontrol) a través de nuestro propio esfuerzo. Quizás aparentemos eso por un corto periodo de tiempo pero nuestro fruto no durará. Para producir fruto duradero tenemos que alimentar y regar nuestras raíces espirituales creyendo en Jesús y dependiendo del Espíritu Santo. No podremos producir frutos por más que tratemos, pero el Espíritu Santo sí puede hacer crecer Su fruto en nosotros a medida que nos sometemos a Su obra en nuestra vida.

> Permaneced en mí, y yo en vosotros. Como el pámpano no puede llevar fruto por sí mismo, si no permanece en la vid, así tampoco vosotros, si no permanecéis en mí... No me elegisteis vosotros a mí, sino que yo os elegí a vosotros, y os he puesto para que vayáis y llevéis fruto
> Juan 15:4,16a (RVR)

La transformación ocurre viviendo en el Espíritu, no mejorando nuestra carne.

Vivir por el Espíritu es una manera radicalmente diferente de vivir. Es mucho más que cambiar nuestro comportamiento. Es aprender a vivir momento a momento por fe en el Cristo que mora dentro de nosotros, quien al final será quien cambie nuestro comportamiento.

Escogimos caminar confiando en es Espíritu Santo.

La carne confronta sus deseos contra el Espíritu y el Espíritu contra la carne. Cuando escogemos vivir por la carne (nuestra vieja manera natural de vivir independientemente de Dios), el Espíritu Santo traerá esto a nuestra atención. Dios desea más que nosotros que caminemos por el Espíritu. Cuando nos damos cuenta que estamos viviendo por la carne, **tenemos que decidir**: continuar en esta dirección o volvernos a Dios, rechazando la "obra de la carne" y una vez más permitir que Él viva Su vida en nosotros. Gálatas 5:16 prometió que en la medida que caminemos en el Espíritu, no realizaremos los deseos de la carne.

> Porque el deseo de la carne es contra el Espíritu, y el del Espíritu es contra la carne; y éstos se oponen entre sí, para que no hagáis lo que quisiereis.   Gálatas 5:17 (RVR)

Nuestra autosuficiencia o el vivir en la carne eventualmente nos dirige hacia la miseria y la frustración. La única solución es declarar a la carne sin mayor valor, no confiando en ella. ¿Cómo podemos saber si estamos caminando en el Espíritu o confiando en la carne? La siguiente lista puede ayudarnos a darnos cuenta lo que significa caminar en el Espíritu o confiar en la carne.

La Clave no es tratar de librarse de la carne o mejorarla sino vivir y caminar por la fe en el Espíritu, permitiéndole a Él que nos cambie.

Andar en el Espíritu	Andar en la Carne
Relacionarse a Jesús por Fe Juan 7:37-38; Colosenses 2:6	Confiar en si mismo y en otros Jeremías 17:5-6
Confiar en el carácter de Dios Proverbios 3:5-6; Jeremías 24:7	Ver a Dios de una manera equivocada Romanos 1:25; 1Corintios 15:34
Adorar y dar gracias a Dios Efesios 5:18-19; Salmos; Hebreos 13:15	Pesimista, descontento, y desagradecido Romanos 1:21; Santiago 4:14,16
Consideración y amor por otros Efesios 5:21; Romanos 12:10	Comportamiento envidioso, celoso, egoísta 1 Corintios 3:3; Santiago 4:1-2
Pedir sabiduría de Dios 1 Corintios 2:10-13; Santiago 1:5	Confíe en su propio entendimiento Isaías 55:8-9; 1 Corintios 1:27, 3:18-20
Creer en mi nueva identidad 2 Corintios 5:17; Colosenses 3:10	Creer en mi vieja identidad Efesios 4:22; Colosenses 3:9
Seguridad en mi relación con Dios Romanos 8:16; Gálatas 4:7-8	Ausencia de la seguridad de salvación 1 Juan 2:28-29; 1 Juan 4:17
Permanecer en el amor a Dios Romanos 5:5; Efesios 3:16-19; 1Juan 3:1	Temor al castigo de Dios 1 Juan 4:18; 1 Juan 2:28
Descansar en la aceptación de Dios Romanos 15:7; Efesios 1:4	Obrar para ser aceptado por Dios Gálatas 2:16,21; Gálatas 5:1-6
Confiar en que Cristo vive a través mío Mateo 11:18-20; Hebreos 4:10	Esforzarse de hacer el bien con mis propias fuerzas Romanos 7; Gálatas 3:2-3; Colosenses 2:20-23
Confiar que el Espíritu Santo me enseñará Juan 4:26, 16:13	Confiar en mi propia habilidad para aprender Juan 5:38-40; 1 Corintios 8:1-2
Reconocer la presencia de Dios y Su actividad en mi vida diaria 2 Corintios 4:18; Hebreos 11:6	No reconocer la intervención de Dios en mi vida Romanos 1:28; Hebreos 3:7-10
Basar mi valor en lo que Cristo me ha hecho que yo sea Filipenses 2:5-6 ; Santiago 4:10; 1 Pedro 5:6	Basar el valor en el rendimiento, apariencia y opiniones de otros Jeremías 9:23-24; Romanos 12:16; Santiago 4:5-6

Caminando en el Espíritu

El caminar en el Espíritu puede ser comparado al encender el interruptor de luz. La vida del Espíritu Santo esta siempre disponible para nosotros, pero nosotros debemos decidir encender el interruptor, y permitir que Su poder obre en nuestras vidas. Esta es la manera en que contribuimos con Él para que sea capaz de transformar nuestras vidas.

Caminar en el Espíritu significa que estamos en cada momento siendo motivados, dirigidos y facultados por el Espíritu Santo.

- El Espíritu Santo nos revela personalmente el amor de Dios hacia nosotros para que estemos motivados a obedecer y confiar en Él.
- El Espíritu Santo nos trae pensamientos de Dios a nuestras mentes y así podemos seguir Su dirección.
- El Espíritu Santo nos faculta a amar a otros, aun a nuestros enemigos y personas que nos han hecho daño.

Esta nueva manera de caminar involucra tomar decisiones en medio de la vida y circunstancias diarias.

Decidimos fijar nuestra mente en cosas espirituales.

Esto es como decidir a cambiar de canales en un TV que sólo tiene dos canales. El canal Uno es en canal de "la carne" y el Canal Dos es el "del Espíritu". "Ocupar nuestra mente en las cosas del Espíritu" es escoger el canal Dos. Los pensamientos del Espíritu son siempre consistentes con la Palabra de Dios. Caminar por el Espíritu significa escuchar y actuar los pensamientos que el Espíritu nos muestra. Esto es lo que significa caminar por la Fe, no por el ver, no por la confianza en nuestro propio entendimiento sino respondiendo por fe a la Palabra de Dios.

> Porque los que son de la carne piensan en las cosas de la carne; pero los que son del Espíritu, en las cosas del Espíritu. Porque el ocuparse de la carne es muerte, pero el ocuparse del Espíritu es vida y paz.
> Romanos 8:5-6 (RVR)

Decidimos permitir que El Espíritu Santo controle todas las áreas de nuestra vida.

Nuestro peregrinar en el Espíritu Santo implica una entrega progresiva al Espíritu de todas las áreas de nuestra vida:

- Física – Nuestros deseos y apetitos físicos
- Familia – Relación con nuestros padres, esposa(o), hijos, etc.
- Finanzas – Administración del dinero
- Trabajo – Relación con el jefe y compañeros, ética laboral
- Ministerio – Asociarse al cuerpo de Cristo e invitar a aquellos que no conocen a Cristo
- Social – Amistades
- Diversión – Uso del tiempo libre

Así que, hermanos, os ruego por las misericordias de Dios, que presentéis vuestros cuerpos en sacrificio vivo, santo, agradable á Dios, que es vuestro culto racional.   Romanos 12:1 (RVR)

Ser Llenos Del Espíritu

Vivir por el Espíritu no es opcional, es esencial si vamos a experimentar la intimidad con Dios y volvernos exteriormente todo lo que ya somos interiormente en Cristo. La confianza en el Espíritu Santo es vital para nuestra vida diaria. Es importante darnos cuenta y recordar que:

- No tenemos el poder para vivir la vida Cristiana por nosotros mismos. Solo Jesús puede vivir la vida cristiana a través de nosotros. (Juan 15:5)

- Su Espíritu mora en nosotros y nos provee de todo lo que necesitamos para la vida y la santidad. (2 Pedro 1:3)

Dios nos manda ser llenos del Espíritu.

Este mandamiento de "ser llenos" literalmente significa "continuar siendo llenos". Esta es nuestra continua necesidad. No es una opción. Cada hijo de Dios tiene que ser continuamente lleno del Espíritu Santo.

No os embriaguéis con vino, en lo cual hay disolución; antes bien sed llenos de Espíritu.   Efesios 5:18 (RVR)

Ser llenos es tener nuestra alma inundada con la presencia de Dios.

Es permitir que el Espíritu Santo renueve nuestra mente (pensamientos y creencias) con la Palabra de Dios, para dirigir nuestros deseos y expresar el sentir de Dios. El Espíritu Santo nos revela el corazón del Padre. Sus pensamientos, Su voluntad, Sus sentimientos.

No tenemos que ser llenos del Espíritu de Dios para saber que Dios nos ama, **pero necesitamos ser llenos para experimentar el amor de Dios y poder amar a otros.** No tenemos que ser llenos para saber que somos perdonados, **pero debemos ser llenos para perdonar a otros.** No tenemos que ser llenos para saber que somos aceptados por Dios, **pero necesitamos ser llenos para aceptar a otros.**

Jesús prometió llenarnos del Espíritu.

Jesús prometió que nunca nos dejaría ni abandonaría. Él prometió vivir en nosotros por Su Espíritu. Ser llenos del Espíritu satisface nuestras almas.

Bienaventurados los que tienen hambre y sed de justicia, porque ellos serán saciados.   Mateo 5:6 (RVR)

Jesús describió la vida llena del Espíritu como tomar el agua viva.

Si alguno tiene sed, venga á mí y beba. El que cree en mí, como dice la Escritura, de su interior correrán ríos de agua viva. Esto dijo del Espíritu que habían de recibir los que creyesen en él; pues aun no había venido el Espíritu Santo, porque Jesús no había sido aún glorificado.
Juan 7:37b-39 (RVR)

Nuestro espíritu es hecho nuevo *permanentemente* por el Espíritu Santo en el momento de la salvación, pero la llenura de nuestras almas con el Espíritu es *un proceso presente y continuo.*

"Si alguno tiene sed..." comunica nuestras necesidades y deseos de ser llenos del Espíritu de Dios. "Venga a mi y beba..." es la invitación de Jesús a relacionarse a Él y hablar con Él por fe. "Beba" se refiere a nuestra creencia y recepción de Su vida como nuestra. *Tener Sed, venid, beba, cree* están en tiempo presente. Esto significa que no tenemos que venir a Jesús solo en el momento de la salvación sino que tenemos que seguir viniendo a Jesús porque tenemos la continua necesidad de ser llenos del Espíritu. **Nuestra parte es creer en la Palabra de Dios y confiar en el Espíritu Santo.**

Solo con creer que el Espíritu Santo esta viviendo en nosotros no es suficiente. Debemos confiar que Él va a llenar nuestra alma con la vida de Cristo en cada situación y circunstancia de la vida.

Experimentamos una mayor llenura del Espíritu Santo al ejercitar nuestra fe en Quien Dios es y en su intención y plan para nosotros. Nuestra fe no esta basada solamente en hechos o promesas de Dios, sino en la persona de Jesús, Él es nuestra vida. Y Él llena nuestra alma con todo lo que necesitamos para una vida abundante.

Mientras más conocemos a Dios, más experimentamos una vida llena del Espíritu.

Aun el denominado nuevo "bebé" cristiano está lleno del Espíritu. Por ejemplo, un bebe de siete libras y un hombre de 200 libras, ambos tienen pulmones llenos de aire. ¿Cuál es la diferencia? Sólo que uno de ellos tiene mayor capacidad. Pero ambos están llenos, aun cuando uno está más lleno que el otro por su mayor capacidad. Lo mismo es cierto en nuestra vida y crecimiento espiritual. Un niño recién nacido en Cristo, es hecho nuevo y lleno del Espíritu. Ambos, tanto él como el creyente maduro de muchos años son templo del Espíritu Santo. La diferencia es su "capacidad pulmonar" o nivel de fe en Quien es Dios y quienes son ellos en Él.

Siendo llenos del Espíritu Santo no significa que estamos sin pecado o somos perfectos o que nunca tendremos luchas. Esto significa que viviremos en una relación vital y personal con Dios y permitiremos que Jesús viva a través de nuestra alma y cuerpo (Gálatas 2:20) ¡Cuando somos llenos del Espíritu, otros son tocados por Su presencia en nuestras vidas!

Descubrir la Sed es el principal requisito para ser llenados del Espíritu.

Esto significa reconocer nuestra necesidad de la llenura del Espíritu Santo. Nuestra sed nos lleva a:
- Desear ser llenos
- Estar de acuerdo con Dios en lo concerniente a cualquier área de nuestra vida que hemos estado controlando

- Rendir el control de nuestra vida a Él (Romanos 12:1)
- Pedir a Dios que nos llene con Su Espíritu (Lucas 11:13, Efesios 5:18)
- Creer que Él nos esta llenando
- Vivir dependiente de Él

Cuando estamos viviendo dependientes del Espíritu Santo, nos enfocamos en recibir de Dios, relacionarnos y responder a Él. Es como un salón de baile. El Espíritu Santo nos lleva al ritmo y nosotros seguimos. El Espíritu Santo nos habla en nuestros pensamientos y nosotros simplemente respondemos, creyendo que Él nos dará el poder para hacer la voluntad de Dios. Esta es una relación de cada momento.

Una vida llena del Espíritu es una relación momento a momento con Jesús. Es como un salón de Baile. El Espíritu Santo dirige y nosotros seguimos.

RESUMEN:

1. El Espíritu Santo es para el cristiano todo lo que Jesús fue para sus discípulos: Ayudador, Consolador, Maestro, y Amigo. Él vino a vivir en nosotros cuando aceptamos la salvación y nunca nos dejará ni abandonará.

2. Ser llenos del Espíritu significa estar motivados, dirigidos y facultados por el Espíritu Santo, permitiéndole a Él vivir a través de nosotros.

3. Diariamente, tenemos que decidir entre vivir por el Espíritu o vivir por la carne, La carne es el recuerdo de nuestra vieja manera de vivir – es confiar en nuestras propias fuerzas y habilidades naturales.

4. Una vida llena del Espíritu es una relación continua con Jesús, confiar en que el Espíritu Santo nos dirigirá y facultará en nuestra vida diaria.

Un día mientras estaba manejando y disfrutando las bellas nubes, el Espíritu Santo me dijo: "Ruby, tu eres una hija de Dios. Eso es lo que eres". Me mostró que era amada y muy especial para Él. Me mostró que era libre de las ataduras de mis viejas creencias de que era huérfana. Ese fue el comienzo de la comprensión de mi identidad en Cristo y el comienzo de una relación con Dios que es más que saber que iré al cielo cuando muera.

El Espíritu Santo me ha cambiado. Solía ser realmente callada y distanciada y no quería que la gente se acercara. Pensaba que si me conocieran no me querrían. Ahora soy más sociable, confiada y gozosa. Ya que no tengo miedo del rechazo como antes. Sé quién soy en Cristo y se que Él me ama incondicionalmente no obstante mis errores.

El Espíritu Santo me ha enseñado. Cuando comencé recién co-liderando un pequeño grupo de estudio, dependía de otro líder del grupo ya que creía que no era lo suficientemente inteligente para hacerlo por mi misma. La primera vez que tuve que ser líder de un grupo por mi misma pensé, "No puedo hacerlo por que no entiendo el material, no lo estoy viviendo." El Espíritu Santo respondió: "Sí, tu lo entiendes, y si, tu lo estas viviendo". Sé que el Espíritu Santo habla solo la verdad, así que estuve realmente tan emocionada como para darme cuenta que realmente había entendido el material.

En otra ocasión pedí al Espíritu Santo que me mostrara una creencia equivocada en mi vida. Trajo a mi mente una escena de la película Annie. Ella está en un cuarto con una fila de camas semejante a la del alojamiento del colegio donde crecí. Annie pensó que tenía que ser recia y dura para cuidarse a sí misma. El Espíritu Santo me mostró que eso era lo que yo solía ser: Endurecida- así no sentiría ninguna emoción- y realmente independiente de Dios. Me levantó el ánimo cuando Dios me mostró cuanto había cambiado.

El Espíritu Santo está cambiando la manera que interactúo con mis hijos. Él me mostró que no es mi tarea cambiarlos. Tengo una hija que esta casada con un alcohólico que la abusa gritándole a ella. Solía estar enojada con ella y le decía que ella no necesitaba un esposo como ese. Al no aceptarla, causé su alejamiento y el de mis nietos ya que no quería decirme lo que estaba pasando en sus vidas porque sabía que no me gustaría.

Ahora el Espíritu Santo me permite darle a ella la libertad de que haga sus propias decisiones y aceptarla sin condiciones. Ella está comenzando a confiar más en mí. No trato más de controlar la situación, pero es aun un área de mi vida difícil para mí, y tengo que depender constantemente del Espíritu. Le digo, "Tu sabes como solía ser; necesito que me recuerdes cuando comienzo a distanciarme de ella y que no tengo que comportarme así otra vez."

A través del Espíritu, estoy experimentando el gozo, la libertad y el amor que Dios tiene por mí, Él interactúa conmigo de modo muy personal, y conforme conozco más a Dios, como realmente es, más quiero estar con Él. Conforme estoy más con Él más soy como Él. ¡Esta es la mejor obra del Espíritu!

Ruby- Asesor

Viviendo por el Espíritu – Día Uno

Meta: Entender la persona del Espíritu Santo.

El Espíritu Santo es Dios dentro de nosotros. Él es más que un "poder." Él es una persona Quien tiene una mente (conoce y comunica los pensamientos de Dios), una voluntad (distribuye dones como el desea - 1 Corintios 12:11) y emociones (puede estar acongojado, contristado - Efesios 4:30) Él es llamado el "Espíritu de verdad" en Juan 15:26.

1. En Juan 14:26, ¿Cómo es llamado el Espíritu Santo?

2. En Juan 15:26, ¿Cómo es llamado el Espíritu Santo?

3. ¿Quién lo envía?

4. En Romanos 8:2, ¿Cómo es llamado el Espíritu Santo?

5. ¿Cómo describe Isaías 11:2 al Espíritu Santo?

6. Gálatas 5:22-23 nombra algunos de los frutos del Espíritu. ¿Qué emociones de esta relación son las que tiene el Espíritu Santo?

7. Escriba cada una de las nueve características del fruto del Espíritu de este modo:

    1) El Espíritu Santo es amor.

    2)

    3)

    4)

    5)

    6)

    7)

    8)

    9)

8. Basado en lo que acaba de leer acerca del Espíritu Santo, escriba su propia descripción de Quién es el Espíritu Santo para usted personalmente.

9. ¿Es el tipo de persona en quien podría confiar? ¿Por qué si o por qué no?

10. De acuerdo a 1 Corintios 6:19, ¿qué es su cuerpo?

11. De acuerdo a Romanos 12:1, ¿qué tiene que hacer?

12. Tome unos minutos pidiéndole a Dios su deseo de que el Espíritu Santo viva a través suyo. Repita en oración a Dios Romanos 12:1. ofreciéndole su cuerpo (vida) a Él.

Viviendo por el Espíritu – Día Dos

Meta: Entender el rol del Espíritu Santo en su vida.

1. ¿Qué es lo que Juan 6:63 nos dice que hace el Espíritu?

2. De acuerdo a Juan 14:17, ¿Dónde vive el Espíritu Santo?

3. Lea los siguientes versículos y escriba lo que el Espíritu Santo hará para usted.

   a) Juan 14:26

   b) Juan 16:13

   c) Romanos 5:5

   d) Romanos 8:15

   e) Romanos 8:16

   f) Romanos 8:27

   g) Romanos 15:13

4. Lea Juan 15:1-5. La palabra "Permaneced en mi" significa morar o habitar. Permanecer en Jesús es simplemente darse uno mismo a Él para ser controlado, adoctrinado y dirigido, consecuentemente, descansar en Su amor incondicional. De acuerdo al verso 4 y 5, ¿qué tanto de la vida Cristiana puede realizar por si mismo?

5. ¿De qué manera ha tratado de vivir la vida Cristiana por si mismo?

6. Escriba algunos ejemplos personales de cómo el Espíritu Santo ha estado trabajando en su vida hasta ahora (refleje en su respuesta la pregunta 3).

7. Escriba unas palabras de agradecimiento al Espíritu Santo, expresándole su gratitud por todo lo que Él ya ha hecho por usted.

Viviendo por el Espíritu – Día Tres

Meta: Reconocer su necesidad de caminar por fe y depender a cada momento del Espíritu Santo.

Jesús describe la vida llena del Espíritu como estar sediento, estar bebiendo y estar caminando. Cada una de estas actividades es repetitiva en su naturaleza.

> Si vivimos por el Espíritu, andemos también por el Espíritu.   Gálatas 5:25 (RVR)

> Por tanto, de la manera que habéis recibido al Señor Jesucristo, andad en él.
> Colosenses 2:6 (RVR)

1. ¿Cómo recibió a Cristo? ¿Cómo debe caminar?

2. Ejercitamos la fe en Cristo no solo en el momento de la salvación sino también diariamente, a cada momento. Con cada nueva situación o necesidad, necesitamos expresar fe en Cristo, Quien es nuestra vida. Lea Gálatas 2:20. ¿Cómo dice Pablo que vive ahora?

3. Lea Juan 7:37-39 La sed expresa nuestra continua necesidad y deseo de conocer a Dios. ¿Con qué frecuencia, durante el día, tiene sed? ¿Con qué frecuencia piensa en Jesús?

4. Los siguientes versículos expresan el anhelo del salmista por Dios. Escriba su propio Salmo expresando su sed a Dios.

> Como el ciervo brama por las corrientes de las aguas,
> Así clama por ti, oh Dios, el alma mía.
> Mi alma tiene sed de Dios, del Dios vivo.
> Salmo 42:1-2a (RVR)

5. El beber expresa recibir por fe. Cada vez que tenemos sed (anhelo de Dios) reconocemos Su presencia (hablando con Él). Entonces, confiando en Jesús, nuestra alma se llena de Su Espíritu.

> ... Si alguno tiene sed, venga á mí y beba. El que cree en mí, como dice la Escritura, de su interior correrán ríos de agua viva.
>
> Juan 7:37b-38 (RVR)

6. Lea Juan 4:5-24, acerca de Jesús y la mujer samaritana. ¿Cómo fue que la mujer trató de satisfacer su sed (sus necesidades interiores)? ¿Qué le ofreció Jesús?

7. Lea Juan 5:38-40 Jesús estuvo hablando a los líderes religiosos que conocían bien las Escrituras. De hecho ellos habían memorizado la mayor parte de ella. ¿Qué estaban olvidando estos religiosos? ¿Por qué?

8. ¿Cómo ha tratado de satisfacer su sed? (relacionándose, siendo aprobado por otros, teniendo posesiones materiales, trabajo, fama, etc.)

9. Escriba Gálatas 2:20, personalícelo y póngalo en sus propias palabras.

10. Exprese a Jesús su deseo de confiar en Él en cada momento satisfaciendo sus necesidades y deseos más profundos.

Viviendo por el Espíritu – Día Cuatro

Meta: Entender las consecuencias negativas de decidir vivir de acuerdo a los deseos de la carne y el precio de vivir por el Espíritu.

Vivir por la carne es simplemente vivir según nuestros talentos naturales, energías y fuerzas para suplir nuestras necesidades apartados de Dios. Aunque la carne pueda parecer buena y respetable, nunca puede producir la calidad de vida de Dios.

Después que Dios prometió a Sara y Abraham un hijo, Sara persuadió a Abraham para tener un hijo con su criada, Hagar. Así nació Ismael, quien persiguió a Isaac, el Hijo prometido por Dios. Estos dos hijos representan la diferencia entre vivir por la carne y vivir por el Espíritu.

1. Lea Gálatas 4:22-24, 28-29. Ismael representa la dependencia en nuestras propias energías, talentos naturales y fuerzas. Isaac, el hijo de la promesa, representa la vida sobrenatural del Espíritu. ¿De qué maneras ha tratado de cumplir el plan de Dios para su vida usando sus propias fuerzas, talentos naturales y energías?

2. A través de la vida del apóstol Pedro, podemos ver el contraste entre la carne y el Espíritu. Antes de que el Espíritu Santo fuera dado. Pedro era vehemente en sus esfuerzos por seguir a Cristo, pero este esfuerzo humano terminó en su negación a Cristo. Lea Mateo 26:26, 31-35.

3. Después que el Espíritu Santo fue dado en el día de Pentecostés, Pedro proclamó el Evangelio valiente y denodadamente. Aún cuando experimentó sufrimiento físico y persecución, Pedro se regocijaba en el Señor y continuaba proclamándolo a otros. Lea Hechos 4:13, 5:27-29.

4. Lea Filipenses 3:3-6. describa la carnalidad del apóstol Pablo.

5. Lea Juan 6:63. ¿Qué dijo Jesús acerca del Espíritu y la carne?

6. Lea 1 Corintios 2:7-13. ¿Qué le revela el Espíritu a su mente?

7. Lea las respuestas anteriores de este día, ¿Qué beneficios personales piensa que recibiría siendo motivado, dirigido y facultado por el Espíritu Santo?

8. ¿Cómo es que viviendo por el Espíritu lo cambiaría en medio de sus luchas diarias y cómo ve sus actuales circunstancias?

9. ¿En qué áreas necesita recibir la sabiduría de Dios?

10. ¿En qué áreas necesita recibir las fuerzas de Dios?

11. ¿De qué modos necesita ser consolado por Dios?

12. Tome unos minutos para agradecer a Dios por ser Su Consejero, Maestro, Consolador, Ayudador y Fortalecedor. Pídale que le recuerde como Él ha sido todo eso para Usted en su pasado. Pídale que le haga más conciente de Su presencia en el futuro.

Viviendo por el Espíritu – Día Cinco

Meta: Reconocer y corregir cualquier creencia equivocada que le impida experimentar una vida llena del Espíritu.

Vivir una vida por el Espíritu requiere el vivir por fe (hacerse a Dios y Su Palabra).Esto significa creer que el Espíritu Santo mora en usted y desea vivir a través de su alma y cuerpo (Rom. 8:15, 1 Cor. 3:16).

¡Cristo es la única persona capaz de vivir la vida Cristiana! No importa cuán sinceros y determinados sean nuestros esfuerzos, fallamos en amar a Dios y a otros como Dios nos ha enseñado. Sin embargo, el Espíritu Santo cumple todas las condiciones de Justicia de Dios llenando nuestras almas con la vida de Cristo. Por fe aceptamos que en Cristo Dios ha cumplido todos los requerimientos de Su justicia para santidad y ahora Cristo vive en nosotros y es nuestra vida.

Por fe, pedimos al Espíritu que nos llene (Efesios 5:18) confiamos en que Él nos dará el poder para vivir una vida abundante y divina. Por fe, aceptamos que Dios nos ha dado nuevos corazones que desean complacerlo, ha derramado Su amor en nuestros corazones y ha escrito sus mandamientos sobre nuestros corazones (Ezequiel 36:26-27, Romanos 5:5).

1. De acuerdo al siguiente versículo, ¿cuál es el deseo de Dios respecto a cómo debe usted caminar?

> Mirad, pues, con diligencia cómo andéis, no como necios sino como sabios, aprovechando bien
> el tiempo, porque los días son malos. Por tanto, no seáis insensatos, sino entendidos de cuál sea
> la voluntad del Señor. No os embriaguéis de vino, en lo cual hay disolución; antes bien sed llenos
> del Espíritu.   Efesios 5:15-18 (RVR)

Ser lleno del Espíritu Santo significa ser estimulado, facultado e influenciado por el Espiritu Santo que vive en usted. Para ser llenos, debemos rendir el control de nuestras vidas al Espíritu Santo. (Romanos 12:1) y permitirle vivir a través de nosotros. Esta no es una experiencia de un día, sino diaria y en cada momento de nuestra vida.

2. Lea Efesios 5:15-18 otra vez.

Somos llenos con en Espíritu Santo por fe. Cristo vive a través de usted por el poder del Espíritu Santo.

3. Lea Gálatas 2:20. Pídale al Señor que comience a enseñarle cómo vivir por fe en el Espíritu.

4. Lea la tabla, "Creencias Equivocadas Comunes Acerca de la Vida Llena del Espíritu." Escriba las creencias equivocadas que mejor representen sus pensamientos, luego lea las verdades correspondientes y los versículos.

5. Decida descartar las mentiras en las que usted ha creído acerca del Espíritu, y reemplácelas con las verdades basadas en la Escritura. Pídale al Espíritu Santo que le recuerde cuando las mentiras influencian sus pensamientos otra vez.

Ser lleno del Espíritu Santo no es una experiencia de una sola vez, sino día a día, cada momento de nuestra vida. Para ser llenos debemos rendir el control de nuestras vidas al Espíritu Santo.

6. Lea los siguientes versículos, luego tome unos minutos para expresarle a Dios su decisión de rendir el control de su vida a Él y ser lleno de Su Espíritu.

> ¿O ignoráis que vuestro cuerpo es templo del Espíritu Santo, el cual está en vosotros, el cual tenéis de Dios, y que no sois vuestros? Porque habéis sido comprados por precio; glorificad, pues, á Dios en vuestro cuerpo y en vuestro espíritu, los cuales son de Dios.   1 Corintios 6:19-20 (RVR)

> Y si el Espíritu de aquel que levantó de los muertos á Jesús mora en vosotros, el que levantó de los muertos á Cristo Jesús vivificará también vuestros cuerpos mortales por su Espíritu que mora en vosotros. Así que, hermanos, deudores somos, no a la carne, para que vivamos conforme á la carne; porque si vivís conforme a la carne, moriréis; mas si por el Espíritu hacéis morir las obras de la carne, viviréis.   Romanos 8:11-13 (RVR)

Creencias Equivocadas Comunes acerca de la vida llena del Espíritu

Mentira	Verdad
Vivo mi vida con Dios como mi Ayudador. No puedo esperar que Dios haga todo. Implica que: Dios ayuda a quienes se ayudan a sí mismos.	Dios quiere vivir Su vida a través de mi lo cual significa a través del Espíritu. ¡Dice que no puedo hacer NADA aparte de Él! Juan 15:5 ; Hechos 17:28; Gálatas 2:20
Puedo controlar mi vida mejor que el Espíritu Santo. Si dejo que el Espíritu Santo controle mi vida entonces mi vida podría estar fuera de control. Implica que: Mi control es mejor que el control de Dios.	Cuando trato de controlar mi vida, Me pongo realmente fuera de control. Vivir por mis reglas y normas activan el principio del pecado, e inevitablemente terminaré haciendo lo opuesto a lo que deseo hacer. Permitiendo que el Espíritu viva a través de mí, estoy facultado a tener dominio propio. Romanos 7:4, 8, 15; Gálatas 5:16, 22-23; 2 Timoteo 1:7
Vivir por fe en el Espíritu Santo es algo extraño para mí, no natural, contrario a mi mejor desempeño de costumbre. Implica que: Dios es poco sensato y no sabe lo que es mejor para mí.	Soy primeramente un ser espiritual. Vivir por fe en el Espíritu es consistente con quien realmente soy. Vivir por fe quizás me haga sentir torpe inicialmente porque no ha sido la manera en que he vivido mi vida. Sin embargo Dios me llama a caminar por el Espíritu porque Él sabe como he sido diseñado para vivir. Es como mejor puedo funcionar. Romanos 8:14-16; Gálatas 2:20
Si me someto al Espíritu. Tendré que dejar (o abandonar) _____ . No disfrutaré de la vida ya tanto. Implica que: Dios no conoce o toma cuidado de mis deseos. Él quizás me va a negar algo que realmente deseo y eso podría ser terrible. Mi gozo de la vida esta basado en cosas externas.	Estar lleno de gozo viene de conocer a Dios y vivir conciente de Su presencia. El Espíritu Santo nos capacita a experimentar y conocer a Dios íntimamente, cuyo resultado es un gozo y paz incomparable. Mi Padre Celestial, toma cuidado de mis necesidades y deseos. Se deleita en proveerme y es infinitamente sabio en darme los perfectos dones al momento perfecto para otorgarlos. Salmos 16:11; Mateo 7:7-11; Romanos 8:31-32; Santiago 1:17
La vida llena del Espíritu no es clara y es confusa. No puedo vivir en el Espíritu, es demasiado difícil. Implica que: Dios me manda a hacer algo y no me dice como hacerlo. Él no es claro y es confuso.	Dios no es un Dios de confusión, si no de paz. Él me manda a ser lleno del Espíritu. Y sus mandamientos no son opresivos. Dios desea más que yo que aprenda a vivir y a caminar por el Espíritu. Puedo confiar en que Él me enseñará y me pondrá en claro la verdad. Mateo 11:28-30; 1 Corintios 14:33; Efesios 5:18; 1 Juan 5:3
Seré odiosamente sobre-espiritual, haré cosas raras y haré que la gente se me aleje si estoy lleno con el Espíritu. Implica que: Dios me hará excéntrico y odioso.	El Espíritu Santo es Dios, Dios no es odioso, insistente o insensitivo con las personas. Él desea hacer a las personas a Su semejanza, no hacerlos perder Su identidad: El Espíritu vive sólo a través de la personalidad de cada persona. El Espíritu Santo está en el proceso de conformarnos totalmente a la imagen de Jesús; por tanto, compararnos nosotros mismos a otros no es edificante. 1 Corintios 13:4-8; 2 Corintios 3:18, 10:12

La creencia equivocada que está al fondo de todas esta mentiras es que Dios no tiene las mejores intenciones para mí, no conoce lo que es mejor para mí, y/o no quiere estar íntimamente involucrado en mi vida. Por tanto Él no puede ser confiable y fidedigno, y no rendiré mi vida a Él.

La verdad que está al fondo de todas estas verdades es que Dios es perfecto en Su amor hacia mi, y perfecto en Su sabiduría al conocerme completamente y saber lo que es mejor para mi. Él desea estar íntimamente involucrado en cada aspecto de mi vida. Ya que Dios es confiable, puedo decidir rendirme a Él y caminar en el poder de Su Espíritu.

Viviendo por el Espíritu – Lección Cinco

Nombre _____ Fecha _____

Responda a las siguientes preguntas. Para entregar la página a un líder de grupo utilice páginas perforadas al final del libro.

1. ¿Qué lo alentó más en el estudio de esta semana acerca del Espíritu Santo?

2. Haga una lista de algunos temores o preocupaciones que tenga respecto de rendir el control de su vida al Espíritu Santo.

3. ¿Qué es lo que siente que prevendrá que Dios le llene con Su Espíritu?

4. ¿Cómo afectaría su vida y sus actuales luchas el vivir por el Espíritu?

5. Marque el gráfico para indicar la cantidad de tareas que ha completado esta semana.

50%   100%

Escriba lo que le pide al Señor en oración:

_____

_____

_____

_____

_____

_____

_____

_____

_____

_____

_____

_____

_____

_____

_____

_____

_____

_____

_____

_____

Sé Transformado

Parte Dos

Obstáculos Comunes que Encontramos

Las Emociones que nos Controlan

Recuerdo esto y me deshago en llanto: ¿Por qué voy a inquietarme?
¿Por qué me voy a angustiar? En Dios pondré mi esperanza y
todavía lo alabaré. ¡Él es mi Salvador y mi Dios!

Salmos 42:4a-5 (NVI)

Lección 6

Cuando era una niña, mi familia no se comunicaba bien. Mi padre y mi madre tenían problemas en su matrimonio, mi mamá usualmente estaba deprimida. Cuando yo estaba triste o con cólera, ella se marchaba mientras yo estaba hablándole o me mandaba a mi cuarto. Aprendí que no era bueno expresar mis emociones. Las reprimí dentro de mí y me endurecí.

Las cosas se pusieron peor en la escuela cuando mi familia experimentó algunas tragedias. Todos nosotros teníamos problemas pero nadie hablaba de ello: mi madre siempre decía: "hablen sólo de cosas buenas", así que optamos por el silencio. A eso fue que mis emociones se volvieron incontrolables y traté de esconderlas. Al contrario ellas dominaban mi vida. Evadí el dolor en casa a través de las drogas, los muchachos, la escuela y el esfuerzo personal.

Estuve realmente deprimida y muy enferma. Traté de estar ocupada para sentirme mejor pero nunca realmente di atención a mis emociones.

Pensé que Dios era como mis padres y que no le importaba de mi, pero cuando me convertí al Cristianismo mientras en la Universidad, descubrí que realmente sí le importo. Fue un tiempo muy emocionante porque empecé a expresar mis sentimientos a Dios. Clamé a El mucho, y me sentí aliviada al contarle a El todo.

A raíz de algunas dificultades volví a mis viejos hábitos de esconder mis emociones. Cada vez que trataba de ignorarlas, más me controlaban. Volví a hacer algunas de las cosas que había hecho en el pasado para sentirme mejor.

Continuará…

Las Emociones que nos Controlan- Lección Seis

Cuando renovamos nuestras mentes uno de los grandes obstáculos que podemos encontrar son nuestras emociones. Es a menudo fácil creer en las mentiras acerca de Dios y de nosotros mismos por el modo en que sentimos. Por ejemplo, podemos encontrar difícil creer que Dios nos ha perdonado o que nos ama incondicionalmente porque no "sentimos" el perdón o el amor incondicional.

Nuestra sociedad valora mucho las emociones "positivas" como la felicidad o la paz, pero ignora o desprecia las emociones "negativas" de depresión, ira y miedo. Sin embargo al Biblia esta llena de ejemplos de ambos sentimientos agradables y desagradables o "menos aceptables".

Somos Seres Emocionales

Dios es un ser espiritual (Juan 4:24).

Aunque la Biblia claramente dice que Dios es Espíritu, Él se expresa de manera emocional. Él expresa emociones de aflicción (Génesis 6:6), ira (Salmos 106:40), gozo y regocijo (Sofonías 3:17) y amor y compasión (Isaías 54:10). Jesús expresó ira cuando sacó a los comerciantes del Templo. El mostró compasión por la multitud que había estado sin alimentos por tres días. Ya que somos hechos a Su imagen, también tenemos la capacidad de sentir una amplia gama de emociones.

El Pecado nos ha afectado emocionalmente.

Antes que el hombre experimentó el pecado, sus emociones expresaban el corazón de su Creador. Cuando Adán recibió la revelación de Dios, sus pensamientos y emociones reflejaban el amor, gozo y paz de Dios. Cuando el hombre se separó de Dios, su entendimiento se entenebreció, y sus pensamientos nunca más reflejaron la verdad acerca de Dios. Esto dio auge a las emociones "descarriadas" tales como el miedo, ira, culpabilidad y tristeza. Al vivir independientemente de la verdad de Dios, las emociones y razones humanas se volvieron la autoridad final de lo que cree el hombre. Ya que todos hemos sido afectados por el pecado, frecuentemente permitimos que nuestras emociones controlen nuestras creencias y conducta.

Las emociones son neutrales moralmente y son parte de nuestra alma.

Las emociones no son necesariamente pecaminosas, pero las reacciones a nuestras emociones pueden ser pecado. Necesitamos reconocer nuestras emociones, aun las "negativas", pero no permitir que ellas dicten nuestra conducta o aquello en que creemos.

Las emociones descarriadas, aunque negativas e injuriosas, son parte de la gama de nuestras emociones. Siendo así, deben ser tratadas como Pablo trata el asunto del enojo y la ira en Efesios 4:31. Por ejemplo, mucha gente considera a la ira como un pecado. Sin embargo, la Biblia nos dice "airaos pero no pequéis" (Efesios 4:26 RVR). La ira no es un pecado sino una emoción. Contrariamente, pocos de nosotros habremos dicho alguna vez que la felicidad es un pecado. Pero considere una situación donde sintió usted que sus derechos fueron violados por

El alma de Jesús estuvo profundamente acongojada a punto de la muerte.

un compañero de trabajo y se molestó. Más adelante cuando se enteró que la persona fue despedida se sintió feliz y satisfecho.

Nuestras emociones nos motivan y pueden ayudar nuestro rendimiento.

Cuando experimentamos emociones negativas, solemos motivarnos por buscar cambios positivos. Por ejemplo, disgusto por una ley injusta motivaría a una persona para tratar de cambiar esa ley. Nuestro rendimiento en los deportes, en una actuación musical, o en una situación laboral puede ser ayudado por nuestras emociones. Las emociones son el producto de nuestros pensamientos y creencias, y ellos influyen poderosamente nuestra capacidad para ser motivados.

Dolor emocional a menudo nos motiva a buscar ayuda y a hacer un cambio.

El dolor emocional es a nuestra alma lo que un dolor físico es a nuestro cuerpo. No podríamos existir por mucho tiempo si nuestro sistema nervioso para de darnos la sensación de dolor. De la misma manera, los dolores emocionales nos advierten de un problema para que tomemos acción. Si ignoramos el dolor físico y no damos con la causa, podemos ocasionar problemas físicos serios. Por ejemplo, si ignoramos un dolor de muelas, la muela podría cariarse y contaminar la sangre. Análogamente, si no ponemos atención en nuestro dolor emocional, podríamos tener problemas mayores. Cuando experimentamos dolor emocional, necesitamos determinar la causa del dolor y tomar acción para arreglarla.

Nuestras emociones nos ayudan a expresar el carácter de Dios.

Tanto las emociones agradables como las desagradables son parte del carácter de Dios. Jesús fue llamado "varón de dolores, experimentado en quebranto". Él experimentó una profunda angustia y agonía en la cruz que nosotros nunca tendremos que experimentar. Cuando Lázaro murió, Jesús lloro intensamente. Sin embargo, en el mismo momento, Él experimento compasión por Maria y Marta. Él se regocijó grandemente cuando los 70 discípulos volvieron de su viaje a las ciudades y aldeas que el iba a visitar (Lucas 10:21). Ya que somos hechos a la imagen de Dios., demostramos muchas facetas de su personalidad. Tenemos la misma capacidad de sentir congoja, angustia y otras emociones desagradables, pero también amor, compasión, misericordia, gozo y paz.

Nuestras emociones nos permiten disfrutar de Dios.

El catecismo Westminster define nuestro propósito como: "El fin principal del hombre es glorificar a Dios y gozarse en Él para siempre". La Escritura utiliza palabras como deleite, regocijo, placer, paz y gozo para describir nuestra reacción emocional a Dios. El conocer y amar a Dios involucra nuestro ser total, incluyendo nuestras emociones.

> A Jehová he puesto siempre delante de mí; Porque está á mi diestra, no
> seré conmovido. Se alegró por tanto mi corazón, y se gozó mi alma; ....
> En tu presencia hay plenitud de gozo; delicias a tu diestra para siempre.
>
> Salmo 16:8-9a, 11b (RVR)

¿Cómo responde Dios a nuestras emociones "negativas"? ¿Cuál es Su actitud hacia nosotros en medio de nuestras luchas? ¿Cómo podemos evitar el estar controlados por nuestras emociones? ¿Cómo podemos experimentar y manifestar otra vez el corazón de nuestro Padre Celestial? **En esta lección veremos tres características de las emociones: son mensajeras, son una maraña, y son manejables.**

Nuestras Emociones son Mensajeras

Las emociones nos dicen lo que está ocurriendo en nuestra alma.

Imagínese usted en la carretera cuando la luz roja de "falta aceite" aparece en la consola de indicadores de su auto. ¿Usted lo ignorará y seguirá manejando su carro en los siguientes días? ¿Buscará su caja de herramientas, sacará su desarmador y desconectará las luces para no ver más la luz roja? ¿Irá a una estación de servicio y pedirá que "arreglen su luz roja de "aceite"? ¡No! El problema no es la luz, la luz es solo un indicador (mensajero) que le está diciendo que hay un problema mayor en su motor. Es el motor el que necesita la atención, la luz solo le avisa.

Esta ilustración nos ayuda a entender mejor como nuestras emociones son mensajeras (indicadores). La luz roja de "aceite" juega un rol similar al rol que juegan las emociones en nuestra vida. Mucha gente busca consejería, porque son infelices, frustrados, deprimidos o ansiosos. Sus emociones le dicen que hay algo "erróneo" que debe ser reconocido y corregido. Por lo tanto nuestras emociones nos alertan a "mirar bajo la cubierta del motor"... para encontrar los pensamientos, las creencias y percepciones que están siendo base de las emociones. Entonces podremos buscar nuevas maneras de pensar, de creer, y de percibir la vida- maneras que están basadas sobre la verdad de la Palabra de Dios.

Nuestras emociones son mensajeras que nos recuerdan a relacionarnos con Dios.

Como mensajeras, nuestras emociones (especialmente las penosas) nos recuerdan que debemos comunicarnos con Dios acerca de todo lo que nos incumbe. A Dios le importa cómo nos sentimos, pero aun más de ello, a Dios le

Miedo y Ansiedad	Vergüenza	Incompetencia o Temor a Fallar	Soledad	Ira
Nos recuerda nuestra necesidad de reconocer y vivir concientemente alerta de la presencia de nuestro Salvador. Porque Aquel que es perfecto en Amor ha prometido, "Nunca, nunca te dejaré ni abandonaré". El miedo es la fe en la mentira en vez de la verdad. Significa que nuestro enfoque está en algo o alguien diferente a Dios.	Nos recuerda que nuestra identidad y valor no están fijados por nuestro rendimiento y lo que otros piensan sino sólo por el amor y sacrificio demostrado por Padre Creador. Es solamente cuando contemplamos Su rostro que realmente podemos ver, quienes somos y lo que valemos.	Nos recuerda que aparte de nuestro Señor que mora en nosotros, nada podemos hacer. Nos recuerda que somos creados para una relación de dependencia -como pequeñuelos- y que necesitamos confiar en la infinita sabiduría y fuerza que vienen de nuestro Padre Celestial.	Nos recuerda de nuestra necesidad vital de compañía intima con nuestro Dios. Es el llamado de nuestra alma el extender la mano al Padre de misericordia y Dios de nuestra consolación. El anhela revelarse a la persona solitaria.	La ira es una mensajera que nos recuerda que vivimos en un mundo caído y que la vida no es justa. Nos recuerda de nuestra necesidad de dar de la misericordia y perdón de Dios a otros, entregando nuestros derechos y expectativas a Dios, quien obra todo para nuestro bien.

importa cómo estamos pensando, lo que creemos y cómo estamos interpretando las circunstancias de la vida.

> Echando toda vuestra ansiedad sobre él, porque él tiene cuidado
> de vosotros.　　　　　　　　　　　　　　1 Pedro 5:7　(RVR)

> Echa sobre Jehová tu carga, y él te sustentará; No dejará para siempre
> caído al justo.　　　　　　　　　　　　　Salmo 55:22　(RVR)

Dios desea que nos relacionemos con Él como seres emocionales y que comuniquemos honestamente lo que esta pasando en nuestras almas. Necesitamos relacionarnos con Dios a fin de obtener Su perspectiva y recibir Su consuelo y paz.

Todo lo que sentimos, emociones agradables y desagradables, deben ser expresadas a Dios. Se nos dice en la Escritura que oremos dando gracias por todo. A menudo nos sentimos cómodos llevando a Dios nuestras emociones gratas. Sin embargo, en Salmos podemos ver muchos casos de emociones no gratas que ocasionan adoración de lo más profundo del corazón y confianza total en el Único que puede suplir todas nuestras necesidades más profundas.

Nuestras Emociones Pueden ser una Maraña y Enredo

Nuestras emociones pueden ser un enredo cuando parecen ser más verdad que la Palabra de Dios.

Ellas pueden enredar nuestras vidas cuando permitimos que nos controlen. Nuestras emociones son una maraña y embrollo cuando se convierten en autoridad final de nuestras vidas y controlan nuestra conducta. Por ejemplo, si estoy molesto con mi compañero de trabajo, y decido murmurar, calumniar o vengarme, estoy siendo controlado por emociones enredadas.

Cuando obramos o reaccionamos basados en cómo nos sentimos por lo que nos sucede, nuestras emociones se convierten en la principal influencia en nuestra vida, sobreponiéndose a la Palabra de Dios. Por ejemplo, muchos cristianos piensan lo siguiente: "No me siento cerca de Dios, seguro que debe estar enojado conmigo (o debe haber pecado en mi vida)." Por otro lado, un cristiano quizás justifique su pecado con: "No me siento culpable, no debo estar equivocado". En ambos casos, el sentimiento, no la Palabra de Dios, dictan los pensamientos y creencias de la persona acerca de Dios y del pecado.

A menudo, cuando nos deprimimos, nos llenamos de pensamientos negativos los cuales producen sentimientos de depresión muy profunda. A veces los jóvenes varones no entienden sus necesidades emocionales no satisfechas para una normal relación afectiva entre padre e hijo. Estos sentimientos pueden enredarse y afectar sus opciones sexuales, guiándolos hacia un estilo de vida homosexual. Las mujeres jóvenes se tornan sexualmente promiscuas tratando típicamente de cambiar sus sentimientos de inferioridad y suplir la necesidad de intimidad y afecto que sienten. En cada caso, el factor determinante es el deseo

Las emociones pueden ser un embrollo cuando parecen ser más verdaderas que la Palabra de Dios.

de buscar satisfacción emocional (o evitar el sufrimiento) en vez de encararse con el mensaje de la emoción y resolver las creencias falsas descubiertas. ¡Las emociones pueden ser confusas!

¿Qué Otros Factores Afectan Nuestras Emociones?

Enseñanza Equivocada o pobre modelamiento de nuestras Emociones.

Nuestra cultura ha influenciado nuestra habilidad para tratar adecuadamente nuestras emociones. Se les dice a los niños que no lloren o no estén molestos. A los hombres se les suele enseñar a no ser miedosos o sentimentales. Muchos hombres que han sentido miedo tienen vergüenza de compartir esto con otros o de reconocer sus sentimientos de disgusto a ellos mismos o a Dios. Las lágrimas son vistas como un signo de debilidad.

Nuestra salud y necesidades físicas pueden afectarnos emocionalmente.

Cambios hormonales, estrés, fatiga, alimentación pobre, hábitos de dormir, y ausencia de ejercicio nos pueden afectar emocionalmente. Cuando Elías estuvo físicamente cansado, su interpretación de las circunstancias de la vida fueron muy erradas (1 Reyes 19). Cuando los pensamientos e interpretaciones son equivocados, fuertes emociones y sentimientos siguen fácilmente.

Nuestro orgullo puede hacer difícil el tratar con nuestras emociones.

Reconocer los sentimientos de celos, temor, cólera o resentimiento es difícil. Pensamientos tales como. "¿No debería yo superar esto?" "¿Por qué debería dejar que eso me moleste?" son un tropiezo para tratar las causas reales de nuestros sentimientos. Le cuesta a nuestro orgullo reconocer tales sentimientos "mundanos".

Nuestras Emociones son Manejables

Emociones suprimidas eventualmente surgen y son difíciles de manejar.

Necesitamos llevar nuestras emociones enmarañadas a Dios.

No tenemos que estar esclavizados a los dictados de nuestros sentimientos. Dios desea ayudarnos a manejar nuestras emociones. Los Salmos son evidencia que David y otros se sintieron con liberad de acercarse a Dios con sus emociones. Los Salmos 13, 55 y 73 son buenos ejemplos de cómo se puede hacer esto. El acróstico "REED" nos ayudará a recordar como manejar nuestras emociones.

Reconocer nuestras emociones.

Necesitamos reconocerlas, no ignorarlas. Necesitamos aprender a expresar como nos sentimos. Algunos tienen que descubrir un vocabulario para expresar como se sienten. Algunas veces un consejero o un amigo pueden ayudarnos dándonos señales objetivas acerca de las emociones que estamos experimentando pero que no podemos identificar. (Vea la lista en la página 6.23).

Expresar nuestras emociones a Dios.

Mucha gente tiene temor de ofender a Dios si le dicen como se sienten, especialmente si se trata de Él. Sin embargo Él sabe de nuestros sentimientos y no se molesta por ellos. ¡Nuestros sentimientos no cambian el carácter de Dios! Cuando leemos los Salmos, nos damos cuenta que Él ha escuchado muchas veces todo eso antes.

Debemos evitar negar o reprimir nuestros sentimientos. Si los negamos y nos lo guardamos nos estamos mintiendo a nosotros mismos, a Dios y a otros. "Embutir" o solapar nuestras emociones puede ocasionar enfermedades físicas, excesos emocionales violentos, pensamientos y palabras incoherentes o comportamientos destructivos. Por otra parte, no podemos esconder nuestras emociones para siempre. En cualquier momento saldrán y serán difíciles de controlar.

Por otro lado, expresar nuestras emociones a otros puede herirlos o malograr nuestras relaciones con ellos. Quizás exteriorizando nuestros sentimientos sintamos algún alivio temporal, pero no estamos arreglando lo que ocasiona las emociones.

A Dios le importa cómo nos sentimos y lo que es más importante, por qué nos sentimos así. Cuando expresamos nuestras emociones a Dios, estamos siendo honestos con nosotros mismos y con Él. Su Espíritu y Su Palabra pueden dirigir nuestros pensamientos, creencias, conducta, y eventualmente nuestros sentimientos.

Evaluar lo que las emociones nos están diciendo.

Necesitamos meditar en cómo nuestras emociones, conducta y pensamientos están relacionados. Así como David se preguntó: "¿Por qué te abates, Oh alma mía" Salmo 42:5 (RVR), necesitamos preguntarle a Dios que nos muestre las creencias o pensamientos equivocados que incendian nuestras emociones.

Decidir reemplazar nuestros pensamientos y conducta con la verdad de Dios.

Preguntas que podemos hacer: ¿Cómo es que pienso y como me comporto comparado con la Palabra de Dios? ¿Qué necesito cambiar? Recuerde que tenemos una nueva identidad y destino. No tenemos que quedarnos estancados en los viejos patrones de vida. Podemos actuar o reaccionar de acuerdo a nuestra nueva manera de pensar. Este ajuste en los pensamientos y creencias a la luz de la Palabra de Dios es el proceso de "renovación del entendimiento" que es ordenada en Romanos 12:2.

Desfogando emociones en otros puede herir a las personas y dañar relaciones personales.

> No os conforméis á este siglo, sino transformaos por medio de la renovación de vuestro entendimiento, para que comprobéis cuál sea la buena voluntad de Dios, agradable y perfecta. Romanos 12:2 (RVR)

Renovando nuestro entendimiento según la realidad de Dios trae como consecuencia que nuestro ser se transforme. En la medida que nuestros pensamientos y creencias sean corregidos, nuestras emociones también podrán cambiar.

Una advertencia, "REED" no son "cuatro pasos fáciles" para controlar sus emociones. Es un trampolín para interactuar activamente con Dios respecto de nuestros deseos y necesidades personales más profundas. Es importante recordar que, como cristianos, estamos en una relación vital y permanente con el Dios viviente. Frecuentemente tratamos de definir la vida Cristiana como una serie de principios que debemos seguir en vez de ser una conversación constante y total dependencia y confianza en Dios mismo.

Dios desea realmente estar involucrado con nosotros en nuestros sentimientos, en nuestras preocupaciones, en nuestras vidas personales, más que nuestro amigo más intimo. ¡El es mucho más que un amigo, pues no sólo siente empatía, consuela y da consejo sino que también nos transforma a través de Su Espíritu y Su Palabra!

Conclusión: El mundo a nuestro alrededor está clamando por sentimientos plácidos mientras las emociones se están entregando a la búsqueda de la felicidad. Aun así, la gente no esta satisfecha. Nunca están realizados. Siempre quieren más. Debemos vivir por fe en vez de vivir por sentimientos, recordando lo que Jesús dijo:

> Bienaventurados los que tienen hambre y sed de justicia, porque ellos serán saciados.
> Mateo 5:6 (RVR)

En nuestro buscar a Dios El nos da algo más grande que felicidad temporal: un gozo que tiene su raíz en su carácter inalterable

---

RESUMEN:

La Palabra de Dios nos muestra que:

1. Dios nunca nos condena o humilla por nuestras luchas emocionales. Tanto las emociones gratas y desagradables son parte normal de una vida Cristiana.

2. Las emociones son mensajeros (indicadores) de nuestras creencias internas acerca de Dios, de uno mismo y de otros

3. Las emociones son una maraña y enredo cuando se convierten en la autoridad final en nuestras vidas para controlar nuestras creencias y conducta.

4. Las emociones son manejables cuando las expresamos a Dios y le permitimos que renueve nuestros pensamientos.

Cuando aprendí que mis emociones revelaban mis falsas creencias, el Espíritu Santo reveló experiencias y situaciones en mi vida las que habían causado creencias falsas acerca de Dios, de mí y de otros. A pesar que fue doloroso, fue también un alivio estar libre de las mentiras en las que había creído por años. La verdad de Dios me trajo sanidad.

Aprendí que las emociones son naturales porque Dios me ha creado a Su imagen, con emociones como las que tiene. Eso me dio la libertad de enfrentar mis emociones por primera vez en mi vida. Siempre supe que Dios tenía emociones como gozo y paz, pero fue un alivio el saber que también tenía emociones como la ira. Nunca más me sentí culpable por tener emociones como esa.

He aprendido a reconocer los síntomas cuando trato de esconder mis emociones: tomando café, fumando, comiendo cuando no tengo hambre, limpiando cuando las cosas no estas sucias, comprando cuando no necesito nada, anotando la lista de quehaceres, haciendo cosas sólo para estar ocupado y no pensar. Ahora cuando tengo ganas de hacer alguna de estas cosas, le hablo a Dios acerca de mis sentimientos y le pregunto: "¿Qué me esta causando molestia? ¿Por qué me siento así?". Leo la Palabra para ver que me dice Dios. Después que El revela mis creencias equivocadas, renuevo mi entendimiento con Su verdad. Repito versículos en voz alta cuando empiezo a tener ganas de esconder o apiñar mis emociones. Escribo frecuentemente versículos como Filipenses 4:6-7 (RVR).

"Por nada estéis afanosos; sino sean conocidas vuestras peticiones delante de Dios en toda oración y ruego, con acción de gracias. Y la paz de Dios, que sobrepasa todo entendimiento, guardará vuestros corazones y vuestros pensamientos en Cristo Jesús."

Siempre conocí estos versículos, pero ahora los uso. En vez de tratar de manejar el problema yo sola, vuelvo a Dios, y El mantiene Su promesa. El me da Su paz.

Hace un año, me sentí herida por una amiga mía. Trate de hacer contacto por teléfono y correo, pero ella no respondió. Me volví a Dios con mis emociones cuando me sentí rechazada y antipática. Seguí confiando en El y orando por ella. Un año más tarde recibí una carta de ella pidiéndome perdón. Si hubiera continuado dejando que esa herida me dominara podría haber estado resentida e incapaz de perdonarla. En su lugar, nuestra amistad se ha restaurado y Dios se ha glorificado en esa amistad.

Estoy muy agradecida de haber aprendido a dejar que mis emociones me lleven a Dios en lugar de alejarme de Él. Ahora puedo manejar las heridas en mi vida constructivamente en vez de una forma destructiva.

Tammy- Representante de Servicios al Cliente

Las Emociones que nos Controlan – Día Uno

Meta: Reconocer cómo enfrenta sus emociones negativas, y comenzar a interactuar con Dios acerca de ellas.

1. ¿Qué emociones eran de manifiesto en su hogar cuando estaba creciendo?

   ¿Cuáles fueron "aceptables" y cuales "inaceptables"?

2. Actualmente, ¿Qué emociones se siente más cómodo de manifestarlas?

   ¿Incomodo de manifestarlas?

   ¿Cómodo mientras otros las manifiestan?

   ¿Incomodo mientras otros las manifiestan?

3. ¿Cuáles son sus "señales de alarma" que le indican que puede estar sintiendo una emoción pero que no la reconoce? (ejemplos: gritar, tensión física, mal genio, retraído, costumbres compulsivas tal como excesiva comida, etc.)

4. Revise sus respuestas de la Semana 1 Día 1. ¿Cómo estuvieron afectándolo emocionalmente sus problemas?

5. Nuestras emociones son mensajeras que nos alertan de algo en nuestros pensamientos o creencias. ¿Cuáles son algunos de los pensamientos o creencias que sus emociones pueden revelar?

6. Cuando nuestras emociones son más reales para nosotros que la verdad de Dios y basamos nuestras decisiones y reacciones en esas emociones, entonces nuestras emociones pueden ser una maraña y enredo para nosotros. Reacciones posibles a estas emociones negativas incluyen la negación de la realidad, "embutir" los sentimientos en lugar de expresarlos, desfogarse con otros, pero también ponerlas de manifiesto a Dios. ¿Cómo ha manejado estas emociones negativas anteriormente? (Ejemplo: Cuando me siento deprimido, lo ignoro y me distraigo comiendo o mirando Televisión)

7. ¿Cómo afectaron estas emociones su conducta y/o decisiones?

8. Tome unos momentos para interactuar con Dios. Primero, compare sus creencias, pensamientos y conducta con la Palabra de Dios. Pídale al Espíritu Santo que le revele algunas inconsistencias, y confiese (estando de acuerdo con Dios) lo que Él revela. Luego decida cómo necesita cambiar sus pensamientos, creencias y conducta para ser consistente con la verdad de Dios. Luego, pídale al Espíritu Santo que le ayude a cambiar sus hábitos y que le continúe revelando las creencias y pensamientos incorrectos. Recuerde, cada vez que Usted manifiesta una emoción negativa o el Espíritu Santo revela un pensamiento o creencia negativa, usted necesita reemplazar esta creencia o pensamiento con la verdad de Dios.

Las Emociones que nos Controlan – Día Dos

Meta: Reconocer la parte emocional de Dios en la Escritura.

1. Lea los siguientes versículos y liste las emociones que Dios expresa.

   Génesis 6:5-6

   Salmos 145:8

   Salmos 149:4

   Isaías 57:16

   Isaías 62:5

   Marcos 10:21

   Lucas 13:34

   Lucas 22:44

   Juan 11:33-36

   Hebreos 5:7

2. Compare y/o contraste estos versículos con su opinión previa de Dios.

3. Lea los siguientes versículos para aprender como Dios se siente respecto de sus emociones. Escriba como Dios las siente o responde a sus emociones.

Salmos 51:17

Salmos 56:8

Mateo 11:28

Juan 20:24-28

Hebreos 4:15-16

1 Pedro 5:7

4. Compare y/o contraste estos versículos con la manera que usted pensaba anteriormente acerca de cómo Dios se sentía respecto de sus emociones.

Las Emociones que nos Controlan – Día Tres

Meta: Observar los patrones Bíblicos para controlar sus emociones.

1. Los patrones Bíblicos para el sistema REED, (que hacer con sus emociones), es especialmente observable en Salmos 55 y 73.

> **R**econozca sus emociones.
> **E**xpréselas a Dios (no las ignore, guarde/esconda, o se desate contra otros).
> **E**valúe (pídale al Espíritu Santo que le muestre) lo que sus emociones y pensamientos le revelan acerca de lo que está creyendo.
> **D**ecida estar de acuerdo con Dios acerca de la verdad (creer), y actuar por fe en vista de esa verdad.

REED le atañe tanto a las emociones positivas como a las negativas. Sin embargo, todas las emociones son realmente positivas, porque ellas nos ayudan a volvernos Dios y evaluar nuestros pensamientos y creencias.

2. Lea Salmo 73 en el orden cronológico provisto abajo y responda las preguntas.

RECONOZCA: (versículos 2-14) ¿Qué emociones manifiesta el Salmista?

EXPRESE (versículos 16, 21-22) ¿Cómo manifiesta el Salmista sus emociones a Dios? Haga una lista de algunas de sus declaraciones.

EVALÚE (versículos 17-20, 1, 23-27) ¿Qué creencias revelan sus emociones?

DECIDA: (versículo 28) ¿Cómo escoge el salmista actuar a base de la verdad (en lugar de actuar a base de sus emociones?

3. Pídale al Espíritu Santo que le recuerde practicar REED en su comunicación con Dios.

Las Emociones que nos Controlan – Día Cuatro

Meta: Comenzar a usar el método REED para controlar sus emociones.

1. Las emociones, tanto las agradables como las desagradables, son parte normal de nuestra vida Cristiana. Piense en la última vez que estuvo luchando con sus emociones negativas. Use la cartilla de la página 6.23 para ayudarle a identificar sus sentimientos y lístelos abajo.

2. Ahora exprese sus sentimientos a Dios escribiendo los pensamientos que lo impulsan a sentir de esta manera. Sea tan honesto como sea posible. Dios ya lo conoce y acepta. El nunca lo condenará o rechazará por sus luchas emocionales.

3. Las emociones son el resultado de pensamientos y creencias. Ahora evalúe sus pensamientos respondiendo a las siguientes preguntas:

   A. ¿Qué creencias le revelan sus pensamientos acerca de Dios, de usted y de sus circunstancias?

   B. ¿Cuál es la verdad de acuerdo a la Palabra de Dios? (Refiérase al estudio Bíblico "Padre/Dios" y a la hoja "Creando una Identidad Cristiana" página 3.28 para encontrar la verdad).

4. Luego, decida rechazar las mentiras que ha estado pensando y reemplácelas con la verdad. Tome una decisión firme de caminar por fe, aceptando la Palabra de Dios como la autoridad final. Pídale a Dios qué pasos de fe (acciones) Él desea que tome.

5. Para el resto de esta semana practique el método REED cada vez que encuentre emociones negativas o dolorosas. Sería aconsejable escribir sus pensamientos y sentimientos usando la hoja de trabajo en la página 6.24.

Las Emociones que nos Controlan – Día Cinco

Meta: Reconocer y manifestar nuestros temores a Dios y aprender a confiar en Él cuando estamos temerosos.

Una de las emociones más penosas es el miedo- la cual a menudo se disfraza de aflicción, ira o depresión. Es una de las emociones más difíciles de reconocer. Frecuentemente se nos ha enseñado que el miedo es un signo de debilidad; de aquí es que hemos aprendido a esconderlo.

1. El rey David, un hombre conforme al corazón de Dios (1 Samuel 13:14), frecuentemente experimentó miedo. Lea Salmo 56.

2. ¿Qué temía David? (ver versículos 2, 5-6)

3. ¿Qué hizo David cuando tuvo temor? (ver versículos 1, 3-4, 9-13)

4. Piense en una situación específica que le causa miedo, Quizás sea un acontecimiento futuro, o quizás sea el miedo a fallar o al rechazo. Use el método REED para entregar este temor a Dios.

   RECONOZCA: Pídale a Dios que le ayude a identificar de qué tiene temor. Admita sus temores a usted mismo y a Dios.

   EXPRESE: Escríbale a Dios lo que le causa temor y por qué tiene temor.

EVALÚE: Considere lo que sus pensamientos y sentimientos le dicen acerca de sus creencias respecto de esta situación. ¿Qué creencias acerca de Dios revelan sus temores? ¿Cómo se compara lo que piensa y cree con la Palabra de Dios?

DECIDA: Elija estar de acuerdo con la verdad de Dios respecto de esta situación. Luego, decida actuar sobre esa verdad, sabiendo que el Espíritu Santo le dará el poder para actuar.

Ejemplo: "Padre, tengo miedo que mi esposo pierda el trabajo. Es difícil para mí confiarte esta área de mi vida cuando pienso en las necesidades de mi familia. Gracias por escucharme e interesarte cómo me siento. Se que prometes suplir todas nuestras necesidades (Filipenses 4:19), por eso estoy echando todas mis ansiedades sobre Ti (1 Pedro 5:7). Por tanto, decido ocupar mi día, no enfocándome sobre posibles problemas, sino confiando en que obrarás esto para nuestro bien y para suplir nuestras necesidades a Tu manera y en Tu tiempo".

Las Emociones que nos Controlan – Lección Seis

Nombre _____ Fecha _____

Responda a las siguientes preguntas. Para entregar la página a un líder de grupo utilice páginas perforadas al final del libro.

1. ¿Qué emociones negativas experimentó más la semana pasada? ¿Qué clase de pensamientos usualmente produjeron esta emoción?

2. ¿Qué le dicen estos pensamientos respecto de lo que está creyendo?

3. ¿Qué nuevos entendimientos o perspectivas le dio Dios cuando expresó sus sentimientos honestamente a Él?

4. ¿Cómo mejorará la práctica del método REED su relación con Dios y su calidad de vida?

5. Marque el gráfico para indicar la cantidad de tareas que ha completado esta semana.

50%   100%

Escriba lo que le pide al Señor en oración:

_____

_____

_____

_____

_____

_____

_____

_____

_____

_____

_____

_____

_____

_____

_____

_____

_____

_____

_____

_____

¿Cómo se siente?

Soledad			Pertenecer		
omitido	aislado	separado	popular	importante	influyente
sin amigos	abstraído	rechazado	famoso	notorio	valioso
abandonado	solo		necesario	aceptado	importante
perdido	insignificante			involucrado	

Ira			Tranquilidad		
furioso	airado	frustrado	apacible	calmado	equilibrado
molesto	afanoso	colérico	quieto	sosegado	ecuánime
exasperado	irritado	indignado	sereno	complacido	tranquilo
fastidiado	distante				

Pena			Alegría		
abatido	deprimido	melancólico	gozoso	feliz	listo
Infeliz	apesadumbrado	sombrío	eufórico	agradecido	Lleno de vida
aburrido	triste	alicaído	risueño	encantado	regocijado
	acongojado	descorazonado	contento	deleitado	activo

Temor			Seguridad		
ansioso	temeroso	acobardado	seguro	optimista	expectante
asustado	consternado	aterrado	protegido	confiado	confidente
Alarmado	enervado	cohibido	equilibrado	desenvuelto	compasivo
sobresaltado	tenso	tembloroso			

Odio			Amor		
hostil	crítico	celoso	tierno	aceptación	noble
No amigable	pleitista	rencoroso	cariñoso	amable	comprensivo
mezquino	de mal genio	áspero	afectuoso	fiel	interesarse
				compasivo	

Incompetente			Con autoridad		
débil	esquivo	inepto	fuerte	grande	seguro
pequeño	magro	impotente	enérgico	dominante	combativo
inútil	deficiente	vulnerable	acometedor	emprendedor	confiado
			optimista	confiado	Con euforia

Culpable			Inocente		
avergonzado	maldecido	juzgado	absuelto	liberado	candoroso
criticado	arruinado	atrapado	puro	suelto/libre	exculpado
maldito	sucio	avergonzado	perdonado	exonerado	justificado
				nuevo	

6.24

RECONOZCA: Acepte sus emociones; no las esconda. Pida al Espíritu Santo que lo ayude a identificar qué emociones esta sintiendo.

EXPRESE: Escríbale a Dios lo que siente y por qué.

EVALÚE: Considere lo que sus emociones le están diciendo respecto de lo que piensa del asunto a la mano. Pídale al Espíritu Santo que le revele cualquier creencia equivocada acerca de usted o de Dios. ¿Cómo compara lo que piensa y cree con la Palabra de Dios?

DECIDA: Elija estar de acuerdo con la Palabra de Dios. Luego decida proceder sobre esa verdad confiando en que el Espíritu Santo lo facultará.

Llevando Mis Emociones a Dios

RECONOZCA: Acepte sus emociones; no las esconda. Pida al Espíritu Santo que lo ayude a identificar qué emociones esta sintiendo.

EXPRESE: Escríbale a Dios lo que siente y por qué.

EVALÚE: Considere lo que sus emociones le están diciendo respecto de lo que piensa del asunto a la mano. Pídale al Espíritu Santo que le revele cualquier creencia equivocada acerca de usted o de Dios. ¿Cómo compara lo que piensa y cree con la Palabra de Dios?

DECIDA: Elija estar de acuerdo con la Palabra de Dios. Luego decida proceder sobre esa verdad confiando en que el Espíritu Santo lo facultará.

Las Expectativas, la Ira, y la Amargura

Mirad bien, no sea que alguno deje de alcanzar la gracia de Dios;
que brotando alguna raíz de amargura, os estorbe, y por ella
muchos sean contaminados.

Hebreos 12:15 (RVR)

Lección 7

Una Vida Transformada

En Abril de 1995 mi vida parecía estar buenísima; yo estaba casada con un hombre maravilloso, y teníamos dos preciosos niños. Estábamos estables financieramente. Yo tenía muchos amigos. Mi carrera estaba progresando. Asistíamos a una iglesia de gente amigable.

Pero en mi sonrisa superficial había un dolor tan profundo que la depresión me agobiaba. Yo me sentía como si hubiera caído en un hoyo profundo y oscuro. Entre más trataba de salir, más me hundía. A veces, levantarme por la mañana era casi imposible. En el trabajo yo me sentaba en el escritorio y miraba mi computadora por horas. Aún en la casa, estaba tan deprimida, que todo lo que yo quería hacer era dormir.

Mi careta de felicidad cubría un dolor emocional que estaba arraigado profundamente desde mi niñez. Yo era la menor de seis hijos. Mis padres eran muy prósperos; eran activos en extremo en la iglesia. En apariencia la vida de mi familia parecía normal pero el "juego" que mi hermano, siete años mayor que yo, jugaba conmigo estaba lejos de ser normal. Desde los cinco años hasta los 11, mi hermano mayor me pedía frecuentemente que fuera al cuarto de recreo arriba del garaje donde él me abusaba sexualmente.

Yo sabía que al menos una razón para mi depresión era el abuso. Yo había vivido con recuerdos y escenas dolorosas por muchos años, con memorias que me perseguían diariamente. Yo pensaba que merecía eso, porque yo me sentía culpable por el abuso, y pensaba que era mi culpa que esto hubiese durado tanto.

Yo sabía que mi vida no podía seguir de esta manera y que tenía que ser libre de la depresión.

Hice contacto con Scope Ministries y pedí su ayuda. Le confié mis luchas a una señora muy buena, quien semanas tras semanas, respondía amorosamente a mi dolor con las Escrituras. La Palabra de Dios empezó a filtrarse dentro de mi espíritu para comenzar a sanarme. Durante los siguientes seis meses, hablé con ella semanalmente, leí multitudes de libros, escuché muchas cintas grabadas, y memoricé muchas Escrituras. Nunca olvidaré el día que comprendí que el abuso no era culpa mía.

A este punto en mi vida, uno de mis temores más grandes era enfrentar a mi hermano. Ambos habíamos pasado muchos años fingiendo que el abuso nunca había sucedido. Después de seis meses de considerar este tema agonizante, yo sentí que necesitaba confrontarlo y enfrentar los resultados dolorosos del abuso en mi vida. Estaba lista para la confrontación, el perdón y la sanidad.

Yo necesitaba confrontar a mi hermano, porque aún con las memorias tenía alguna duda de que el abuso hubiera sucedido realmente. Reconociendo la realidad, removí todas las dudas que tenía sobre si había sucedido o no.

Fue una de las cosas más duras que jamás había hecho, pero le escribí una carta y esperé a ver si él respondía y cómo lo haría. ¿Lo negaría? ¿Lo trataría con frivolidad? ¿Me echará la culpa? Realmente no lo sabía.

Continuará...

Las Expectativas, la Ira, y la Amargura – Lección Siete

Como vimos en la lección anterior, nuestras emociones "agradables" pueden ser un obstáculo para creer la verdad de Dios. Realmente están actuando sólo como mensajeras, alertándonos de lo que estamos pensando y creyendo. Es importante que reconozcamos lo que estamos sintiendo y evaluemos lo que está ocurriendo en nuestra alma (mente, voluntad y emociones).

Una emoción "desagradable" que todos experimentamos es la ira. Es una de las emociones más fuertes. La Biblia dice que es posible "estar airado y no pecar" (Efesios 4:26) Dios es Santo y Jesús no peca; aún así en la Biblia se encuentran ambos expresando la emoción de la ira.

Un diccionario define a la ira como "Un sentimiento de desagrado como resultado de una injusticia, insulto, maltrato, oposición, etc. y usualmente un deseo de pelear con lo que causa este sentimiento; un estado emocional de hostilidad, indignación y venganza."

Las Expectativas y la Ira

La ira es parte normal de nuestro espectro emocional total.

La ira puede ser comparada al poder, al sexo o al fuego. Estas cosas no son inherentemente correctas o erróneas, pero pueden convertirse en correctas ó incorrectas cuando son usadas o abusadas. Para determinar si la ira que sentimos es correcta, debemos identificar la base de nuestra ira y evaluar la manera de su expresión.

El acto del Apóstol Pedro cuando Jesús fue arrestado es un buen ejemplo de una **acción incorrecta** a causa de la emoción de la ira.

> Y sucedió que uno de los que estaban con Jesús, extendiendo la mano, sacó su espada, e hiriendo al siervo del sumo sacerdote, le cortó la oreja. Entonces Jesús le dijo: Vuelve tu espada a su sitio, porque todos los que tomen la espada, a espada perecerán. Mateo 26:51-52 (LBLA)

La ira de Pedro estaba basada en su amor por Cristo, pero él falló en controlar la expresión de su ira. La ira no era el problema, pero la expresión de su ira, inadecuada.

La causa de la ira son las expectativas bloqueadas o no cumplidas.

Una expectativa es algo que vemos en el futuro o que suponemos que sucederá. Durante toda la vida todos desarrollamos expectativas (esperanzas) las cuales son producidas usualmente por compararnos con otros ("Ellos pueden..., ¿por qué yo no?") o por causa de promesas que la gente hace o implica. Algunas expectativas resultan de necesidades válidas en nuestras vidas tales como el ser amado, aceptado y seguro. Cuando esas expectativas no son cumplidas, la reacción usual es la ira.

Podemos Evitar Expresiones
Inadecuadas de la Ira

Primero, tenemos que rendir nuestras expectativas y derechos a Dios.

La ira es un problema cuando no la tratamos apropiadamente. Una manera de salvaguardarse del responder con la ira es rendir nuestras expectativas a Dios. Al rendir permitimos que Dios supla nuestras necesidades en la forma que El vea que es mejor en lugar de nuestra manera preferida. Elegimos confiar y mirar a El como la fuente de nuestro contentamiento en lugar de mirar a las circunstancias y a la gente para que nos den gozo. Necesitamos reconocer nuestra ira ante nosotros mismos y ante Dios.

En algunas ocasiones, la ira cubre otras emociones dolorosas, tales como un temor o una herida. Por ejemplo; con frecuencia se prefiere estar enojado que enfrentar el dolor que está causando la emoción. Es menos doloroso "cubrir" los problemas reales con una expresión no apropiada de la ira. Además, si tengo miedo de algo, puedo expresar mi cólera en lugar de admitir que estoy sintiendo temor. Es esencial que expresemos el enfado a Dios y dejemos que Él nos muestre la causa de nuestra ira. Si preferimos negar o suprimir nuestro enojo, se manifestará en nuestro comportamiento, afectando con el tiempo nuestra salud emocional y/o física.

El siguiente diagrama es una ayuda para entender cómo las emociones nos rebajan más y más cuando fallamos de tratar adecuadamente con las expectativas insatisfechas y la ira no resuelta.

Expectativas	Ira	Amargura				
Necesidades	Prevención:	Cura:				
Comparaciones	Rendir nuestras expectativas como un acto de confiar en Dios	El perdón	Resentimiento			
Promesas				Venganza		
					Ingratitud	
						Depresión

La Ira no Rendida Nos Lleva a la Amargura

Cuando no tratamos con nuestra ira de manera apropiada se convertirá en amargura. La Biblia se refiere a esto como "una raíz de amargura", y la define como "resentimiento" o "dureza" y está mencionada específicamente en Efesios 4:31 y Hebreos 12:15. Para tratar con la ira y la amargura tenemos que perdonar a otros por cualquier cosa que haya ocurrido y liberarlos de la prisión de nuestras expectativas. Es la obra de Dios el tratar con las acciones de otros; no es nuestro lugar.

> Quítense de vosotros toda amargura, enojo, ira, gritería y maledicencia,
> y toda malicia.
> Efesios 4:31 (RVR)

> Mirad bien, no sea que alguno deje de alcanzar la gracia de Dios; que
> brotando alguna raíz de amargura, os estorbe, y por ella muchos sean
> contaminados.
> Hebreos 12:15 (RVR)

La amargura resulta de un derecho percibido que ha sido violado.

Si no ejercemos verdadero perdón, continuaremos culpando al que nos ofendió. Y así comenzamos a acumular en nuestras mentes una falta tras la otra contra esa persona lo cual usaremos en un tiempo oportuno. Cuando no perdonamos, esperamos en secreto el momento de "júbilo" cuando esa persona sea castigada por Dios. Esa es nuestra venganza.

La amargura causa esclavitud emocional, física, y espiritual.

Cuando estamos amargos con una persona, pensamos que le estamos hiriendo cuando en realidad nos dañamos nosotros mismos. La amargura crea una distancia en nuestra comunión con Dios. En nuestras emociones causa ansiedad, tensión, y depresión. Físicamente causa dolores de cabeza, úlceras, fatiga y artritis. Además le damos lugar a Satanás.

> ...No se ponga el sol sobre vuestro enojo, ni deis lugar al diablo.
> Efesios 4:26b, 27 (RVR)

La amargura nos infecta y contamina todas nuestras relaciones.

La amargura es como un cáncer que eventualmente invadirá todo el cuerpo y así afectará todas nuestras relaciones. Una persona amarga es criticona, cínica, odiosa, y dura.

Porque Dios es amor, Él nos quiere liberar de esa emoción maligna. Su solución es el perdonar. Él claramente nos instruye a amar a nuestros enemigos y hacer bien a los que nos aborrecen (Lucas 6:27,28). Es en nuestra naturaleza como hijos de Dios perdonar como Él nos perdonó.

> Más bien, sean bondadosos y compasivos unos con otros, y perdónense
> mutuamente, así como Dios los perdonó a ustedes en Cristo.
> Efesios 4:32 (NVI)

El Perdón nos Libera de la Ira y Amargura

Debemos hacer la decisión de perdonar a los que han bloqueado nuestras expectativas o que nos han herido. Si no tratamos con la amargura, sus raíces crecerán a ser resentimiento, venganza y depresión. Nunca estaremos satisfechos y el enfoque de nuestra mente siempre será en las expectativas y en las personas que nos fallaron. Esto causa que estemos ciegos a la manera como Dios continúa supliendo nuestras necesidades.

EL PERDÓN NO ES:

Ignorar la injuria

Tolerar a la persona

Excusar a la persona

Olvidar la injuria

Dejar que el tiempo pase

Aceptar el abuso

Ser cordial con la persona

Mantener silencio

Decir, "te perdono"

No se basa en el sentir.

EL PERDÓN ES:

Cancelar la deuda

Dar la persona a Dios

Ceder nuestros derechos a Dios

Confiar que Dios va a redimir la situación

Ceder el derecho de castigar

No querer venganza o revancha

No juzgando o condenando

No manteniendo listas y apuntes

Dando misericordia

Una decisión firme

El perdón es una característica de nuestra nueva identidad en Cristo.

El perdón de Dios nos motiva y nos permite perdonar a otros.

> De modo que se toleren unos a otros y se perdonen si alguno tiene queja contra otro. Así como el Señor los perdonó, perdonen también ustedes.
> Colosenses 3:13 (NVI)

El perdón es mucho más que una conducta exterior.

Perdonar no es ignorar la injuria, o tolerar, excusar, o cerrar los ojos a lo que otra persona ha hecho contra nosotros. No es simplemente dejar que el tiempo pase después de sufrir la ofensa. No es tratar de olvidar, o pretender que nunca ocurrió. No es resignarse diciendo, "Bueno, esa es su manera de ser." Perdonar no es el ponerse en la posición de ser abusados otra vez.

El perdón es una decisión firme de cancelar la deuda debida.

El perdón genuino renuncia todo derecho a lo debido y declara a la persona completamente exonerada, e incluye el derecho de castigar o de revancha. Al perdonar se renuncia al derecho de juzgar o condenar a una persona por sus hechos, y renunciar a la demanda de pago o reparación.

El proceso de perdonar incluye:

1. Reconocer la ofensa ante Dios.

2. Expresando a Dios la manera que usted se sintió.

3. Expresando a Dios su decisión de cancelar la deuda.
   - Renunciando al derecho de castigar o de revancha
   - Renunciando al derecho de juzgar o condenar
   - Renunciando a la demanda de pago o reparación

4. Aceptando a la persona sin reservas.
   - Ceder las expectativas a Dios
   - Confiar que Dios suplirá para sus necesidades
   - Orar que Dios conceda grandes beneficios a esa persona

5. Aceptando el riesgo de ser heridos otra vez.
   - Baje toda barrera que haya levantado para protección propia
   - Confíe que Dios le sanará y protegerá si fuera herido otra vez

El perdonar requiere que confiemos en el carácter de Dios.

Demos confiar en la fidelidad de Dios para hacer todas las cosas para nuestro bien, aún nuestras injurias y dolor.

> Es verdad que ustedes pensaron hacerme mal, pero Dios transformó ese mal en bien para lograr lo que hoy estamos viendo...
> Génesis 50:20a (NVI)

*Ahora bien, sabemos que Dios dispone todas las cosas para el bien de
quienes lo aman, los que han sido llamados de acuerdo a su propósito.*

Romanos 8:28 (NVI)

Aún después de que hayamos hecho la decisión de perdonar, las emociones de ira y amargura perduran en la penumbra. Nuestras emociones reflejarán eventualmente el corazón, la misericordia y compasión de Dios a medida que renovamos nuestras mentes y afirmamos nuestra decisión de perdonar.

¿Qué pasa si nuestra amargura es hacia Dios?

Aún cuando estamos enfadados con Dios, Él no nos condena o se torna iracundo hacia nosotros. Él está comprometido a responder siempre hacia nosotros con amor y misericordia. De manera que cuando estamos enfadados con Dios, necesitamos elegir el confiar en Dios y su carácter lleno de amor y misericordia. Debemos confiar que Él está obrando en todas las circunstancias de nuestra vida para nuestro bien (Romanos 8:28) y que Él va a proveer para todas nuestras necesidades (Filipenses 4:19). Debemos expresarle nuestra ira con honestidad y dejar que Él nos muestre las creencias equivocadas que tenemos acerca de Él. Hay muchos ejemplos de esto en las Escrituras. David, el hombre "conforme al corazón de Dios", con libertad expresó su ira hacia Dios en Salmo 13:1-6 (LBLA).

> ¿Hasta cuando, oh Señor? ¿Me olvidarás para siempre? ¿Hasta cuándo esconderás de mí tu rostro?
> ¿Hasta cuándo he de tomar consejo en mi alma,
> Teniendo pesar en mi corazón todo el día?
> ¿Hasta cuándo mi enemigo se enaltecerá sobre mí?

Después de expresar su ira, David escogió confiar en el carácter de Dios.

> Mas yo en tu misericordia he confiado;
> Mi corazón se regocijará en tu salvación.
> Cantaré al Señor, porque me ha colmado de bienes.

El perdón en primariamente para nuestro propio beneficio.

Perdonando a otros trae muchos beneficios en nuestra vida. Deshaciéndose del rencor y la amargura suele dar la sensación de haber soltado una carga muy pesada. Dios desea que el perdón sea una parte de nuestro modo de vivir, y algunos beneficios serán:

- Sanidad emocional
- Relaciones más sanas
- Mayor intimidad con Dios
- Sanidad física
- Liberación de una opresión espiritual

Conclusión:

Expectativas, ira y amargura deben ser reconocidas y admitidas ante Dios. A medida que tenemos relaciones con el Padre Celestial, Él nos va a revelar la causa de esto para que adoptemos Su solución. Aunque la ira es común a todos como resultado de la caída del hombre en el Edén, no es lo normal en el cristiano que está lleno del Espíritu. Cristo nos ha liberado realmente del control de las emociones de ira y amargura. Mientras más aprendemos a caminar en el poder del Espíritu, más dejaremos que el amor sea el factor que controle nuestras vidas.

RESUMEN:

1. La ira puede originar de expectativas o metas bloqueadas. La solución de Dios para la ira es el ceder las expectativas y derechos a Dios. La ira sin resolución lleva a la amargura.

2. La amargura puede venir de un derecho percibido que ha sido violado. La solución de Dios para la amargura es el entender y recibir el perdón total de Dios.

3. Al recibir el perdón de Dios podemos hacer una decisión firme de perdonar a otros.

Fue un tremendo alivio que él me escribió admitiendo el abuso. Él dijo que probablemente yo nunca podría perdonarlo, pero deseaba que yo de alguna manera pudiera hacerlo.

Porque mi hermano vive fuera del estado donde vivo, yo no creía poderlo ver por un tiempo, pero una semana después de recibir su carta mi padre murió. Yo sabía que mi hermano vendría a nuestro pueblo para el funeral, y yo estaba en ascuas no sabiendo qué iba a pasar. Cuando llegó me llamó a un lado y sentí por primera vez que yo realmente podía perdonarlo. No era un perdón que amasé por mi esfuerzo, sino un perdón que sólo el Espíritu Santo podía producir en mí. Yo sabía que porque Cristo me perdonó cuando no lo merecía, yo también podría perdonar a mi hermano aún cuando él no lo merecía tampoco.

Cuando le dije a mi hermano que le perdoné por su abuso, él comenzó a llorar, y yo también lloraba a la vez que lo abrazaba. Yo entendí que necesitaba perdonarlo mucho más que él tenía necesidad de mi perdón. En este preciso momento una carga pesada cayó de mis hombros. Todas las memorias dolorosas de tantos años se desvanecieron.

Muchas cosas han cambiado en mi vida desde ese momento. A través del perdón me alivié de la amargura que había cargado por tantos años. Ahora ya no tengo esas memorias que me perseguían constantemente, y aún cuando recuerdo el abuso, lo hago sin experimentar el dolor que me ahogaba. A medida que abandoné mi amargura, Dios reemplazo mi depresión con Su paz. Ahora mis luchas diarias no me agobian como antes.

Ahora tengo una mayor capacidad de expresar mi amor a mi familia. En lugar de asumir que mis hijos y mi esposo saben que les amo, yo trato de expresar mi amor más a menudo. Ha sido difícil porque nunca había aprendido a decir esas tres palabritas, "yo te amo", pero ha sido muy placentero.

Estoy tan agradecida al Señor por haber sanado mis emociones. Es tan diferente ahora cuando despierto cada día. Es tal el alivio de estar en paz.

Marge – Redactora/Editora

Las Expectativas, la Ira y la Amargura – Día Uno

Meta: Adquirir una perspectiva bíblica de la ira y reconocer su causa.

Cuando usted reconozca y tome la responsabilidad por su emoción de la ira, la victoria sobre esa emoción será entonces muy posible, en lugar de ser una imposibilidad. Usted tendrá una buena "razón" para su ira. ¿Pero tiene usted el "derecho" de permanecer airado? ¿Ha reservado para usted mismo el "derecho" de estar airado? No importa cuál es la razón para su ira, usted debe de entender que usted hace la DECISIÓN de continuar su ira.

1. Para ganar una perspectiva bíblica de la ira, anote el punto saliente de los siguientes pasajes.

   Proverbios 29:11

   Proverbios 19:11

   Proverbios 29:22

   Efesios 4:26-27

   Colosenses 3:8-9

   Santiago 1:19-20

2. Haga una lista de por lo menos cinco expectativas que usted tiene de usted mismo o de otros, las cuales, cuando no estas cumplidas, le hacen que se sienta enfadado (irritado, frustrado, ultrajado, etc.). Porga un círculo alrededor de "+" si usted piensa que estas expectativas están siendo cumplidas al presente, y ponga un círculo alrededor de "-" si usted piensa lo contrario.

   a) _____ + -

   b) _____ + -

   c) _____ + -

   d) _____ + -

   e) _____ + -

3. Todos tenemos necesidades. Cuando estas no están satisfechas, nos sentimos coléricos, heridos. Más abajo hay una lista de necesidades que tenemos. Ponga un círculo alrededor de "+" si cree que esta necesidad está satisfecha, y ponga un círculo alrededor de "-" si piensa lo contrario. También ponga un círculo alrededor de la(s) persona(s) que usted cree debe(n) satisfacer esta necesidad: (U) Usted, (E) Esposa(o), (P) Padres, (O) Otros.

1)	Ser Amado	U E P O	+ -
2)	Ser necesario	U E P O	+ -
3)	Ser comprendido	U E P O	+ -
4)	Ser Deseado	U E P O	+ -
5)	Sentir que alguien se preocupe	U E P O	+ -
6)	Tener significado	U E P O	+ -
7)	Ser aprobado	U E P O	+ -
8)	Tener Seguridad	U E P O	+ -
9)	Pertenecer a alguien	U E P O	+ -
10)	Ser realizado	U E P O	+ -

4. Una de las mayores causas de la cólera es pensar que nuestros "derechos" han sido negados. ¿Cuáles de "los derechos" enumerados más abajo que piensa que son sus "derechos" personales? Marque con un círculo el signo "-" si el derecho está siendo negado, y describa por quién este derecho está siendo negado.

Por Quién

1) Ser tratado correctamente   -   _____
2) Tomar mis propias decisiones -   _____
3) Tener citas   -   _____
4) Expresarse libremente   -   _____
5) Hacer mis cosas   -   _____
6) Ser Obedecido   -   _____
7) Tener mi dinero propio   -   _____
8) Tener privacidad   -   _____
9) Expresar mi opinión   -   _____
10) Tener mis amigos propios   -   _____
11) Ser protegido   -   _____
12) Ser libre   -   _____
13) Ser apreciado   -   _____
14) Ser escuchado   -   _____
15) Recibir afecto   -   _____

5. Lea Filipenses 2:5-11 ¿qué derechos piensa que Jesús rindió? ¿Está deseando entregar sus derechos y confiar que Dios suplirá sus necesidades y lo exaltará a Su modo y en Su tiempo? Durante su oración acerca de esto, pídale a Dios que le de el poder de rendir todos sus derechos a Él.

Las Expectativas, la Ira y la Amargura – Día Dos

Meta: Aprender a prevenir y a ocuparse de la cólera a través del reconocimiento y entrega de sus expectativas.

Cuando una expectativa es bloqueada o no satisfecha, a menudo nuestra respuesta emocional inmediata es la cólera. Efesios 4:26-27 nos dice, "airaos, pero no pequéis; no se ponga el sol sobre vuestro enojo; ni deis lugar (punto de apoyo) al diablo". La cólera no resuelta se encamina hacia la amargura, y la amargura al resentimiento, venganza, ingratitud y depresión.

1. Lea la hoja titulada "Las Expectativas, la Ira y la Amargura" en la paginá 7.23. Describa una situación que le causa cólera continua.

2. ¿Qué expectativas no están suplidas? Si no sabe. Refiérase a las respuestas del Día Uno.

3. Decida entregar sus expectativas a Dios, y confíe en que Él suplirá sus necesidades de la manera que Él vea sea lo mejor. ¿Cómo cambiaría esto su respuesta a la situación o persona?

La cólera es una emoción no es un pecado. Las creencias equivocadas, actitudes y acciones que le siguen son las que son pecados y necesitan ser cambiadas.

> Y no contristéis al Espíritu Santo de Dios, con el cual fuisteis sellados para el día de la redención.
> Quítense de vosotros toda amargura, enojo, ira, gritería y maledicencia, y toda malicia. Antes sed
> benignos unos con otros, misericordiosos, perdonándoos unos a otros, como Dios también os per-
> donó a vosotros en Cristo.
> Efesios 4:30-32 (RVR)

4. ¿Qué creencias, actitudes o acciones necesita cambiar? ¿A quién necesita perdonar?

5. Escriba una oración pidiéndole a Dios que le permita perdonar y aceptar a aquellos que no están llenando sus expectativas.

Las Expectativas, la Ira y la Amargura – Día Tres

Meta: Entender el perdón de Dios hacia usted y reconocer los obstáculos para perdonar a otros.

1. A menudo tenemos conceptos equivocados acerca de lo que el perdón realmente involucra. Lea la lista de "Conceptos equivocados comunes relativos al perdón" en la pagina 7.24, y marque aquellos que solía definir como perdón en el pasado.

2. Perdonar a otros es difícil hasta que no hayamos recibido el perdón total de Dios. ¿Hay algo que usted haya hecho que aun le cause un sentimiento de vergüenza o culpabilidad?

3. Lea Mateo 18:21-35. Jesús enseñó esta parábola para demostrar cuatro aspectos importantes del perdón:

   1) El perdón es un regalo que no merecemos.
   2) Es borrar o renunciar a que lo que sentimos es justo, es cancelar una deuda y es entregar nuestros derechos y expectativas.
   3) Una vez recibido de Dios, es para ser dado a otros.
   4) El no perdonar trae como consecuencia tortura personal y tormento interno.

4. En Cristo hay completo perdón.

> Y á vosotros, estando muertos en pecados y en la incircuncisión de vuestra carne, os dio vida juntamente con él, perdonándoos todos los pecados, anulando el acta de los decretos que había contra nosotros, que nos era contraria, quitándola de en medio y clavándola en la cruz.
>
> Colosenses 2:13-14 (RVR)

En la cortes de leyes Romanas, cuando una persona era acusada de crimen, se le escribía un "certificado de deuda" contra él, esta acta de acusación ponía de manifiesto el cargo o cargos contra la persona, y una sanción merecida era demandada. Si la persona acusada era culpable, era enviado a prisión. El "certificado de deuda" era clavado en la puerta de la prisión. Una vez que había completado la sentencia era liberado, y las palabras "pagado totalmente" eran estampadas en el certificado de deuda. Las últimas palabras de Jesús en la cruz fueron. "Esta consumado". Increíblemente la palabra "consumado" ("acabado") es la misma palabra que era estampada en el certificado de deuda, "pagado totalmente". Jesús "pagó totalmente" el castigo por todos nuestros pecados.

> En esa voluntad somos santificados mediante la ofrenda del cuerpo de Jesucristo hecha una vez para siempre. Y ciertamente todo sacerdote está día tras día ministrando y ofreciendo muchas veces los mismos sacrificios, que nunca pueden quitar los pecados; pero Cristo, habiendo ofrecido una vez para siempre un solo sacrificio por los pecados, SE HA SENTADO Á LA DIESTRA DE DIOS,...porque con una sola ofrenda hizo perfectos para siempre á los santificados....añade: Y NUNCA MÁS ME ACORDARÉ DE SUS PECADOS Y TRANSGRESIONES. Pues donde hay remisión de éstos, no hay más ofrenda por el pecado. Así que, hermanos, teniendo libertad para entrar en el Lugar Santísimo por la sangre de Jesucristo. Hebreos 10:10-12, 14, 17-19 (RVR)

¿Hay algún pecado que Jesús no haya perdonado? ¿Cuál?

5. Es esencial e imperativo que acepte lo que Dios dice y acepte su total y completo perdón, Exprese con palabras su gratitud a Él (sea específico).

Las Expectativas, la Ira y la Amargura – Día Cuatro

Meta: Comenzar a resolver cualquier falta de perdón y amargura en su vida.

El perdón es una decisión, es una elección basada en un acto de la voluntad, no un sentimiento. Es una elección racional que hago porque he sido totalmente perdonado por Dios. En Cristo, he sido hecho una persona de naturaleza perdonadora. Por tanto, no perdonar es un acto contrario a mi identidad en Cristo. Por tanto el perdón incluye:

a. Confesar el daño

b. Confesar como me siento.

c. Liberar a la persona de su deuda conmigo (decirle efectivamente: "Tu nunca tendrás que compensarme o retribuirme. Tú eres ahora libre. Tú estas perdonado. Te libero... tu deuda esta cancelada")

d. Aceptar a la persona incondicionalmente, tal como es, y dejar que Dios la cambie. Requiere liberar a la persona de la responsabilidad de amar y aceptarme. Miro sólo a Cristo para que supla mis necesidades de seguridad y significado y entrego los derechos de juzgar a otras personas.

e. Tener voluntad de arriesgarse a ser ofendido otra vez, de permitirlo Dios. En otras palabras, quitar el muro de autoprotección y confiar en Cristo como mi fuente de sabiduría y protección en caso de ser ofendido otra vez.

.

1. Algunas razones de por qué fallamos en perdonar son enumeradas en la página 7.25. Encierre en un círculo el número de cada una que se aplique a usted.

2. Describa un incidente en su pasado que le cause continuo dolor.

3. En un papel aparte enumere cada persona que ha contribuido a su dolor, específicamente manifestando la ofensa y las emociones resultantes. El siguiente esquema le podría ayudar.

    1) "Dios, me dolió cuando . . ." (Sea específico)

    2) "Y yo sentí . . ."

    3) "Ahora decido perdonar a _____ ."

    4) "Acepto incondicionalmente a el/ella, lo cual significa que mi amor y aceptación de él/ella no depende de él/ella o de su esfuerzo ahora o en le futuro. Acepto ____ tal como es ____ . . . aun si ____ nunca cambia . . . aun si ____ empeora."

    5) "Yo libero ____ de la responsabilidad de suplir mis necesidades de amor y aceptación. Decido confiar solo en Jesús como el único que puede suplir realmente todas mis necesidades.

    6) "Decido tomar el riesgo de ser herido otra vez por_____ y confiar en Jesús como mi fuente de sabiduría y protección en el fututo respecto a ____ y en este asunto.

    7) "Dios, te doy permiso para cambiar o no cambiar mis sentimientos, de acuerdo al tiempo que Tu determines".

Recuerde, el perdón es principalmente para su beneficio. Revelar al ofensor que usted ha perdonado ____ no es necesario o deseable a menos que él le pida su perdón.

4. Ahora después que ha seguido los pasos del perdón, destruya esta lista.

Las Expectativas, la Ira y la Amargura – Día Cinco

Meta: Reconocer y remover la raíz de la amargura.

El rencor y la amargura es al alma lo que colesterol es a la arteria. El rencor bloquea el fluir del agua viva. Limita nuestra capacidad de ser llenados con el Espíritu Santo.

> Y no contristéis al Espíritu Santo de Dios, con el cual fuisteis sellados para el día de la redención. Quítense de vosotros toda amargura, enojó, ira, gritería, y maledicencia, y toda malicia.
>
> Efesios 4:30-31 (RVR)

> Seguid la paz con todos,...Mirad bien, no sea que alguno deje de alcanzar la gracia de Dios; que brotando alguna raíz de amargura, os estorbe, y por ella muchos sean contaminados. Hebreos 12:14a-15 (RVR)

La raíz del rencor es invisible, pero produce frutos visibles tales como:

- Apartarse de Dios.
- Incapacidad de amar o otros.
- Dudas espirituales e incredulidad.
- Depresión.
- Problemas físicos

La solución para el rencor/amargura es el perdón. Limpiar nuestro corazón del rencor es a menudo un largo proceso cuando ha habido dolor y odio acumulado y no resuelto. Los siguientes ejercicios quizás tomen un tiempo adicional para terminarlos. No importa cuanto tiempo tome, será valioso. Conseguir la libertad del rencor le traerá nueva libertad y gozo en su vida.

1. Pídale al Espíritu Santo que le traiga a su memoria cada suceso en su pasado que aún sobresale como una experiencia ingrata o dolorosa. Haga una lista en un papel aparte. Escriba sólo unas pocas palabras para identificar el incidente.

2. Bajo cada incidente enumere cada persona que contribuyó a su dolor.

3. Liste cada agravio que sufrió de cada persona.

4. Revise la hoja suelta, "Razones por la que no perdonamos" en la pagina 7.25. Note cuales aplican a cada situación.

Recuerde, el perdón es sobre todo para su beneficio. Ahora es parte de su naturaleza perdonar así como Dios le ha perdonado.

5. Una por una, exprese con palabras a Dios su decisión de perdonar a cada persona. Rinda sus "derechos" de castigar a la persona de cualquier manera. Confíe que Dios se ocupara de cada uno de ellos como mejor le parezca. (Romanos 12:19).*

6. Agradezca a Dios por su fidelidad al usar aún los más dolorosos incidentes en su vida para su bien. (Génesis 50:20; 1Tesalonisences 5:18; romanos 8:28).

7. Pídale a Dios que le ayude a ver a cada persona que le ha herido del modo en que Él les ve, y darle el poder de amar a cada uno de ellos incondicionalmente.

8. Cuando haya completado este ejercicio, escriba "Pagado Totalmente" a lo ancho de su lista, y luego destrúyalo.

* Si encuentra aun que esto es demasiado doloroso o difícil, quizás necesite un amigo de confianza, pastor, o consejero para orar con usted.

Las Expectativas, la Ira y la Amargura – Lección Siete

Nombre _____ Fecha _____

Responda a las siguientes preguntas. Para entregar la página a un líder de grupo utilice páginas perforadas al final del libro.

1. ¿Qué es lo que lo ha puesto más molesto?

2. ¿Qué expectativas o derechos está usted guardándose que contribuyen a esta molestia?

3. ¿Cómo están afectando el no perdonar y el rencor su vida y relaciones personales?

4. ¿Ha perdonado a aquellos que lo han herido? Si no es así, ¿Cuáles piensa usted que son los obstáculos para perdonarlos?

5. ¿A quién Dios le condujo para que perdone por medio de esta tarea?

6. Marque el gráfico para indicar la cantidad de tareas que ha completado esta semana.

50%   100%

Escriba lo que le pide al Señor en oración:

_____

_____

_____

_____

_____

_____

_____

_____

_____

_____

_____

_____

_____

_____

_____

_____

_____

_____

_____

7.22

Hoja de trabajo: "Expectativas, Ira, Y Amargura"

Expectativas	Ira	Amargura				
Necesidades	Prevención:	Cura:	Resentimiento			
Comparaciones	Rendir	El perdón		Venganza		
Promesas	nuestras expectativas como un acto de confiar en Dios				Ingratitud	Depresión

A través de la vida, desarrollamos expectativas. Se producen normalmente por la comparación de nosotros mismos con otros ("¿si ellos lo tienen porque yo no?") o de compromisos que la gente hace o sugiere. Algunas expectativas son resultado de necesidades valederas en nuestras vidas, tales como ser amado, aceptado o sentirse seguro. Cuando estas expectativas no son suplidas del modo en que las deseamos que se suplan por otros o por el Señor, la reacción emocional es a menudo la ira.

La Biblia dice: "airaos, pero no pequéis" (Efesios 4:26). La ira se vuelve en un problema cuando la tratamos inadecuadamente. Una manera de asegurarse contra nuestra respuesta airada es entregar nuestras expectativas a Dios. Rindiéndolas, decido dejar que Dios supla mis necesidades de la manera que Él vea mejor.", no de la manera que pienso que las cosas deben ser hechas. Decido confiar en Él y mirarlo a Él como la fuente de mi contentamiento, gozo y seguridad, en vez de mirar las circunstancias o a otra gente.

Sin embargo, ¿Qué pasa si no reconozco alguna expectativa que tengo y me molesto? ¿Y si la ira se mantiene en mi corazón y se convierte en rencor? Para ocuparse de la cólera y el rencor, puedo decidir perdonar a otros por lo que ha pasado y liberarlos de mis expectativas. Dios se ocupara de ellos, le sedo ese derecho a Él. Si no me ocupo del rencor su raíz crecerá más profundamente hasta convertirse en resentimiento, venganza y depresión (Hebreos 12:15). Me vuelvo incapaz de ser satisfecho y enfoco totalmente en las expectativas no suplidas y al que me falló en suplirlas. Me vuelvo incapaz de ver cómo Dios esta supliendo mis necesidades. Pero, ¿y si la cólera es contra Dios? Entonces, debo tomar la decisión de confiar en el carácter bondadoso y misericordioso de Dios, que Él esta obrando en todas la circunstancias de nuestra vida para nuestro bien (Romanos 8:28) y que Él proveerá mis necesidades (Filipenses 4:19) a Su manera.

TAREA:

1. Haga una lista de cualquier incidente de su pasado que está causando heridas constantes. Mencione a cada una de las personas que han contribuido a esas heridas.

2. Pídale a Dios que ponga el deseo de perdonar a estas personas y aun a usted mismo, y a confiar en que Él obrará sobre todo para bien.

3. Por fe, decida perdonar a los ofensores por iniciativa propia, dejando de lado lo que sus emociones o razones le digan. Exprese con palabras esta decisión a Dios. Confíe que Dios cambiará sus sentimientos de cólera y dolor cuando le parezca.

Siento como que he perdonado_____porque:

_____ Ya no me siento molesto. El perdón es que no hay el sentimiento de cólera.

_____ Soy capaz de justificar, comprender y explicar el comportamiento hiriente de la persona. Puedo ver algunas de las razones de porque lo hizo.

_____ Soy capaz de ponerme es su lugar y ver las cosas desde su punto de vista.

_____ Soy capaz de separar a las personas de sus actitudes. Perdonar es ser capaz de decir: " Lo que una persona hace y lo que es , son dos cosas diferentes".

_____ Estoy dándole el beneficio de la duda. Él no quiso dar a entender eso. El perdón dice que nadie es perfecto, es así que es necesario ignorar algunas cosas.

_____ Me digo a mi mismo "el tiempo cura todas la heridas". Estoy deseando ser paciente y continuar con mi vida. El perdón es un proceso que toma mucho tiempo.

_____ Estoy deseando olvidar todo acerca de esto. Perdonar es olvidar… es decir: " Solo olvidémoslo".

_____ Soy capaz de orar por la persona que me ha herido. Le he pedido a Dios que lo perdone.

_____ Estoy esperando que él venga y me pida perdón. Una vez que el haga esto, lo perdonaré. Estoy deseando perdonar.

_____ He enfrentado a esta persona con sus hábitos.

_____ Soy capaz de decir que no he sido realmente ofendido de mala manera. Disimulé que la ofensa en realidad no fue gran cosa.

_____ Soy capaz de comportarme como si nada hubiera pasado.

_____ He tratado de reconciliarme. El perdón dice que la relación rota debe ser restaurada.

_____ Estoy deseando ir a persona y decirle que lo he perdonado.

_____ Estoy deseando ser amable, darle un regalo, y "darle la otra mejilla".

_____ Estoy tratando de comportarme de una manera perdonadora.

_____ Trato de disimular que todo esta bien, continuar con mi vida y no tratar esos asuntos más.

En conclusión, el perdón no es ninguno de los puntos arriba indicados. Alguno de estos quizás le ayuden en el proceso de perdonar, o quizás sean productos del proceso del perdón, pero estos no son realmente lo mismo que el perdón.

Razones por las que no perdonamos

1. Orgullo: perdonar a alguien me hace parecer débil. Deseo ser fuerte y superior. Estoy en mi derecho y no tengo que dárselo. *Pero el orgullo es lo que me mantiene esclavizado y me impide crecer.*

2. No deseo dejar mi sistema de dar excusas. *Al principio la libertad puede ser aterrorizante, estoy fuera de mi zona de comodidad. Estaré aprendiendo una nueva y total manera de vivir si aprendo a perdonar.*

3. Si fuera a perdonar me sentiría fuera de control. Quiero sentir que estoy en control de las cosas y ser capaz de manejar a otros manteniendo deudas contra ellos. *La verdad es que estoy fuera de control cuando me aferro a mi dolor, soy uno de los que están esclavizados.*

4. Si perdono, quizás me hieran otra vez. *La verdad es que voy a ser herido otra vez por otros, no importa lo que haga por evitarlo. Así el asunto es: "¿Cuál es la mejor respuesta?" a estas ofensas que están por venir para que no viva en temor* *a controlado por otros.*

5. Si lo ignoro, el problema se irá. *El problema sólo se entierra y vuelve a aparecer más adelante. Las cosas sin resolver del pasado son traídas al presente.*

6. Venganza: La persona tiene que pagar por ello. Necesita ser castigado y aprender la lección. Quiero ejercer el derecho de ser juez. *No soy Dios, y tratar de actuar como Dios puede causar problemas. Venganza es del Señor.*

7. Falla en entender el amor y perdón de Dios para mí. *No puedo darle un regalo a alguien a menos que primero tenga algo que dar.*

8. Se ve tan fácil e injusto. Parece que estoy pasando por alto o condonando su pecado. *No, de hecho, estoy imputando y documentando la deuda y reconociendo que Jesús murió en la cruz por ese pecado.*

9. Esperar que la persona venga a mi primero. *Esto pasa muy raramente.*

10. La persona no se lamenta por lo que ha hecho. *Las posibilidades son que él nunca se lamentará. El perdón es en principio para mi beneficio. No necesito esperar.*

11. Si decido perdonar, estoy comportándome como un hipócrita porque no siento amor ni perdón. *La verdad es que soy un hipócrita si no perdono porque mi naturaleza real en Cristo es ahora una naturaleza perdonadora.*

12. Esperar por el momento "apropiado" y un "sentir ganas". *Nunca habrá un momento conveniente. Nunca "tendré ganas" de perdonar.*

13. Pensar que toma mucho tiempo. No tengo tiempo de perdonar. *El no perdonar no es una opción. Soy el que está sufriendo y está atribulado.*

14. Temor a los sentimientos que quizás sean producidos. *Dios sabe tan delicadamente sacar los sentimientos que necesitan ser curados. No me moriré ni me volveré loco.*

La Máquina de Desempeño y la Culpabilidad

...pero la ley no procede de la fe, antes bien quien
practique sus preceptos, vivirá por ellos.

Gálatas 3:12 (BJ)

Lección 8

Durante el verano, después de mi tercer año de estudios universitarios, estaba sentada en un estudio Bíblico cuando el líder mostró una caricatura de una mujer siendo llevada a un asilo de dementes. Su pastor le decía a otro miembro de la iglesia. "Realmente vamos a extrañar a esa mujer, ella hizo de todo en esta iglesia".

Aunque me reí con todos los del grupo, en mi interior me sentía como esa mujer. Estaba físicamente enferma, emocionalmente agotada, y espiritualmente seca porque mi vida estaba sobrecargada. Sabía que no podía seguir viviendo de la manera en que había estado viviendo desde que dejé la escuela secundaria. Esto sucedió cuando comencé a tener la idea de que era amada y aceptada sólo si era exitosa. A pesar que no reconocí esta creencia entonces, comenzó a afectar mi perspectiva de la vida.

Sentía como si nunca llegaba a la medida. Trabajaba y trabajaba, pero siempre sentía la necesidad de hacer algo más para sentirme realmente bien. Quería que la gente me aceptara y aprobara y realmente deseaba la aceptación y aprobación de Dios, pero nunca estuve segura como obtenerla. Pensé que Dios estaba decepcionado de mí y que Él nunca me aprobó totalmente. Llevaba una carga de culpabilidad y ansiedad.

Mi creencia que tanto la gente como Dios me amaban y aceptaban debido a mi conducta se volvió cada vez más dominante durante mis años de bachillerato. Estuve muy involucrada en el liderazgo de una organización de estudiantes cristianos, además estuve asistiendo a la universidad por una beca académica del colegio y tuve la determinación de graduarme con las notas más altas y honores.

Me sentía a punto de volverme loca.

Continuará...

La Máquina de Desempeño y la Culpabilidad- Lección Ocho

Jesús nos prometió vida abundante, sin embargo el obstáculo común para disfrutarla, es vivirla por nuestro propio esfuerzo en vez de vivirla por la fe en el Espíritu Santo. La vida motivada por el sentido de culpa nos dirige a hacer más esfuerzo para hacerlo mejor. Este punto de vista de la vida Cristiana basada en el desempeño es una creencia equivocada bastante común respecto de la fuente de nuestra identidad y valoración. Nuestro esfuerzo de ganar nuestra identidad y valor aparte de lo que Dios propone para nosotros, es descrito como vivir en "La Máquina de Desempeño" – [o Plataforma Rodante/Treadmill].

La Máquina de Desempeño

Vivir por la ley, por legalismo y/o por normas de conducta nos ponen sobre "La Maquina de Desempeño", el treadmill. Tratar de vivir la vida cristiana por la ley, el legalismo o por normas de conducta nos pueden traer muchos problemas devastadores:

- Físicamente–dolores de cabeza, presión alta, fatiga, desórdenes estomacales, problemas digestivos, desarreglos al dormir.

- En la conducta-espíritu crítico, esclavitud al trabajo, actividades religiosas compulsivas, dependencia de medicinas, conducta compulsiva, perfeccionismo, excesivo control, obrar según la carne, suicidio.

- Emocionalmente–tensión, cólera, miedo a equivocarse y al castigo, culpabilidad y ansiedad, depresión, desesperanza, desesperación, colapsos nerviosos.

- Mentalmente–escasa concentración, ansiedad crónica, negativismo, baja autoestima, autocensura, compasión de sí mismo, inseguridad de salvación, orgulloso, juzgador, santurrón, pensamientos equivocados de Dios, comparación de si mismo con otros.

- En las Relaciones-dependencia de la aprobación de otros, amor condicional para otros, rechazo de otros que no llegan a su medida, conflictos sin resolver, crítico, molesto.

Todo cristiano puede lograr la libertad de la "Máquina de Desempeño" – el Treadmill - evaluando nuestra comprensión de las siguientes tres ideas: Ley, Legalismo y Normas de Conducta.

La Ley Produce Religión, No Relación

La Ley es santa. justa y buena (Romanos 7:12).

La Ley revela que la obediencia perfecta es el patrón de conducta mínima de un

Dios justo y santo. La palabra "Ley" es usada 400 veces en la Biblia. La Ley demanda perfecta obediencia.

> ...porque tampoco conociera la codicia, si la ley no dijera: No codiciarás. De manera que la ley á la verdad es santa, y el mandamiento santo, justo y bueno.   Romanos 7:7b, 12 (RVR)

Vivir por la Ley es tratar de ganar la salvación.

La Escritura claramente enseña que nadie es justificado ante Dios cumpliendo la Ley, pero aun así optamos por creer que debemos hacer algo para Dios. Esto produce religión (el esfuerzo del hombre para ser aceptable a Dios), no relación (Gálatas 3:8-14).

> Y que por la ley ninguno se justificará para con Dios...
>
> Gálatas 3:11a (RVR)

La Ley ocasiona que el pecado crezca (Romanos 5:20).

La carne es hostil a la Ley de Dios y no es capaz de cumplirla. Vivir bajo la Ley lleva a la muerte. Si pudiéramos cumplir la Ley, no hubiera sido necesario que Cristo muriera. (Gálatas 2:21b).

> Y yo sin la ley vivía en un tiempo; pero venido el mandamiento, el pecado revivió, y yo morí. Y hallé que el mismo mandamiento que era para vida, a mí me resultó para muerte; porque el pecado, tomando ocasión por el mandamiento, me engañó, y por él me mató.
>
> Romanos 7:9-11 (RVR)

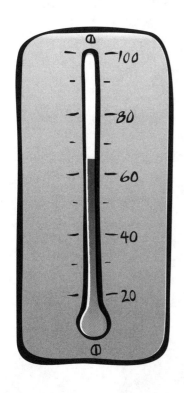

La Ley fue hecha para ser un termómetro, no un termostato. Un termómetro mide o da a conocer la temperatura. Pero el termóstato la controla. La Ley como un termómetro, nos revela nuestra condición en relación a las normas de Dios. Pero no nos produce la capacidad de lograr alcanzar esas normas.

La Ley fue dada por Dios para exponer y revelar nuestra condición pecaminosa.

Dios nunca proyectó que nosotros vivamos por la Ley, porque jamás podemos llenar totalmente sus requerimientos. Su propósito es llevarnos hacia Cristo (Gálatas 3:24).Cristo cumplió la Ley perfectamente y nos ha redimido de la maldición de la Ley.

Cuando tratamos de cumplir la Ley, tratamos de ganar nuestra salvación por nuestras obras, "tratando de hacer el bien". Sin embargo Cristo es la única Persona que ha cumplido la Ley perfectamente, y nos ha librado de su maldición. El nos ofrece salvación no como algo que tengamos que ganar cumpliendo la Ley sino como un regalo que viene de Dios, que recibimos por fe en Cristo. Aceptando esta obra de gracia en nuestras vidas trae como resultado la vida eterna.

Podemos liberarnos de la "Maquina de Desempeño" evaluando nuestra comprensión de las siguientes tres ideas. Ley, Legalismo y Normas de Conducta.

Comprendiendo que pasa al momento de la salvación nos ayuda a entender como la Ley se relaciona al legalismo y a las normas de conducta. En la salvación canjeamos nuestros esfuerzos de justicia (hacer cosas buenas aparte de Dios) por la justicia de Cristo, Su "manto de Justicia" (Isaías 61:10).

> Si bien todos nosotros somos como suciedad, y todas nuestras justicias
> como trapo de inmundicia...   Isaías 64:6a (RVR)

Cristo tomó nuestros pecados y nos otorgó Su justicia, y sobre esa base, somos hechos aceptables a Dios. Quizás no siempre nos sintamos justos o actuemos justamente, pero somos justos debido a Cristo.

> Al que no conoció pecado, por nosotros lo hizo pecado, para que
> nosotros fuésemos hechos justicia de Dios en él.
>   2 Corintios 5:21 (RVR)

El Legalismo Produce Autojustificación, No amor

Usar la Ley apropiadamente es bueno, pero el uso de la Ley desacertadamente nos conduce al legalismo.

El legalismo es tratar de ganar aceptación o bendición de Dios obedeciendo la Ley.

Nos enfocamos en nuestra habilidad la cual nos ocasiona que midamos nuestra espiritualidad (aceptación ante Dios) a base de lo que hacemos en vez de a base de quienes ha hecho Dios que seamos en Cristo.

Este problema de tratar de vivir la vida Cristiana en esclavitud a la Ley no es nada nuevo. Fue tan predomínate en la Iglesia primitiva que Pablo escribió una carta a la iglesia de Gálatas para corregir este asunto.

> ¡Oh gálatas insensatos! ¿quién os fascinó para no obedecer á la
> verdad, a vosotros ante cuyos ojos Jesucristo fue ya presentado
> claramente entre vosotros como crucificado? Esto solo quiero saber de
> vosotros: ¿Recibisteis el Espíritu por las obras de la ley, o por el oír con
> fe? ¿Tan necios sois? ¿Habiendo comenzado por el Espíritu, ahora vais
> a acabar por la carne?   Gálatas 3:1-3 (RVR)

> ...porque si la ley dada pudiera vivificar, la justicia fuera
> verdaderamente por la ley.   Gálatas 3:21b (RVR)

El legalismo tuerce la Ley de Dios para hacer posible el cumplirla.

Jesús amplió la Ley (reveló Su propia interpretación) para que pudiéramos darnos cuenta que no éramos capaces de cumplirla. Los Fariseos de los días de Jesús, habían creado cientos de leyes adicionales para asegurarse de que ellos no romperían la Ley de Dios. Jesús resumió la Ley en "Amaras a Dios con todo tu corazón, con toda tu mente, con toda tu alma y con todas tus fuerzas y a tu prójimo como a ti mismo" (Mateo 22:37). El legalismo nunca podrá llenar este mandamiento (Mateo 5:17-48).

El legalismo causa que nos enfoquemos en nosotros mismo y nos produce autojustificación.

Autojustificación es el hombre tratando de lograr lo que percibe sean las expectativas de Dios para nosotros y esto produce fracaso y apagón espiritual (Romanos 7:9-11, 18-24).

El cuadro de abajo nos ayuda a ver la relación entre la Ley el legalismo y las normas de conducta.

Creemos que si nos esforzamos más o si estamos "obrando para hacer cosas buenas" podremos lograr las expectativas de Dios. Seremos entonces más espirituales y "mejores cristianos". Creemos que ganaremos las bendiciones de Dios para nuestra vida.

Esforzarnos más duro u obrar para hacer cosas buenas, puede incluir leer la Biblia más, orar más, estar en la Iglesia más tiempo, enseñar en la Escuela Dominical o compartir la fe con otros. Todas estas actividades son cosas buenas que pueden mejorar su relación con Dios, pero si nuestro motivo es vivir a la medida de nuestra percepción de las expectativas que Dios tiene de nosotros, entonces estamos destinados al fracaso. Cuando tenemos problemas en la vida creemos que estamos siendo castigados por Dios o que Dios no nos protegió porque no estuvimos haciendo lo suficiente. Decidimos que la vida Cristiana es demasiado difícil y dejamos de intentarlo o decidimos tratar más duro hasta que nos fundimos como un fusible. Si creemos que lo intentamos mucho y que sí hicimos lo suficiente entonces nos molestamos con Dios porque Él no hizo Su parte en bendecidnos o protegernos. Al contrario, hemos recibido toda la Justicia de Cristo en la Salvación, ¿cuánto más espirituales podemos ser? ¿Cómo es posible que podamos hacer más para ser mejores cristianos cuando ya tenemos toda la justicia de Cristo?

La solución es darnos cuenta que la gracia de Dios nos da las bendiciones en nuestras vidas. Nuestra espiritualidad es Cristo obrando a través de nosotros, no todas esas cosas que hacemos como cristianos. No más haremos una "buena obra" a fin de ganar algo de Dios. En su lugar recibimos Su gracia y enfoque en

	CREENCIAS CORRUPTAS	RESULTADO
LEY	La salvación es ganada haciendo el bien.	Separación de Dios.
LEGALISMO	La espiritualidad es conseguida haciendo el bien.	Autojustificación, desgaste, fracaso.
NORMAS	Nuestro valor es determinado por el bien que hacemos.	Orgullo, miedo al rechazo y al fracaso, baja autoestima.

el desarrollo de una relación intima con Él y el permitirle a Él vivir a través de nosotros. Sólo entonces nuestra vida Cristiana se torna en gozo en vez de una carga.

Las Normas producen Esclavitud, No Libertad

Vivir por normas de conducta es nuestro intento de encontrar valor e identidad aparte de una relación con Jesús.

Fuimos creados con una necesidad de aceptación incondicional. Sin embargo el sistema del mundo no nos acepta sobre la base de quienes somos sino sobre la base de lo que hacemos. Debido a que el mundo avalora al hombre en función del desempeño, nos hemos acomodado a la idea de aceptación personal basada en el desempeño, en un esfuerzo de ganar valor propio. Nuestro deseo de aceptación, aprobación y valor es tan fuerte, que cuando no es llenado, creamos normas de conducta. Entonces tratamos de cumplir con esas normas a fin de darnos el sentido de aceptación y aprobación que tanto deseamos. Las cosas que nos dan la aceptación y aprobación que deseamos se convierten en parte de nuestro estilo de vida.

Estas normas que gobiernan nuestras vidas son tan exigentes como cualquiera de las Leyes de Dios. Ellas demandan un desempeño perfecto, producen culpabilidad, crean un sentido de miedo y temor, nos esclavizan, y destruyen relaciones. Las normas nos fuerzan a tratar de ser la persona que pensamos que otros quieren que seamos. **No podemos ser lo que somos.** Nos convertimos en farsantes. El miedo al rechazo y a la desaprobación es tan grande que continuamente reforzamos las normas de conducta que hemos adoptado. Debido a que nuestras normas demandan perfección, no tenemos más alternativa que tratar de ser perfectos.

Al referirnos otra vez a la tabla de abajo, nos damos cuenta que el problema es tratar de lograr nuestro valor a través de lo que hacemos, "obrando para hacer el bien". Pero si recibimos la justicia de Cristo en la salvación ¿Cuán más dignos podemos ser? Nuestro valor no viene de lo que nosotros hacemos, sino de lo que Dios propone que seamos. Por tanto, podemos canjear la máquina del desempeño que trata de hacer más o mejor la cosas, por la tranquilidad de saber que tenemos gran valor y significancia a través de Jesús.

> Nuestro valor no viene de lo que hacemos, sino de lo que Dios ha planeado que seamos.

VERDAD	APLICACIÓN	RESULTADO
La salvación es un regalo de la gracia de Dios.	Poner la fe sólo en Cristo.	Vida Eterna.
Espiritualidad es Cristo viviendo en mí.	Depender del Espíritu Santo que vive en mí.	Libertad y gozo en la vida.
Mi valor se basa en lo que Dios ha planeado que yo sea.	Aceptar por fe nueva identidad en Cristo .	Seguridad y paz en la vida.

Las normas de conducta son cualquiera medida objetiva, o ideal que nosotros u otros deben suplir a fin de ser aceptables.

Las normas personales que mantenemos tienen muchas fuentes:

- Iglesia u organizaciones religiosas
- Familia
- Cultura o sociedad
- Nuestros iguales
- La comparación de nosotros mismos con otros

El vivir por normas afecta como nos vemos a nosotros mismos y a otros.

Juzgándonos a nosotros mismos por las normas produce ya sea orgullo o vergüenza. También nos ocasiona que juzguemos a otros como inaceptables cuando ellos no cumplen con nuestras normas. Frecuentemente tratamos de adoptar las normas de otros para obtener su amor y aceptación.

Dudley Hall, en su libro *"Grace Works"* [Obras de Gracia], explica qué pasa cuando vivimos por nuestras propias normas en vez de la Justicia de Cristo.

> "Si Usted esta buscando su propia identidad, será para siempre autoconciente, siempre conciente de su desempeño y de sus fracasos, siempre se lamentará que no hizo lo mejor, o haciendo alarde de que lo hizo bastante bien después de todo. Estará extremadamente alerta a las fallas de otra gente, estará en una batalla continua con su espíritu criticón. Y estará muy alerta de cómo esta siendo percibido por otros, por tanto luchará con el temor al rechazo y con un espíritu de complacer a todo el mundo."

La Máquina de Desempeño produce ciclos de "Inténtalo más duro" y "Abandónalo".

Cuando tratamos de seguir nuestras normas o las normas de otros, recibimos mensajes positivos los cuales nos motivan hacia un mayor esfuerzo. Sin embargo, eventualmente nos cansamos y fallamos, llevándonos esto al "abandono". En la etapa del "abandono", recibimos mensajes que nos avergüenzan y refuerzan nuestras creencias equivocadas acerca de nosotros mismos. La aflicción por la culpa y la vergüenza luego nos motiva una vez más a "Intentarlo más duro" para cumplir nuestras normas. Eventualmente nos cansaremos y lo abandonaremos otra vez. Continuaremos repitiendo este ciclo hasta que nos demos cuenta que no estamos realmente logrando nuestras metas de ganar aceptación, aprobación o valor. Dios desea para nosotros que cesemos de luchar y descansemos en Su aceptación incondicional.

Confiando que el Espíritu Santo viva a través de nosotros, gozaremos el descanso que Jesús prometió en Mateo 11:28-30.

> Venid á mí todos los que estáis trabajados y cargados, y yo os haré descansar. Llevad mi yugo sobre vosotros, y aprended de mí, que soy manso y humilde de corazón; y hallaréis descanso para vuestras almas; porque mi yugo es fácil, y ligera mi carga.   Mateo 11:28-30 (RVR)

El siguiente diagrama, adaptado del libro de Jeff VanVonderen, *Tired of Trying to Measure Up*, [Cansado de tratar de Lograrlo] ilustra el ciclo que la Máquina de Desempeño crea.

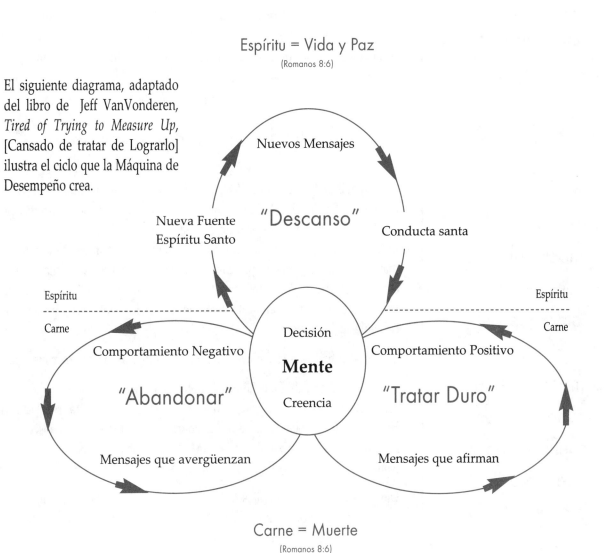

Espíritu = Vida y Paz
(Romanos 8:6)

Nuevos Mensajes

"Descanso"

Nueva Fuente
Espíritu Santo

Conducta santa

Espíritu

Carne

Comportamiento Negativo

Decisión

Mente

Creencia

Comportamiento Positivo

Espíritu

Carne

"Abandonar"

"Tratar Duro"

Mensajes que avergüenzan

Mensajes que afirman

Carne = Muerte
(Romanos 8:6)

Cuando nos encontramos sobre la Maquina del Desempeño, necesitamos preguntarnos a nosotros mismos:

- ¿Estoy aun tratando de ser tan bueno como para ir al Cielo?
- ¿Estoy tratando de tener la aprobación, el amor y la aceptación de Dios haciendo lo bueno para Él?
- ¿Siento que Dios no me ama cuando fallo o que no hay manera que yo le guste a Él?
- ¿Cuáles son las normas que estoy tratando de cumplir?
- ¿Cumpliendo mis normas me da un sentido de valor?
- ¿Cómo juzgo el valor de aquellos que me rodean?

Entonces necesitamos recordar quien es realmente nuestro Padre Celestial y descansaremos en Su amor y aceptación incondicional. Creyendo quienes somos realmente como Sus hijos saciaremos nuestra necesidad por significancia y valor. Experimentaremos libertad cuando rechacemos la Máquina – el treadmill, y confiemos en el Espíritu Santo que vive en nosotros.

El Sentido de Culpabilidad

La culpabilidad es reconocida como una de las más penosas y destructivas emociones. La culpabilidad y el temor, así como otras emociones extremas no son parte del carácter de Dios, son un resultado del pecado. La culpabilidad es tan universal y tan profundamente arraigada en el comportamiento humano que la mayoría de nosotros la acepta como una emoción básica y normal en nuestra experiencia diaria. Nos hemos vuelto tan condicionados a ella que creemos que la culpabilidad es un método Bíblico que el Espíritu Santo usa para declararnos culpables del pecado.

La culpabilidad es una violación o fracaso en lograr una norma específica.

La verdadera culpabilidad Bíblica es definida como, "una contradicción entre el comportamiento de uno y el carácter de Dios, como esta revelado en la Escritura". Todos hemos fracasado en lograr el carácter justo de Dios. Al darnos cuenta que nuestra culpabilidad, según la Palabra de Dios, sufrimos una aflicción Santa que nos lleva a ocuparnos de la causa de nuestra culpabilidad (pecado).

Dios desea liberar a Sus hijos de la esclavitud de la culpabilidad que viene de nuestro fracaso por lograr ya sea la norma o la justicia de Dios o nuestra auto-imposición de reglas y regulaciones.

La culpabilidad es reconocida por los síntomas que produce.

- Autocondenación: La constante inculpación de uno mismo nos puede llevar a la depresión.
- Autocastigo: Algunas formas de castigos infligidos sobre uno mismo, usualmente para pagar por algún acto pecaminoso.

> Dios desea que cesemos de batallar y que descansemos en Su aceptación incondicional.

> La culpabilidad emocional es "el sentimiento de culpa que viene cuando el comportamiento de uno entra en conflicto con su sistema de creencias."

- Depresión: El resultado final de la culpabilidad que no ha sido resuelta.
- Sentido de Desaprobación: El resultado de expectativas de uno mismo o de otros que no han sido suplidas.
- Síntomas Físicos: Pueden incluir dolores de cabeza, fatiga e insomnio.
- Racionalización: Un intento por contrarrestar los sentimientos de culpabilidad por la justificación de las acciones de uno.
- Compensación: Otro intento por contrarrestar los sentimientos de culpabilidad haciendo cosas consideradas buenas en un intento por calmar la conciencia.
- Cólera: Un sentimiento de hostilidad contra aquellos que parecen azuzar a los sentimientos de culpabilidad.
- Santurrón: comportamiento ejemplar el cual es a menudo un intento por disimular sentimientos internos de culpa.
- Miedo y Terror: Dos emociones estrechamente relacionadas, a menudo asociadas con sentimientos de culpabilidad no resueltos.

La culpabilidad no resuelta crea una dependencia nociva en nuestros sentimientos.

Esto nos impedirá de escuchar y responder a la voz del Espíritu Santo. El sentimiento de culpabilidad puede fácilmente volverse en nuestra autoridad final para lo que es bueno o malo. Cuando esto pasa pensamos que lo que sentimos bueno es bueno y lo que sentimos malo es malo, sin importar lo que la Biblia tenga que decir. Una sierva cristiana justificó su aventura amorosa basada en sus sentimientos, diciendo, "Usted no me puede convencer que lo que siento que es tan bueno es malo."

Los sentimientos de culpa pueden causar que nos enfoquemos en los síntomas en vez de la causa. La culpa es tan dolorosa que nos enfocamos en deshacernos de ella, en vez de ocuparnos de la raíz que la ocasionó.

Cuando estamos motivados por la culpa, nos empeñamos en realizar actividades dirigidas a aliviar o quitar el sentimiento de culpa. El rey David, en un esfuerzo por tapar la culpa de su adulterio, organizó el asesinato del esposo de Betsabé (2 Samuel 11).

Los sentimientos de culpa pueden conducir a una tristeza mundana. Esta tristeza es mejor caracterizada por la culpabilidad creada cuando uno es cogido, en vez de tener tristeza por el error cometido. Mucha gente, incluyendo cristianos, seguirán cometiendo pecado mientras sientan que no serán cogidos.

La solución de Dios para nuestra culpabilidad es la cruz.

Nuestra culpa delante de Dios no pudo ser soslayada o ignorada, pero de algún modo tenía que ser removida. Esta podía ser quitada solamente por Jesús aceptando voluntariamente nuestra culpa y pagando nuestra deuda - la paga del pecado es muerte (Romanos 6:23). La muerte de Cristo en la cruz nos ha provisto

¡Como creyentes en Cristo, somos declarados... SIN CULPA!

En la cruz Jesús tomó el castigo por nuestros pecados y rompió el poder del pecado. La confesión no es algo que hacemos, sino la fe que ejercitamos. El perdón no es algo que buscamos, sino algo que poseemos!

de un total y completo perdón. Como creyentes en Cristo, somos declarados "libres de culpa" por Dios. Cristo tomó la culpa y el castigo por todos nuestros pecados y nos dio Su justicia.

Dios misericordiosamente ha tomado a cargo el hecho de nuestra culpa a través de la muerte de Cristo en la cruz. Debemos ver nuestro pecado a la luz de la Cruz o experimentaremos culpabilidad no resuelta. Esta culpa sin resolver nos arrebata el gozo de experimentar el perdón y la gracia que Dios nos da. La culpabilidad nos causa distanciamiento de Dios y de otros.

La confesión nos permite gozar el perdón y la gracia de Dios.

Hay mucha confusión y malentendido acerca de la confesión de nuestros pecados. La palabra "confesar" no significa "pedir perdón". Significa "estar de acuerdo con Dios". No hay necesidad de pedir lo que ya se nos ha dado, total perdón. Más bien, debemos reconocer nuestro pecado y agradecerle porque ya hemos sido perdonados. Debemos también estar de acuerdo con Dios en lo concerniente a la verdad acerca de nuestra nueva identidad en Cristo porque, cuando pecamos, estamos viviendo en contradicción a lo que realmente somos..

> Si decimos que no tenemos pecado, nos engañamos á nosotros mismos, y la verdad no está en nosotros. Si confesamos nuestros pecados, él es fiel y justo para perdonar nuestros pecados, y limpiarnos de toda maldad.
> 1 Juan 1:8-9 (RVR)

¿Por qué es importante confesar nuestros pecados? El tipo correcto de confesión es el medio que Dios usa el cual nos permite gozar de lo ya tenemos y para que seamos llenados con Su Espíritu. Lo que debemos recordar es que la confesión no es algo que hacemos para recibir perdón. Confesión es reconocer por fe lo que Cristo ya ha llevado a cabo por nosotros.

> Así que, ofrezcamos siempre a Dios, por medio de él, sacrificio de alabanza, es decir, fruto de labios que confiesan su nombre.
> Hebreos 13:15 (RVR)

La palabra "confiesan" es este versículo es la misma palabra traducida de "confesar" en 1 Juan 1:9. La confesión es una expresión de fe y agradecimiento por el pago hecho por Cristo por nuestros pecados.

En cualquier momento que hacemos algo que es inconsistente ya sea con la Palabra de Dios o con Su carácter, el Espíritu de Dios usa la Palabra para revelarnos nuestras decisiones o comportamientos equivocados o pecaminosos. Hebreos 4:12 nos dice que la Palabra de Dios es viva y eficaz, y más penetrante que toda espada de dos filos: y que alcanza hasta partir el alma, y aun el espíritu, y las coyunturas y tuétanos, y discierne los pensamientos y las intenciones del corazón. En respuesta reconocemos por fe que la Palabra de Dios es verdad, que lo que hicimos estaba mal y que lo que Cristo ha hecho es correcto.

Dios no usa la culpabilidad o el miedo para motivarnos. En su lugar, Él nos motiva con Su amor y gracia. El Espíritu Santo revela la verdad a nuestro entendimiento y obra en nosotros, así el querer como el hacer por Su buena voluntad (Filipenses 2:13) A medida que conocemos y recibimos más del amor de Dios, más deseamos hacer aquellas cosas que le agradan.

El Recibir el Amor y Aceptación Incondicional de Dios Produce Libertad

La libertad viene de vivir por fe en la gracia de Dios.

La palabra "gracia" significa "aquello que causa gozo, agrado, gratificación, beneficio o aceptación. Un beneficio hecho sin expectativa de restitución; la absoluta libertad del amor de Dios a los hombres encontrando su único motivo en la generosidad y benevolencia del Dador; favor no ganado e inmerecido" (Spiros Zodhiates, The complete Word Study Dictionary). En Su gracia, Dios nos ha hecho valiosos y nos ha dado una nueva identidad. Esto solo puede ser experimentado por fe y no a través del esfuerzo propio.

La Libertad viene de responder a la dirección del Espíritu Santo.

Dios nos ha dado Su Espíritu Santo, así podemos vivir dependiente de Su vida dentro de nosotros en vez de vivir por reglas externas (leyes o legalismo) y normas (Juan 6:63, Gálatas 5:16). Dependiendo del Espíritu Santo, experimentamos nuestra nueva identidad, experimentamos Su amor incondicional, y lo conocemos como el Padre que Él realmente es (Efesios 3:16-18). A medida que confiamos en el Espíritu Santo, Él cambia nuestros pensamientos y creencias, y transforma nuestras vidas (Romanos 12:1-2).

RESUMEN:

1. Vivir por la Ley, legalismo, y/o normas de conducta nos coloca sobre "La Máquina de Desempeño" – el treadmill, y produce el ciclo de "tratar más duro" y "darse por vencido"

2. Vivir por la Ley es tratar de ganar la salvación a través del cumplimiento de los mandamientos de Dios. Este esfuerzo propio produce religión no relación.

3. El legalismo es tratar de ganar aceptación o bendición de Dios a través de la obediencia de la Ley. Este esfuerzo propio produce justificación propia, no amor.

4. Las normas son cualquiera medida objetiva o ideal que debe ser suplida a fin de ser aceptables a nosotros mismos o a otros. Este esfuerzo propio produce esclavitud no libertad.

5. La libertad del esfuerzo propio y de la "Máquina de Desempeño" viene al recibir la aceptación incondicional de Dios y de descansar en el poder del Espíritu Santo para que obre en nosotros.

El verano antes de mi último año en la universidad, a través de un pequeño grupo de estudio Bíblico, comencé a aprender acerca de mi identidad en Cristo, y aprendí a verme a mí misma de una nueva manera. Me di cuenta que Dios no mira lo que yo hago pero si le importa quien soy. Descubrí que tenia un pensamiento erróneo de quién era Dios. Cuando hablamos del legalismo y de las normas, las cosas comenzaron a cambiar en mi vida.

Me di cuenta que me había creído capaz de ser suficientemente buena para Dios haciendo todas las cosas buenas que yo pensaba que debía hacer. Dios me mostró que las actividades y disciplinas nunca serán un reemplazo a la fe en El. Yo había tomado herramientas diseñadas para ayudarme a conocer a Dios y las había usado como normas para medir mi aceptabilidad a El. En ese momento, me vi a mi mismo como el árbol que es usado para ilustrar las tres partes de la naturaleza humana. Vi fruto por todo el árbol, pero estaban sujetos artificialmente con goma en vez de crecer naturalmente de las ramas. Dios me mostró que necesitaba abandonar esa imitación de fruto en mi vida y concentrarme en mi espíritu, las raíces de mi vida.

Comencé a ver que necesitaba un gran cambio en mi vida. Necesitaba creer que Dios me aceptaba, y que Su responsabilidad es darme fuerzas a medida que lo seguía por fe. Cuando volví al colegio en otoño, renuncié a algunos de mis compromisos. Sabía que no los había aceptado de Dios sino debido a mi propio intento de ser aceptado por Él.

Dios inmediatamente derramó Su gracia sobre mí a través de mi novio. Cuando le dije que estuve renunciando a algunos de mis compromisos, él creía que Dios me había hablado. El aceptó mi decisión y afirmó que era la elección correcta. Esa fue una afirmación tangible para mí que Dios me amaba y que estaba involucrado en mi vida porque una persona que me conoce muy bien vio a Dios obrando en mi.

Estuve sorprendida por la libertad que sentí. De repente tuve tiempo para seguir conociendo a Dios en vez de persuadirlo a que me acepte. Comencé a conocer la largura, anchura, altura y profundidad del amor de Cristo. Mis momentos de meditación eran antes un deber, pero ahora son un gozo. En vez de ser conciente de cuánto y cuán bien lo estoy haciendo, soy conciente de Dios. Ahora no tengo que obrar lo suficientemente duro para hacerme merecedora de ir hacia la presencia de Dios. Tengo verdaderamente la libertad para ir.

Soy libre de crecer y de explorar lo que Él propone que yo sea. He aprendido que Dios me ha hecho única y que la manera de encontrar a Dios quizás no sea la misma que la de otra gente que me rodea. Por ejemplo, me gusta leer libros, Dios me da visiones momentáneas de Él mismo a través de los personajes a medida que leo.

Mi vida no cambió instantáneamente. Aun ahora, algunas veces escucho una voz dentro de mi que me dice que soy culpable y que aun no alcanzo a la medida, pero ahora sé la verdad. Puedo responder a la voz con la certeza que Dios está obrando en mi. A medida que escucho Su Espíritu Santo, Él me guía dentro de los lugares y situaciones que Él ha planificado para mí. No necesito constantemente buscar maneras de medir cuanto valgo. Dios me ha aliviado de una monstruosa carga y la ha reemplazado con Su gozo.

Juliana- Profesora

La Máquina del Desempeño y la Culpa – Día Uno

Meta: Entender el propósito de la ley de Dios e identificar como la podría estar usando erróneamente en mi vida.

1. Complete las siguientes oraciones:

   Dios estaría más complacido conmigo si . . .

   Sería un buen/mejor Cristiano si yo pudiera . . .

   Siento que Dios espera que yo . . .

   Dios está decepcionado conmigo cuando yo . . .

   Las respuestas a estas preguntas pueden revelar que estas tratando de ser "lo suficientemente bueno" como para ir al cielo o ser amado o aceptado por Dios.

   La Ley (del antiguo testamento) es un patrón externo objetivo que expresa las expectativas de un Dios justo y santo, Jesús resumió la ley en dos mandamientos: "Amar al Señor tu Dios" y "Amar a tu prójimo como a ti mismo" La ley revela cómo se traduce esto en términos del comportamiento humano.

2. ¿Qué revela cada uno de los siguientes versículos acerca del propósito de la Ley de Dios?

   > Pero sabemos que la ley es buena, si uno la usa legítimamente; conociendo esto, que la ley no fue dada para el justo, sino para los transgresores y desobedientes, para los impíos y pecadores...
   >
   > 1 Timoteo 1:8-9a (RVR)

   > Entonces, ¿para qué sirve la ley? Fue añadida a causa de las transgresiones, hasta que viniese la simiente á quien fue hecha la promesa; y fue ordenada por medio de ángeles en mano de un mediador.
   >
   > Gálatas 3:19 (RVR)

   > De manera que la ley ha sido nuestro ayo, para llevarnos á Cristo, a fin de que fuésemos justificados por la fe.
   >
   > Gálatas 3:24 (RVR)

De Cristo os habéis separado, vosotros que procuráis ser justificados por la ley; de la gracia habéis caído.

Gálatas 5:4 (LBLA)

La Ley no es el Evangelio. La ley fue concebida para ser un "termómetro, no un termostato". Revela nuestra condición en relación con las normas de Dios, pero no nos hace capaces de alcanzar esas normas. El propósito principal de la Ley es revelarnos la santidad de Dios y nuestra necesidad de Él.

3. Lea Romanos 7:5-8.

¿Qué provoca la Ley?

¿Cómo nos liberamos de la Ley?

¿Qué es lo que la Ley le muestra?

El Evangelio son las buenas nuevas acerca de la gracia de Dios en respuesta al pecado del hombre (fracaso en amar a Dios y a otros). La palabra "gracia" significa, "eso que causa gozo, agrado, gratificación, beneficio o aceptación. Un beneficio hecho sin expectativa de restitución; la absoluta gratuidad del amor de Dios a los hombres encontrando su único motivo en la generosidad y benevolencia del Dador; favor no ganado e inmerecido". (Spiros Zodhiates, *The Complete Word Study Dictionary*)

Porque por gracia sois salvos por medio de la fe; y esto no de vosotros, pues es don de Dios; no por obras, para que nadie se gloríe.

Efesios 2:8-9 (RVR)

4. Tómese unos minutos expresando su gratitud a Dios por el libre regalo de la salvación, personalizando y orando los versículos citados anteriormente.

La Máquina del Desempeño y la Culpa – Día Dos

Meta: Evaluar cómo estoy tratando de suplir mi necesidad de aprobación y aceptación y de recibir la aceptación y aprobación de Dios.

Si ya esta convencido que es salvado por gracia y no por cumplir la Ley, ¿puede continuar viviendo en la "Maquina del Desempeño"? Usted aun lo está si está tratando de obtener aceptación y aprobación de Dios, de otros o de usted mismo cumpliendo la Ley o las normas.

1. Para descubrir si esto es verdad, vea la pregunta 1 del Día Uno. ¿Qué es lo que sus respuestas revelan?

2. ¿Cómo o qué esta tratando de hacer para ganar la aceptación y aprobación de Dios?

3. ¿En qué áreas se siente usted rechazado por Dios? ¿Siente rechazo porque ha fallado en cumplir los mandamientos de Dios o porque ha creído en una mentira acerca de usted mismo o de Dios?

8.17

4. ¿Qué le dicen los siguientes versículos de su aceptación o aprobación por Dios?

> [Cristo nos ha reconciliado] ... en su cuerpo de carne, por medio de la muerte, para presentarnos santos, y sin mancha, é irreprensibles delante de él;
>
> Colosenses 1:22 (RVR)

> Ahora, pues, ninguna condenación hay para los que están en Cristo Jesús, los que no andan conforme á la carne, sino conforme al espíritu.
>
> Romanos 8:1 (RVR)

> ...según nos escogió en él antes de la fundación del mundo, para que fuésemos santos y sin mancha delante de él.
>
> Efesios 1:4 (RVR)

> Por tanto, recibíos los unos á los otros, como también Cristo nos recibió, para gloria de Dios.
>
> Romanos 15:7 (RVR)

5. La aprobación y aceptación de Dios a nosotros no esta basada en nuestro desempeño pero sí en lo que somos: Sus hijos nacidos del Espíritu. Decida aceptar por fe lo que Dios dice en Su Palabra y recibir la aprobación y aceptación de Dios. Escríbale unas palabras de agradecimiento.

La Máquina del Desempeño y la Culpa – Día Tres

Meta: Reconocer cualquier patrón o norma de conducta por el cual estoy viviendo y aprender lo que significa caminar por el Espíritu.

Muchas veces vivimos "pegados a las reglas" o "mantenemos ciertas normas de conducta" a fin de estar seguros que vivimos una vida piadosa y que somos aceptados por otros. Podemos sentir temor que perderemos el control de nuestra vida si paramos de tratar de cumplir nuestras normas. Sin embargo, la verdad es que viviendo por reglas autoimpuestas no tienen ningún valor para "reprimir la sensualidad" (la carne). ¡De hecho, de acuerdo a Romanos 7, las reglas realmente nos incitan al pecado!

> Mas el pecado, tomando ocasión por el mandamiento, produjo en mí toda codicia; porque sin la ley el pecado está muerto.
> Romanos 7:8 (RVR)

> Porque el pecado, tomando ocasión por el mandamiento, me engañó, y por él me mató.
> Romanos 7:11 (RVR)

1. A medida que usted crecía, ¿Cuáles fueron algunas de las reglas familiares o normas (habladas o entendidas) con las que usted estaba acostumbrado a vivir?

2. ¿Cuáles son algunas de las normas de su iglesia que usted sentía que necesitaba cumplir para ser considerado un "buen cristiano"?

3. Escriba una norma que usted usa para juzgar si otros son aceptables o tienen valor. (Clave: ¿Qué es lo que lo irrita? Cuando otros no se amoldan, ¿usted se molesta?)

4. De acuerdo a Colosenses 2:20-23, el vivir por normas y leyes parece ser beneficioso, pero realmente no trae beneficio alguno (no nos hace mostrar amor en nuestras acciones y actitudes) En sus relaciones, ¿Cuáles son algunas de la consecuencias negativas de vivir por la Ley o las normas?

5. Haga una lista de las normas que ha usado para medir su valor o para ganar aceptación. Una a una, déle sus normas a Dios, reconociendo que vivir por normas nunca le dará el poder de amar a Dios o a otros. Agradezca a Dios que estas normas no están es Sus demandas hacia usted.

6. Pídale a Dios que le enseñe como "caminar por el Espíritu" en vez de caminar en la "carne" (viviendo por Leyes y normas) Medite en los siguientes versículos y en lo que significa para su vida diaria. Escriba en una ficha de 3 x 5 o en un Post-it y póngalo donde pueda verlo frecuentemente .

> Con Cristo estoy juntamente crucificado, y ya no vivo yo, mas vive Cristo en mí; y lo que ahora vivo en la carne, lo vivo en la fe del Hijo de Dios, el cual me amó y se entregó a sí mismo por mí. 21 No desecho la gracia de Dios; pues si por la ley fuese la justicia, entonces por demás murió Cristo.   Gálatas 2:20-21 (RVR)

La Máquina del Desempeño y la Culpa – Día Cuatro

Meta: Descubrir la diferencia entre vivir sobre la máquina del desempeño y vivir y caminar en la libertad del Espíritu.

1. Lea Gálatas 3:2-3. ¿Cuál es su parte en vivir por el Espíritu?

En vez de vivir por reglas externas debemos vivir y caminar por el Espíritu, respondiendo por fe a Sus señales internas. "Caminar" infiere un continuo proceso, una dependencia continua en el Espíritu Santo. Nuestra parte es responder a Su dirección, y la parte de Dios es facultarnos a vivirla con Su vida sobrenatural.

2. Lea la cartilla "El viejo camino de la Ley vs. El nuevo camino del Espíritu" en la pagina 8.28-29. Anote cualquier vieja manera de vivir bajo la Ley que se aplique a usted. Pídale a Díos que comience a hacer del nuevo camino del Espíritu su propia experiencia.

Jesús invita a todo aquel que está cansado, fatigado y frustrado de tratar de vivir la vida cristiana con sus propios esfuerzos a venir a El y descansar. La palabra "descansar" significa dejar de vivir la vida cristiana por su propio esfuerzo. Es colocar nuestra fe en Jesús, y permitir que El viva Su vida a través de nosotros.

> Venid a mí todos los que estáis trabajados y cargados, y yo os haré descansar. Llevad mi yugo sobre vosotros, y aprended de mí, que soy manso y humilde de corazón; y hallaréis descanso para vuestras almas; porque mi yugo es fácil, y ligera mi carga.   Mateo 11:28-30 (RVR)

3. Describa algunas de sus "luces rojas" (indicadores) que le indican que no está descansando en Jesús (confiar en Él para que viva a través de usted).

   Ejemplos:
   - Cuando me vuelvo ansioso y tenso por todo lo que tengo que hacer.
   - Cuando pienso que Dios está disgustado o decepcionado conmigo por alguna falla en mi vida (y siento vergüenza y condenación).

4. Para cada uno de los ejemplos citados antes describa cómo podría descansar en Jesús.

Ejemplos:

- Cuando estoy tenso echo todas mis preocupaciones sobre Él. Le doy mi lista de quehaceres, así como mis expectativas, y confío en que Él me facultará y dirigirá mi día.

- Cuando fallo, estoy de acuerdo con Dios en lo concerniente a mi pecado y le agradezco no sólo porque me ha perdonado, sino porque me ha hecho aceptable. Decido renovar mi mente con la verdad acerca de mi nueva identidad y confiar en que el Espíritu Santo me dará el poder para hacer lo que es correcto.

5. Revise sus respuestas en la pagina 1.13, Día Uno de "Descubriendo la raíz de nuestros problemas". ¿En qué forma son los problemas que describió un resultado de vivir por sus propias normas o esfuerzo propio en vez de confiar en el Espíritu Santo?

6. Personalice Mateo 11:28-30 como su oración, confiando en Jesús para que le de descanso de sus propios esfuerzos y que lo faculte a través de su Espíritu.

Ejemplo:

"Jesús, estoy cansado y aburrido de tratar de hacer las cosas para Ti y tratar de agradar a otros. Gracias Jesús por invitarme a venir a Ti para encontrar descanso. Estoy cansado de tratar de vivir la vida Cristiana con mis propios esfuerzos. Enséñame lo que significa descansar en Ti y depender de Tu Espíritu en mi vida diaria."

La Máquina del Desempeño y la Culpa – Día Cinco

Meta: Reconocer y sanar emociones de culpabilidad.

1. Marque los síntomas de emociones de culpabilidad que reconoce en su vida. Escriba una razón de por qué siente culpa y cómo experimenta esta culpa.

☐ Autocondenación: Echarse la culpa a uno mismo constantemente. Esto puede llevar a la depresión.

☐ Autocastigo: Cualquier forma de castigo que es infligido sobre uno mismo, usualmente para pagar algún error.

☐ Depresión: El resultado final de la culpabilidad que no ha sido resuelta.

☐ Sentido de Desaprobación: El resultado de expectativas de Usted mismo o de otros que no han sido suplidas.

☐ Síntomas Físicos: Pueden incluir dolores de cabeza, fatiga o insomnio.

☐ Racionalización: Un intento para justificar la acción de uno para rebatir los sentimientos de culpabilidad.

☐ Compensación: Un intento de apaciguar la conciencia haciendo cosas que son consideradas buenas. Otro intento para rebatir los sentimientos de culpabilidad.

☐ Cólera: Un sentimiento de hostilidad contra aquellos que parecen impulsar los sentimientos de culpabilidad.

☐ Santurrón: Comportamiento ejemplar el cual es a menudo otro intento para disfrazar los sentimientos internos de culpabilidad.

☐ Miedo y Espanto: Dos emociones cercanamente relacionadas, las cuales a menudo son asociadas con sentimientos de culpabilidad no resueltos.

2. Para cada ejemplo que escribió arriba, reconozca (estar de acuerdo con Dios; dar las gracias) acerca de Su completo perdón a usted y por darle la justicia de Cristo.

La Máquina del Desempeño y la Culpa – Lección Ocho

Nombre _____ Fecha _____

Responda a las siguientes preguntas. Para entregar la página a un líder de grupo utilice páginas perforadas al final del libro.

1. ¿Cómo se hace evidente en su vida el estar viviendo en la "Máquina del Desempeño"?

2. ¿Qué leyes o normas ha tratado de vivir a fin de ganar la aceptación y aprobación de Dios? ¿Cuál ha sido el resultado de vivir por estas leyes o normas?

3. ¿Qué normas ha tratado de cumplir a fin de ganar un sentido de valor propio o de obtener la aprobación o aceptación de otros?

4. ¿Cómo ha afectado la calidad de su vida el vivir sobre la "Máquina del Desempeño"? ¿Y su relación con Dios? ¿y con otros?

5. ¿Cuál es su idea de cómo tiene que vivir la vida cristiana?

6. Marque el gráfico para indicar la cantidad de tareas que ha completado esta semana.

50%	100%

Escriba lo que le pide al Señor en oración:

Viejo Camino de la Ley vs. El Nuevo Camino del Espíritu

Y Jesús le dijo:
Amarás al Señor tu Dios
de todo tu corazón,
y de toda tu alma,
y de toda tu mente.
Mateo 22:37

Viejo camino de la Ley

El Nuevo Camino del Espíritu

1. Código Externo

Los preceptos morales de Dios son solamente códigos externos de conducta. La Ley demanda obediencia pero no provee ninguna inclinación o deseo de obedecer.

1. Deseo Interno

Los preceptos morales de Dios están escritos sobre nuestros corazones. El Espíritu nos los trae a nuestros pensamientos y nos da el deseo de obedecerlos.

2. Mandato

La ley manda obediencia pero no da el poder.

2. Facultad

El Espíritu nos da el poder para obedecer la ley de amor.

3. Hostilidad

Debido a nuestra hostilidad a la Ley de Dios antes de convertirnos en cristianos, los mandamientos de la Ley realmente provocaban e incitaban a nuestra carne a pecar.

3. Deleite

El Espíritu quita nuestra hostilidad, nos da un nuevo espíritu y escribe la ley en nuestros corazones, ocasiona que nos deleitemos en la Ley de Dios.

4. Miedo

La Ley produce una respuesta legalista a Dios. Tratamos de obedecer porque tememos el castigo por la desobediencia o porque esperamos ganar algún favor de Dios.

4. Gratitud

El Espíritu, mostrándonos la gracia de Dios produce una respuesta de amor y gratitud. Obedecemos, no para no tener miedo o ganar un favor sino como gratitud por el favor que ya se nos dio.

5. Obras

Bajo la Ley, actuamos a fin de ser aceptados por Dios. Ya que nuestro desempeño es siempre imperfecto, nunca nos sentimos completamente aceptados por El. Vivimos en una posición de debilidad. Porque obramos para ser aceptados, pero nunca lo conseguimos.

5. Confianza

El Espíritu nos da testimonio a nuestro espíritu que somos aceptados por Dios, a través de los méritos de Cristo. Confiando exclusivamente en Su perfecta justicia, sabemos que somos aceptados por El. Vivimos desde una posición de poder, porque hemos sido hecho aceptables.

Viejo camino de la Ley	El Nuevo Camino del Espíritu
6. Principios Bajo la Ley vivimos bajo principios y confiamos en nuestros conocimientos y disciplina propia. Esta es la confianza sobre la natural causa y efecto.	**6. Promesas** Vivir por el Espíritu es vivir por las promesas de Dios y la confianza en el Espíritu Santo. Vivir por el Espíritu requiere fe en lo sobrenatural.
7. Esfuerzo Vivir bajo la ley crea presión para actuar a fin de ganar bendiciones de Dios. Ya que no podemos cumplir la Ley de Dios, nunca nos sentiremos aceptados por Dios.	**7. Descanso** Vivir por el Espíritu trae libertad para descansar el la fidelidad de Dios Quien ya nos ha bendecido con Su bendición espiritual. Es confiar en la vida perfecta de Cristo dentro de nosotros para vivir una vida agradable a Dios.
8. Persecución Aquellos que viven bajo la ley tienen inclinación a perseguir y a juzgar a los que lo rodean por no cumplir la ley.	**8. Bendición** Aquellos que viven por el Espíritu entienden la gracia de Dios y la extienden a otros. Ellos bendicen a otros con el amor y aceptación incondicional de Dios.
9. Somos Responsables Bajo el viejo pacto de la Ley somos responsables por obedecer la Ley a fin de recibir las bendiciones prometidas de Dios. El fracaso en cumplir la Ley nos trae maldición.	**9. Dios toma la iniciativa** Bajo el nuevo pacto Dios toma la iniciativa y responsabilidad para vivir la vida Cristiana a través de nosotros. Nuestra parte es vivir por fe y la parte de Dios es moldearnos a semejanza de Cristo.
10. Conciencia del Desempeño Vivir por la Ley crea una conciencia de desempeño enfocándose en si mismo. Esto reduce drásticamente la vida espiritual y nos roba de gozo y paz.	**10. Conciencia de Dios** Vivir por el Espíritu nos hace concientes de Dios, enfocándonos es quien es Él y lo que ha hecho Él por nosotros. Esto causa amor y adoración a Dios, trayendo como resultado gozo y paz en nuestra vida.
11. Fracaso Viviendo por la Ley nos dirige a pecar más y al fracaso porque estamos caminando en la carne.	**11. Victoria** Caminar por el Espíritu produce libertad y victoria sobre el pecado y los frutos del Espíritu se produce en nuestra vida.

Sé Transformado

Parte Tres

Cómo Integrar estas Lecciones en su Vida

Una Vida Transformada

Por tanto, nosotros todos, mirando a cara descubierta como en un espejo la gloria del Señor, somos transformados de gloria en gloria en la misma imagen, como por el Espíritu del Señor.

2 Corintios 3:18 (RVR)

Lección 9

Yo era una de esas personas que en todo puse mi máximo esfuerzo. Este era siempre 110%, porque deseaba que todo en mi vida, y en la vida de todos, funcionara como una máquina sin tacha ni defecto. Yo estaba persuadida que el mundo también funcionaría de esta manera si todos siguieran mis instrucciones.

A pesar de todos mis esfuerzos de mantener mi matrimonio intacto, se estaba desmoronando. Yo me sentía muy acongojada. Había llegado al límite, y yo me di cuenta que no podía vivir así. Por supuesto, tenía la certidumbre que la solución era que mi esposo cambiara.

Decidí acudir a Dios para que compusiera a Jeff y mi matrimonio, pero en lugar de eso entendí que Dios debía de componerme y cambiarme a mí en el área de mi relación con Él. Me enseñó que mi habilidad de manejar los retos de mi vida depende de la relación que tengo con Él y mi opinión de Él.

Siempre me he relacionado con otras personas a base de mi esmero personal en mis actividades, y pensé que mi vínculo con Dios dependía en mi empeño y esfuerzo también. Tenía muchos temores de acercarme a Dios porque eso significaría más cosas que hacer y más tareas que completar. Cuando no cumplí con lo que yo creía que eran las expectativas de Dios, yo pensaba que Él me estaba castigando por medio de la falla de mi matrimonio.

Pero yo descubrí que mi identidad está basada en lo que Dios ha hecho por mí, no en lo que yo he hecho por Él. Fue un alivio tan grande saber que Dios me cuida y ama lo mismo no importa lo que está pasando en mi vida y lo que hago. Él quiere cuidarme y asumir control de mi vida; pero relegando ese control fue muy difícil para mí porque yo siempre pensé que yo tenía todas las soluciones. Entendí que mi más grande debilidad era mi independencia de Dios. El gol y propósito de Dios es que yo esté más cerca de Él, que yo sea más semejante a Él, que yo dependa de Él, y que yo encuentre mi valor, dignidad, e identidad por medio de Él.

Llegué a pensar que yo había llegado a un estado de maestría es estos asuntos y conceptos y me estaba sintiendo muy satisfecha Estaba haciendo las cosas correctas y por supuesto tenía la expectativa que Dios iba a componer mi matrimonio, pero Jeff y yo llegamos a otro punto de crisis y mi mundo se comenzó a desmoronar otra vez. Me di cuenta que aunque había puesto en práctica todos estos principios en mi vida, todavía estaba tratando de mantener control. Le presenté a Dios mi lista de opciones y tenía la expectativa que Él eligiera una de esas. Pero finalmente me rendí.

Continuará…

Una Vida Transformada - Lección Nueve

A través de las ocho lecciones pasadas hemos echado los cimientos para experimentar una vida transformada. Hemos descubierto algunas de nuestras creencias corruptas acerca del Evangelio, de quienes somos en realidad, de Quién es Dios, y de la vida llena del Espíritu. También hemos identificado algunos de los obstáculos para el experimentar la verdad de lo que Dios ha hecho en nuestras vidas. Hemos aprendido a reconocer que el problema a la mano es meramente un síntoma de un problema más profundo: nuestras creencias corrompidas que nos impiden relacionarnos con Dios como Él en realidad es. Esta lección final nos ayudará a entender cómo es que todo en la vida está conectado a nuestra relación con Dios.

Los Problemas de la Vida Nos Mueven a Buscar a Dios

Si no hubiera problemas en la vida, probablemente nunca reconoceríamos nuestra necesidad de conocer y relacionarnos con Dios de una manera personal. Nuestros problemas y aun nuestros pecados se convierten en el terreno en el que experimentamos la realidad de Dios, Quién es Él en realidad. Si no reconocemos la realidad de nuestra falla, no podemos entender el amor incondicional y la aceptación plena de Dios. No podemos experimentar el carácter de Dios, y la gracia de Dios no tiene ningún significado.

El esquema de abajo es un resumen de cada uno de los problemas fundamentales que hemos identificado en las lecciones previas y la solución para cada uno de ellos.

El Problema	La Solución
1. Nuestro sistema de creencias está corrupto. Proverbios 14:12; 23:7a	Renovando nuestras mentes transforma nuestras vidas. Romanos 12:2; Juan 8:31-32
2. El nacer separados de Dios causa que seamos seres malogrados. No entender el Evangelio causa que seamos hijos malogrados de Dios. Efesios 2:1-3	Por medio de la fe en Cristo Jesús estamos reconciliados para con Dios y recibimos Su vida eterna. ¡Podemos experimentar la calidad de vida de Dios ahora! Juan 5:24; Colosenses 1:19-20
3. La memoria de nuestra identidad antigua nos causa vivir en derrota y en esclavitud a la carne. Romanos 7:17-18	Si creemos la verdad de nuestra nueva identidad y dependemos en el Espíritu Santo, tenemos la victoria sobre la carne. Colosenses 3:9-10; 2 Cor. 5:16-17
4. Nuestra corrupta opinión de Dios nos roba nuestro gozo e intimidad en la relación con Él y evita que crezcamos espiritualmente. Juan 6:46	Viendo al Padre a través de Jesús y viendo que nos ama tanto, nos libera para cobijarnos en Su amor que es sin condiciones. Juan 1:18, 14:6-9; 1 Juan 3:1-2

5. El vivir independiente de Dios causa autosuficiencia y la tendencia de vivir la vida cristiana por nuestro propio esfuerzo. Esto no produce vida verdadera. Filipenses 3:3-4	Si venimos a Jesús de continuo y creemos en Él, seremos llenos de Su Espíritu, y esto resulta en una vida productiva llena de gozo y paz. Juan 7:38; Gálatas 5:16; Efesios 5:18-19
6. Nuestras emociones se vuelven nuestra autoridad final, y controlan lo que creemos y lo que escogemos.	Expresando nuestras emociones a Dios (REED, vea 6.7), y dando a la Palabra de Dios la final autoridad de nuestras creencias, causa más intimidad con Dios y que veamos todo desde Su punto de vista. Sal 34:4; 1 P 5:7
7. Expectativas falladas producen un enfado irracional. Este enfado sin resolución produce amargura (lo cual destruye relaciones con otros) y por fin, depresión. 2 Pedro 1:9; Hebreos 12:15	Cediendo los derechos y expectativas a Dios, Estando de acuerdo con Dios acerca del perdón, y otorgando el perdón de Dios a otros, nos da libertad. Romanos 12:1; Colosenses 2:13-14, 3:13
8. Si nos motiva la culpa, la vida cristiana se embrolla en el empeño propio –tratamos de ganar nuestra salvación, valor, aceptación, y aun espiritualidad a punta de nuestro empeño. Nuestros esfuerzos de mejorar la carne producen más fallas. Gálatas 3:2-3, 10	Recibiendo el amor y la gracia incondicional de Dios, y descansando en Cristo para nuestra aceptación y valor, y dependiendo en el Espíritu Santo para que viva a través de nosotros. Efesios 2:8, 9; Gálatas 2:19-20, 3:2

Todo lo que hemos tratado nos lleva al punto clave de nuestra vida el cual es:

9. Nuestro corrupto concepto de Dios nos lleva a adorar a personas y cosas materiales, y nos esclaviza al temor y a toda clase de pecados Romanos 1:25-32	Adorando a Dios en la realidad de Quien Él es, resulta en una vida abundante y transformada en medio de los problemas de la vida. Juan 4:23-24; 2 Corintios 3:18

La Adoración Correcta Conduce a una Vida Transformada

Ultimadamente todo en la vida depende de la respuesta a la pregunta, "¿Quién es mi Dios?"

Desde que somos seres creados para adorar, en efecto adoraremos algo o alguien, y nos convertimos en la imagen del objeto de nuestra adoración. Adoración significa simplemente atribuir a algo o a alguien lo que valga, su valor. Cuando adoramos expresamos que creemos que algo o alguien es digno de ese valor superior. El diccionario define "adoración" así: "Reverenciar a un ser como cosa divina."

Adoramos aquello que consideramos como lo más importante y vital para la vida. Dependemos de aquello a lo cual adoramos. Si creemos que el dinero o las posesiones son la fuente de lo que valemos o son vitales para la vida, de hecho estamos adorando al dinero o las posesiones. Si creemos que la familia es lo más vital e importante para la vida, de hecho estamos adorando nuestra familia. Lo mismo es cierto del trabajo o la oficina. Adorar a Dios correctamente significa que le consideramos a Él como la persona más vital, importante, y digna en nuestras vidas.

Es solamente cuando reconocemos a Dios por lo que Él en realidad es, que podemos adorarle correctamente. Sólo cuando le adoramos así, podemos vernos a nosotros mismos como realmente somos. La correcta adoración de Dios nos conduce a experimentar nuestra nueva identidad en la vida diaria y ser una bendición para otros.

Dios se nos revela en medio de nuestros problemas diarios.

Podemos conocer a Dios sólo porque Él elige darse a conocer. Nuestras necesidades y problemas son oportunidades para Dios para darse a conocer a nosotros. Dios puede ser visto y palpado con más claridad en medio de los problemas de la vida.

- Obstáculos son oportunidades para ver la victoria de Dios
- En medio del dolor o de la pérdida recibimos Su consuelo
- Nuestra debilidad da lugar a Su fortaleza
- Nuestras necesidades traen el abastecimiento de Dios
- En las pruebas Él es nuestro libertador
- En nuestras fallas recibimos Su gracia
- En nuestra derrota Él se torna en nuestra victoria
- En días de tensión y disturbio nos da Su paz
- Durante tiempos de tristeza nos da Su gozo
- Cuando somos rechazados llena nuestro corazón con Su amor incondicional

Dejando que Dios sea Dios en nosotros, nos convertimos externamente en lo que Él nos ha hecho ya internamente en Cristo. Una de las cosas más importantes que Dios quiere hacer en nosotros es renovar nuestras mentes con la VERDAD de Quién Él es realmente, y lo que El nos ha forjado para que seamos, y así cumplir las intenciones de Dios.

Por medio de la correcta adoración de Dios podemos vernos como Dios nos ve, creados a Su imagen. El se convierte en la Fuente de todo lo que necesitamos para la vida y la piedad. Cuando estamos conectados con Dios correctamente, podemos entonces ver la vida desde Su perspectiva.

> Podemos ver y experimentar a Dios mucho mejor en medio de los problemas diarios de la vida.

Somos Seres Vivientes, que Pensamos, Creemos y Adoramos

La Escritura se refiere a nosotros en estos cuatro niveles: como **seres vivientes** (nuestra conducta y emociones); como **seres que piensan** (nuestros pensamientos y razonamiento); como **seres que creen** (nuestras creencias, valores y convicciones); y como **seres que adoran** (nuestra naturaleza espiritual y nuestra relación con Dios).

Para tratar nuestros problemas desde la perspectiva de Dios, tenemos que tratar todas estas cuatro áreas. A veces necesitamos tratar con nuestras emociones y lo que ellas dicen acerca de lo que estamos pensando o creyendo. Pero también necesitamos identificar la raíz del problema a fin de exponer nuestra percepción equivocada de Dios (lo cual es idolatría) y ver a Dios como el Padre amoroso y digno de confianza que realmente es. Por el hecho de reconocer nuestras creencias erróneas en este nivel, podremos comenzar a adorar a Dios en espíritu y en verdad. Por medio de la correcta adoración de Dios, somos transformados a Su imagen poquito a poco.

El esquema del embudo más abajo es un ejemplo gráfico de la relación entre los cuatro niveles de nuestra experiencia y nuestra percepción de Dios. Antes de poder tratar permanente y efectivamente con nuestra conducta, emociones, pensamientos y creencias, tenemos que tratar con esto: Quién es Dios para nosotros personalmente. Algún cambio es posible sin tener que tratar con este problema raíz. Sin embargo, no es posible tener un cambio permanente sin crecer en una relación íntima con nuestro Creador.

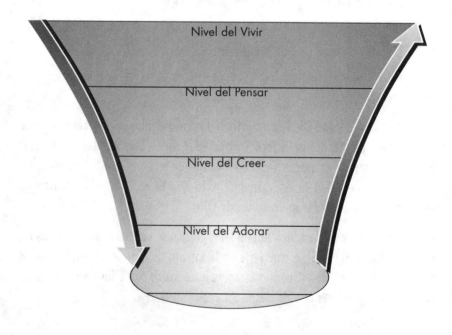

Nivel del Vivir

Descendiendo por el lado izquierdo del gráfico del embudo, tomamos nota primeramente de lo que está pasando en el nivel del "vivir". En otras palabras, y porque somos "seres vivientes", cómo están respondiendo nuestra conducta y emociones al problema presente.

Nivel del Pensar

Nuestra conducta y emociones reflejan lo que está pasando en nuestros pensamientos, al nivel racional. Aquí tomamos nota de lo que estamos pensando acerca del problema o asunto.

Nivel del Creer

Nuestros pensamientos entonces revelan lo que estamos en efecto creyendo en esta situación particular. Este nivel revela nuestras creencias acerca de nosotros mismos, las cuales controlan como respondemos a alguna situación de nuestra vida. También revela las normas [o stándards] por las cuales vivimos.

Nivel del Adorar

Nuestras creencias definen lo que realmente creemos acerca de Dios, porque generalmente, lo que pensamos de cómo Dios nos ve es lo que pensamos también acerca de nosotros mismos. Esto revela cómo realmente percibimos a Dios es esta situación.

> Por tanto, nosotros todos, mirando á cara descubierta como en un espejo
> la gloria del Señor, somos transformados de gloria en gloria en la misma
> imagen, como por el Espíritu del Señor.   2 Corintios 3:18 (RVR)

Descendiendo al lado izquierdo del gráfico, descubrimos nuestras creencias erróneas acerca de Dios. Ahora podremos desechar el viejo modo de percibir a Dios y adoptar el nuevo. Ascendiendo pues ahora al lado derecho del embudo, comenzamos al **nivel de la adoración** y comenzamos a enfocar en la Palabra para saber lo que es realmente verdad acerca de Dios. Comparamos lo que creemos acerca de Dios en el lado izquierdo con la Palabra, copiando los versos que se dirigen a las creencias erróneas. Primero que nada tenemos que confesar a Dios la manera que le hemos percibido, después, rechazar las mentiras que creímos acerca de Él. Finalmente, le agradecemos a Dios por lo que Él realmente es y le pedimos que se dé a conocer a nosotros de esta manera.

Al **nivel del creer**, aceptamos la verdad acerca de Dios y proclamamos que lo que es verdad acerca de nosotros está basado en dos cosas: Quién Dios es y quién nos ha forjado que seamos en nuestra nueva identidad. Rechazamos y renunciamos las mentiras que hemos creído acerca de nosotros mismos, y adoptamos la verdad de quienes somos en Cristo. Como nueva creación, elegimos vernos a nosotros mismos como Dios nos ve. Otra vez agradecemos a Dios por cambiarnos y darnos Su naturaleza. Porque Dios es amor, somos amados y capaces de amar a otros. Debemos de entender que somos capaces sólo porque Él es capaz. Damos lo que recibimos de Él.

Nuestra necesidad de conocer a Dios es más importante que las relaciones terrenales, posesiones en el mundo, o placeres temporales

Al **nivel del pensar**, escribimos los pensamientos que resultan de nuestras nuevas creencias acerca de Dios y acerca de quienes somos en Cristo. Como nos dice Filipenses 4:8, nosotros elegimos pensar en aquello que es verdadero, honesto, justo, puro, amable, lo que es de buen nombre, si es algo virtuoso o digno de alabanza. Decidimos pensar acerca de nuestros problemas y circunstancias desde la perspectiva de Dios, regocijándonos en el Señor y dando gracias por todas las cosas. Establecemos nuestras mentes en los pensamientos que provienen del Espíritu, en lugar de incurrir en la memoria de la manera antigua de vivir.

Al **nivel del vivir** anotamos las conductas y emociones que van a resultar de nuestras creencias renovadas y pensamientos acerca de Dios y de nosotros mismos. Recuerden que nuestros sentimientos y emociones cambian al final, con demora. Reconocemos maneras pecaminosas de portarnos que han resultado porque creímos las mentiras acerca de Dios y de nosotros mismos. Y ahora entonces actuamos a base de nuestras nuevas creencias y manera de pensar. A medida que comencemos a hacer decisiones correctas, nuestros sentimientos paulatinamente cambian. Ahora elegimos vivir por la fe en lugar de vivir por lo que percibimos con nuestros sentidos físicos. A medida que hablamos a Dios acerca de todo, Él se va a continuar revelando a nosotros, dándonos Su perspectiva a la vida.

Nuestro Propósito No Es Evitar los Problemas Sino Conocer a Dios

Renovar nuestras mentes es un proceso que incluye cambiar nuestro propósito y nuestra meta en la vida.

Desde que nuestro propósito en la vida es ser amigo y compañero de Dios y reflejar su carácter, nuestra meta es conocer a Dios por experiencia como Él realmente es. Esto incluye que percibamos a Dios como nuestra necesitad más crítica de la vida. Nuestra necesidad de conocer a Dios es más importante que nuestras relaciones terrenas, posesiones mundanas, o placeres temporales. Deleitarse en el Señor y relacionarse con Él en medio de los afanes personales resultará en una vida transformada.

La solución de cualquier problema se encuentra en conocer a Dios y relacionarse con Él.

Ahora podemos usar las soluciones planteadas en este estudio para confrontar nuestros problemas desde el punto de vista de Dios, y no sólo de los problemas presentes, sino también los futuros.

> Y esta es la vida eterna: que te conozcan a ti, el único Dios verdadero,
> y a Jesucristo, a quien has enviado.   Juan 17:3 (LBLA)

Pues su divino poder nos ha concedido todo cuanto concierne a la vida y a la piedad, mediante el verdadero conocimiento de aquel que nos llamó por su gloria y excelencia, por medio de las cuales nos ha concedido sus preciosas y maravillosas promesas, a fin de que por ellas lleguéis a ser partícipes de la naturaleza divina, habiendo escapado de la corrupción que hay en el mundo por causa de la concupiscencia.

2 Pe 1:3-4 (LBLA)

Nuestra parte es el buscar de conocer a Dios y relacionarse con Él en medio de los problemas de la vida.

Buscar de conocer a Dios requiere el ser franco y honesto con Dios acerca de nuestras creencias y conducta. Esto requiere involucrar nuestra mente, voluntad, y emociones. Si no incluimos estos tres, no vamos a experimentar una relación personal total. Para llegar a conocer a otra persona tenemos que mantener su compañía y ser transparente el uno con el otro. Dios ha tomado la iniciativa de hacerse conocer a nosotros por medio de Su Palabra y de Su Hijo. Él nos amó desde antes de la fundación del mundo. Lo que más importa no es que nosotros conocemos a Dios, sino que Él nos conoció a nosotros.

- Estamos grabados en la palma de Sus manos (Isaías 49:16)

- Siempre presentes en su mente (Sal.139:17-18; Sal. 40:5)

- Sabe el número exacto de pelos en nuestra cabeza (Mat.10:30)

- Guarda todas nuestras lágrimas en Su botija (Salmo 56:8)

- Nos conoce como Padre. Su atención hacia nosotros no se distrae ni por un instante, por tanto, Su cuidado nunca falla (Lucas 12:6-7)

Es un alivio tremendo saber que el amor de Dios hacia nosotros es totalmente realista y se ciñe a un conocimiento previo de nosotros. Nada que descubra en nosotros le va a desilusionar, o aminorar Su determinación de bendecirnos. Cuando nos damos cuenta que Él ve todas las cosas retorcidas en nosotros que aun otros no pueden ver, y que Él mira más allá hacia mi nuevo ser que Él ha creado en mí, no hay lugar para el orgullo. El conocimiento de Su amor y aceptación incondicional hacia nosotros nos inspira el deseo de adorar y amar a Dios con todo nuestro corazón, mente, alma, y fuerzas.

La Intimidad con Dios Resulta en una Vida Abundante

¿Cuáles son los obstáculos para tener intimidad con Dios?

Estas nueve lecciones son planteadas para ayudarle a reconocer y resolver los obstáculos que hay para tener intimidad con Dios. Para experimentar la intimidad con cualquier persona necesitamos una opinión correcta de nosotros mismos y una opinión correcta de la otra persona. Esta es la razón principal por la cual las lecciones tres y cuatro son críticas. Considere esta pregunta, ¿desea una relación íntima con una persona que usted piensa …

- no se le puede confiar?

- no le importa nada acerca de usted?
- meramente tolera su presencia?
- se enfada cuando usted falla?
- le ama sólo cuando usted se porta bien?

Usted puede completar esta lista con cualquiera de las creencias falsas acerca de Dios que el Espíritu Santo le reveló en la lección cuatro. Usted tiene que resolver el asunto de estas creencias falsas, si usted va a experimentar a Dios como Él verdaderamente es. Si usted tiene una opinión correcta de Dios, usted va a desear una intimidad con Él. Cualquiera creencia falsa acerca de Dios limita nuestra intimidad con Él, porque le dará un concepto de Dios muy disminuido de la realidad. Es imposible para usted pensar cuán grande es Su amor. ¡Él es amor personificado! Así mismo, es del todo imposible para usted creer que Él es más bueno, santo, perdonador, o cualquier otra cosa de lo que es en verdad.

Considere esta pregunta: ¿desea usted una relación cercana con alguien si usted cree que . . .

- usted no es aceptable?
- va a ser rechazado si esa persona llega a conocerle mejor?
- nunca llegará a satisfacer las expectativas de esa persona?
- va a ser condenado por la otra persona?

Usted puede completar esta lista con otras creencias erróneas que usted encontró en el estudio de la lección tres, sabiendo que éstas evitarán su intimidad con Dios.

¿Por qué es la intimidad con Dios tan importante? Porque sólo así obtendremos la vida abundante – la calidad de vida que Dios nos dio por medio de Cristo.

La vida abundante que Jesús le prometió a usted no tiene nada que ver con sus circunstancias. Él no dijo, "Yo vine para que tengan vida y la tengan en abundancia, si su matrimonio está satisfactorio, sus cuentas y facturas están pagadas, su pasado no está lleno de dolor, etc." No hay ni uno que está excluido de la promesa de Jesús de vida abundante. Usted la puede experimentar a pesar de sus circunstancias, porque usted lo experimenta esto a medida que tiene sus experiencias con Dios en medio de sus circunstancias.

Sólo Dios puede satisfacer todas sus necesidades.

Dios se reveló a Moisés como "YO SOY EL QUE SOY." Piense acerca de sus necesidades presentes y acople el nombre revelado de Dios: "YO SOY" (cualquiera que sea su necesidad). Su Abba Padre le ama tiernamente y anhela suplir sus necesidades.

Frecuentemente no le experimentamos como el "YO SOY", porque acudimos a otras fuentes para suplir nuestras necesidades. Dios se expresó por medio de Jeremías cuando dijo,

Porque dos males ha hecho mi pueblo: me dejaron a mí, fuente de agua viva, y cavaron para sí cisternas, cisternas rotas que no retienen agua.

Jeremías 2:13 (RVR)

Como la gente de los días de Jeremías, no estamos acudiendo a Dios, la única fuente de Agua Viva, para suplir las necesidades. Más bien hemos usado nuestro propio esfuerzo para ello. Pero, como Jeremías escribió, nuestros métodos están "rotos" e inefectivos. ¿Quiere usted hoy comenzar a pedir a su amante Abba Padre que supla todas las necesidades de su vida? Él anhela hacerlo, y es el único que verdaderamente puede.

Y Apenas Estamos Comenzando

El conocer a Dios es un proceso que dura toda la vida.

Dios desea que continuemos el proceso de descubrimiento. No abandone este libro de tareas, no lo deje de lado sino úselo como un instrumento de referencia cuando tiene que encararse con problemas futuros. Repase y vuelva a hacer las preguntas de aplicación personal cuando encuentre un problema nuevo. La lección "Creando una Identidad Cristiana" (página 3.13) y la lista de características que describen nuestro Padre Celestial pueden ser hermosos estudios Bíblicos. Use la lección REED (lección 6) para desarrollar una comunicación con Dios más íntima. El Apéndice contiene algunas sugerencias para tareas de largo plazo las cuales le ayudarán a continuar aplicando a su vida lo que ha aprendido en este estudio. Hay también una lista de recursos en las páginas 9.22 y 9.25 para lecturas adicionales de los puntos que hemos cubierto aquí.

RESUMEN:

1. Los problemas que enfrentamos en la vida son oportunidades para llegar a conocer a Dios por experiencia.

2. Adoración correcta es reconocer y avalorar Dios como es: la Persona más importante y digna en nuestras vidas.

3. Fuimos creados para conocer y adorar a Dios, y esto es lo que nos cambia más y más a Su semejanza.

4. Tenemos que enfrontar nuestros problemas a la luz de nuestra corriente opinión y relación con Dios.

5. Intimidad con Dios nos lleva a una vida satisfecha y llena de gozo.

En medio de esa crisis Dios abrió mi corazón para verle a Él como él es y a mí como Él me ve. Yo había dudado que Dios estaba involucrado en mi vida cada día, pero comencé a reconocer que ciertas cosas no son una coincidencia sino la evidencia de Su presente intervención en mi vida diaria. Finalmente me dí cuenta que puedo estar seguro que Dios me ama porque Él hizo el sacrificio sumo de Su Hijo, no porque mi vida esté libre de problemas. Experimenté Su amor, cuidado y paz en los días mas oscuros de mi vida. Yo sé que Él es la única razón por la que sobreviví a través de los últimos años de separación de mi esposo y después a través de la reparación de nuestro matrimonio. Durante este proceso Él me ha cambiado.

Viviendo a base de mi empeño propio, yo estaba siempre enfocada en agradar a la gente. Ahora no soy tan compulsiva como antes. Cuando tenía que elegir entre los deseos o los planes de mis padres o los de mi esposo, mis padres siempre ganaban porque yo siempre me preocupaba acerca de lo que ellos pensaran de mí. La Navidad pasada tomé un paso gigante. Decidí no visitar a mis padres porque yo sabía que no era lo más aconsejable para mi familia. Eso fue un mensaje claro y resonante para Jeff, por haber significado que yo ponía mucho más valor en él que en el resto de mi familia. Si esto hubiera ocurrido antes yo me habría sentido culpable por haberles causado una desilusión. Ahora puedo hacer decisiones que son mejores para mi matrimonio y mi familia, porque no encuentro mi identidad en la aprobación de otros.

En el Día de la Madre, cada uno de mis niños me dio una tarjeta que enumeraba las cosas que ellos pensaron acerca de mí: mi canción favorita, mi película favorita, etc. Una de ellas decía, "mi mamá me ama mucho más cuando...," y mi hijo Jordan escribió, "mi mamá me ama mucho más siempre." Esto reforzó para mí el hecho que Dios me ama así. Él no se puede desilusionar conmigo. Mis acciones y mis decisiones pueden afectar la calidad de mi vida, pero Su amor por mí no cambiará. Así es como yo pienso ahora acerca de Dios. No importa lo que yo hago, Él me ama mucho más siempre."

Shari - Enfermera

Una Vida Transformada – Día Uno

Meta: Reconocer que mi manera de enfrentar mis problemas revela mi opinión de Dios.

1. Lea otra vez la explicación acerca del gráfico del embudo.

2. Aplique este gráfico a una presente situación con la que usted está luchando usando el embudo en blanco que está en la página siguiente.

USANDO EL GRÁFICO DEL EMBUDO

Pídale al Espíritu Santo que guíe sus pensamientos. Complete el lado izquierdo del embudo reflejando los sentimientos y acciones de su vida. Comience a pensar acerca de una situación que realmente le causó una molestia la semana pasada o el mes pasado.

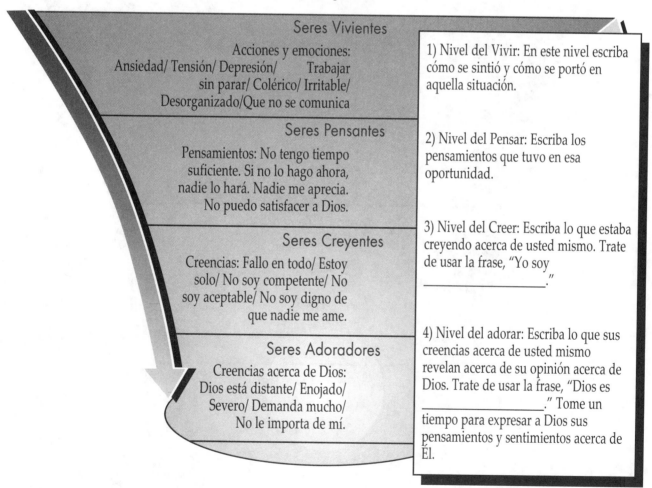

Seres Vivientes
Acciones y emociones:
Ansiedad/ Tensión/ Depresión/ Trabajar sin parar/ Colérico/ Irritable/ Desorganizado/Que no se comunica

Seres Pensantes
Pensamientos: No tengo tiempo suficiente. Si no lo hago ahora, nadie lo hará. Nadie me aprecia. No puedo satisfacer a Dios.

Seres Creyentes
Creencias: Fallo en todo/ Estoy solo/ No soy competente/ No soy aceptable/ No soy digno de que nadie me ame.

Seres Adoradores
Creencias acerca de Dios: Dios está distante/ Enojado/ Severo/ Demanda mucho/ No le importa de mí.

1) Nivel del Vivir: En este nivel escriba cómo se sintió y cómo se portó en aquella situación.

2) Nivel del Pensar: Escriba los pensamientos que tuvo en esa oportunidad.

3) Nivel del Creer: Escriba lo que estaba creyendo acerca de usted mismo. Trate de usar la frase, "Yo soy _____."

4) Nivel del adorar: Escriba lo que sus creencias acerca de usted mismo revelan acerca de su opinión acerca de Dios. Trate de usar la frase, "Dios es _____." Tome un tiempo para expresar a Dios sus pensamientos y sentimientos acerca de Él.

5) Ahora regrese de abajo para arriba al lado derecho del gráfico. Al nivel del adorar, contraste sus creencias negativas acerca de Dios a lo que es verdad acerca de Él. Dé referencias en la Escritura. Pare y rechace las mentiras que usted ha creído antes acerca de Dios, y agradézcale por lo que Él es en realidad. (Puede que usted no esté seguro todavía, pero eso no cambia la verdad.)Vea la página 4.22 para recordar las verdades acerca de lo que Dios piensa de usted, y páginas 4.16-4.17 acerca de las características de Dios.

6) En el nivel del creer, escriba lo que es verdad acerca de usted a la luz de lo que dice la Palabra de Dios, y a la luz de Su carácter. (Vea "Creando una Identidad Cristiana," paginá 3.13.) Reconozca ante Dios las mentiras que usted ha estado creyendo acerca de usted mismo, y reemplace las mentiras con la verdad.

7) En el nivel del pensar, anote qué pensamientos resultan de sus nuevas creencias en Dios y usted mismo.

8) En el nivel del vivir, escriba qué conducta resultará de sus nuevas creencias acerca de Dios y de usted. Su nueva manera de sentirse vendrá poco a poco. Pídale al Espíritu Santo qué paso de fe quiere que usted tome ahora. (una acción, aceptación de una creencia, estar dispuesto a cambiar, etc.)

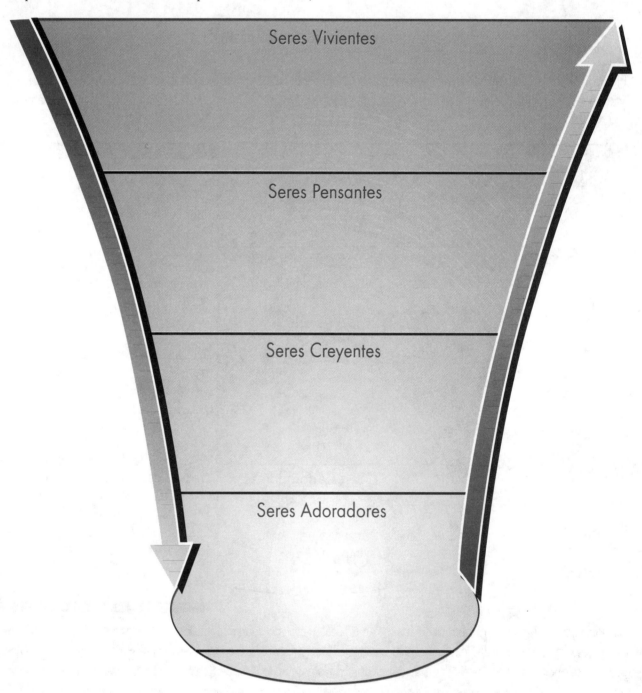

Seres Vivientes

Seres Pensantes

Seres Creyentes

Seres Adoradores

Una Vida Transformada – Día Dos

Meta: Reconocer cómo Dios desea revelarse a usted personalmente en medio de los problemas de su vida.

1. Revise "Resumen" al final de cada lección. Haga una lista de aquellos puntos acerca de los cuales Dios le ha dado un mejor entendimiento.

2. ¿Qué cambios han ocurrido como resultado de su nueva comprensión de estas verdades?

3. Lea "Resolviendo Problemas a la Luz de Quien Dios es" en la página que sigue y entonces haga una lista de las características de Dios que Él desea revelarle a través de sus problemas presentes.

4. Tome tiempo para adorar a Dios por razón de Quien Él es.

RESOLVIENDO PROBLEMAS A LA LUZ DE QUIEN DIOS ES

DIOS ES MISERICORDIOSO – Él tiene cuidado de todos mis problemas, y Él tiene cuidado de mí. Él siente mi dolor. (2 Corintios 1:3; 1 Pedro 5:7).

DIOS ES OMNIPOTENTE – Él puede resolver mis problemas. No hay nada muy difícil para Él, ni hay problema muy grande. Todo lo puedo en Cristo (Filipenses 4:13).

DIOS ES OMNISCIENTE – Él sabe todo acerca de mis problemas, y sabe la solución. Él ha planeado ya usar estos problemas para mi bien (Romanos 8:28-29).

DIOS ES SABIO – Él dejó que estos problemas vengan a mi vida porque sabe lo que es bueno para mí, y también Él sabe la mejor solución.

DIOS ES OMNIPRESENTE – Cuando encuentro un problema, Él está conmigo y en mí. No quiere que yo lo resuelva solo. El Dios Viviente es mi Ayudador (Hebreos 13:5-6; Isaías 41:10; Mat 28:20).

DIOS ES INMUTABLE (NUNCA CAMBIA) – El mismo Dios Quien me salvó (resolvió mi problema más grande) puede ayudarme en cualquier problema. El mismo Dios Quien ayudó a David, Daniel, Pablo, etc., es Quien me va a ayudar. Dios siempre será Dios (Hebreos 13:8).

DIOS ES SOBERANO – Tiene completo control de la situación. Él dejó que este problema entrara en mi vida. Ambos, yo y mi problema estamos en las manos amorosas de Dios.

DIOS ES FIEL – Desde que yo confío en Dios a solucionar este problema, yo sé que Él no va a fallar. Sus promesas no pueden fallar (2 Corintios 1:20). Dios es absolutamente confiable y fidedigno.

DIOS ES VERDAD – Puedo confiar en las promesas de Dios en Su Palabra porque Dios no miente. ¡No puede mentir! ¡Lo que Él dice que va a hacer, Él lo hará! (Números 23:19; Tito 1:2)

DIOS ES ETERNO – Cuando considero mis problemas en vista de la eternidad, se vuelven muy insignificantes (Deuteronomio 33:27; 2 Corintios 4:17).

DIOS ES BUENO – En medio de mis problemas y dificultades, Dios quiere bendecirme. Quiere cambiarme para que yo sea más y más como Jesús (Romanos 8:28-29).

DIOS ES RECTO – Dios actuó correctamente al dejar que estos problemas entren mi vida. Dios nunca se equivoca.

DIOS ES AMOR – Dios desea revelarme su amor a través de estos problemas. No hay problema por más grande que sea que me pueda separar de Su amor (Romanos 8:35-39).

DIOS ES JUSTO – Dios es absolutamente justo en todo lo que hace. Eso incluye permitiendo estos problemas en mi vida.

¡SEA CONSCIENTE DE LA PRESENCIA DEL DIOS VIVIENTE EN MEDIO DE LA TENSIÓN Y LOS PROBLEMAS! (Éxodo 33:14; Deuteronomio 4:29-31, 31:8; Isaías 43:10-11).

Una Vida Transformada – Día Tres

Meta: Identificar áreas donde usted necesita crecer en fe y entendimiento.

1. Lea otra vez los puntos clave para recordar al final de cada lección, en el "Resumen". Haga una lista de esos puntos clave los cuales usted no entiende completamente.

2. Tome tiempo para pedir a Dios que le ayude a entender esos puntos.

Una Vida Transformada – Día Cuatro

Meta: Repasar lo que Dios le ha enseñado a través de estas lecciones.

1. ¿Qué identificó Dios como uno de los problemas raíces más grandes en su vida?

2. ¿Qué creencias corruptas le reveló Dios a usted?

3. ¿Cómo ha cambiado su opinión acerca de usted mismo?

4. ¿Cómo ha cambiado su perspectiva de Dios?

5. ¿Cómo ha cambiado su perspectiva acerca de vivir la vida cristiana?

6. ¿Cuáles son algunas de las mentiras que el enemigo usa contra usted para robarle su paz y gozo?

7. ¿Qué verdad ha aprendido usted para combatir esas mentiras y tretas?

8. ¿Cuál es su parte en el entablar una relación íntima con Dios?

9. Tome unos minutos para agradecer a Dios por todo lo que le ha enseñado y por los cambios que usted ve El está haciendo en su vida

Una Vida Transformada – Día Cinco

Meta: Hacer un plan para continuar renovando su mente con la verdad de Dios.

1. Lea "Ayuda Adicional para el Proceso de Renovación" en la página siguiente. Marque aquellos puntos que son salientes desde su punto de vista, como posibles tareas para el futuro.

2. De aquellos puntos que usted marcó, ¿cuál es el que usará para comenzar? Márquelo en su horario y calendario.

3. ¿Cuál de las tareas que usted marcó debe ser un cambio duradero en su manera de vivir? Pídale al Espíritu Santo que le dé el querer y el poder, y que le traiga a su memoria el asunto de hacer esos cambios.

Ayuda Adicional para el Proceso de Renovación

Lo que usted ha aprendido en estas nueve lecciones es sólo el comienzo del proceso de renovación. Las siguientes sugestiones le ayudarán en su aplicación.

1. Lea la Biblia con el solo objeto de ver Quien Dios es. Es mejor empezar con una Biblia nueva. Con un marcador de color subraye cada verso que revela algo acerca del carácter de Dios. Empiece en los evangelios (Juan primero) y finalmente los Salmos.

2. Mantenga una libreta personal para anotar las mentiras que deben ser descartar como Dios le reveló y las verdades que debe adoptar. Esto será un instrumento de referencia para futuros problemas.

3. Siempre medite en la verdad y practique el "Verbo de Verdad" – repita la Verdad, a usted mismo y a Dios en su oración. El Salmo 23 es un buen ejemplo de esto. Comience orando a Dios Su Palabra y use sus propias palabras y su propio nombre. [Describa al margen su propia definición y descripción de este ejercicio].

4. Forme el hábito de meditar en la Verdad. Escriba en tarjetas de 3 x 5 ejemplos de Verdad que le ayuda y llévelas en el bolsillo. Conecte esta meditación con un acto de rutina como el comer o beber o viajar. Pronto esta Verdad estará firme en su mente.

5. Tome el examen Padre-Dios en el folleto "El Cuidado del Padre." Anote en tarjetas de 3 x 5 las características de Dios acerca de las cuales su fe es más débil. Cuando una necesidad o temor venga, practique "Verbo de Verdad" acerca de Dios como su Padre.

6. Continúe practicando el descartar las mentiras que usted ha creído acerca de usted mismo como se le ha instruido en el artículo "Creando una Identidad Cristiana." Use uno de los métodos en #4 y #5.

7. Mantenga un diario de REED (vea semana # 6: Controlando Nuestras Emociones). Anote siempre la fecha y circunstancia que causó el sentimiento negativo. Trate de encontrar algún factor que recurre. Siempre desarrolle "REED" punto por punto hasta incluir los pasos "evalúe" y "decida". De otra manera será un alivio incompleto. Anote las mentiras que usted ha creído y la verdad del punto de vista de Dios.

8. Haga de la adoración parte de su estilo de vida. Ore a Dios Su Palabra. Cante canciones de alabanza y de adoración a Dios. Practique "hacer" los Salmos en lugar de meramente repetirlos. Cante con la ayuda de música de adoración. Así enfoque en Dios en lugar de su circunstancia o su propia persona. Hable a Dios como a un amigo íntimo.

9. Lea libros cristianos y escuche material grabado que reforzarán la verdad aprendida en este libro. Vea la lista de lecturas sugeridas (9.26) a ver si encuentra traducciones. Enfoque en su punto débil – necesita repetición de la verdad para contrarrestar toda una vida de mentiras.

10. Busque a otros creyentes que están tratando de conocer a Dios y crecer en su nueva identidad. Es muy crítico que mantenga contacto y relación con la gente en el Cuerpo de Cristo. Ellos van a orar por usted y van a animarlo en su fe. Encararse solo a su enemigo triple es bastante difícil.

11. Recuerde, su meta es conocer a Dios por experiencia en medio de sus problemas y dejar que Dios le transforme a la imagen de Cristo. "Buscar primeramente el Reino de Dios y Su justicia" comienza con aceptar el amor incondicional de Dios. Haga un hábito de recibir el amor de Dios varias veces cada día. No es esto un minuto de oración sino, como Él dice, "Estad quietos y conoced que yo soy Dios" y reciba Su amor por fe.

12. Comparta con otros lo que Dios le está enseñando y haciendo en su vida. Dando a otros va a reforzar la verdad en su propia vida.

13. Cada día exprese verbalmente el rendir sus derechos y expectativas a Dios. Confíe que Él va a proveer lo mejor que hay al momento exacto.

14. Practique haciendo dos preguntas a Dios y a usted mismo: ¿Qué está haciendo Dios en mi vida? ¿Qué quiere que yo haga? Mantenga la certidumbre que Dios va a hablarle por Su Palabra y por Su Espíritu que mora en usted. No tenemos que vivir en continua confusión y esclavitud. Si usted tiene dificultad en discernir las respuestas a estas dos preguntas, hable a un hermano maduro que usted respeta. Nadie entiende a Dios perfectamente todo el tiempo. Por esto necesitamos mantener nuestro vínculo al Cuerpo de Cristo – Su Iglesia.

15. Repase el material de estas lecciones que tienen que ver con sus necesidades particulares.

Recuerde, esto es un proceso del resto de su vida.

9.22

©1998, 2001, 2005, Sé Transformado 2005, Scope Ministries International, Inc.

Una Vida Transformada – Lección Nueve

Nombre _____ Fecha _____

Responda a las siguientes preguntas. Para entregar la página a un líder de grupo utilice páginas perforadas al final del libro.

1. ¿Cuál ha sido lo más significativo que Dios le ha revelado durante este estudio de nueve semanas?

2. ¿Cómo ha comenzado a cambiar su vida esta verdad?

3. ¿Cómo ha usado Dios a su Grupo de Descubrimiento durante estos estudios?

4. ¿Cuál es una área en su vida en la cual usted quiere experimentar transformación?

5. Marque el gráfico para indicar la cantidad de tareas que ha completado esta semana.

50%	100%

Escriba lo que Pide al Señor en oración:

_____

_____

_____

_____

_____

_____

_____

_____

_____

_____

_____

_____

_____

_____

_____

_____

_____

_____

_____

_____

Lecturas Sugeridas

Versión en Ingles • Con Fuentes de Traducción Cuando las Hay

Creencias/Renovando la Mente

"A Study of the Mind", folleto - Preston y Anabel Gillham.

"Changing your Thought Patterns", folleto - George Sánchez

"Fiddling with the Fleece, Discovering the Will of God", folleto. Jim Craddock

Sidetracked in the Wilderness - Michael Wells

Pida versión en español de: www.abidinglight.org o de Abiding Life Press, P.O.Box 620998, Littleton, CO 80162

Search for Significance - Robert McGee

Search for Freedom - Robert McGee

"Sufficiency of Scripture", folleto – Jim Craddock

"The Hidden Heresy, The Problem of Syncretism in the Church", folleto – Jim Craddock

Las Buenas Nuevas/El Perdon de Dios

"A treasured Possession, God's Unconditional Forgiveness" – Folleto. Jim Craddock

"Forgiven Forever", folleto – Bob George

The Gift of Forgiveness – Charles Stanley

Viéndose a sí mismo como Dios lo ve

Classic Christianity – Bob George

Cristianismo Clásico: www.realswers.net y vaya al link On-Line-Store Los Libros en Español – O Escriba a: People To People, Valley View Lane, Sutie 200, Dallas, TX 75234

Jesús Loves me – Herbert L. Roush.

Jesús me Ama: www.Jesuslovesme.org o sino escriba a: Jesus Loves Me Ministry, RD#3, Box 200 Clover Lane, New Castle, PA 16105, Telefono 1-724-658-5180, e-mail: info@jesuslovesme.org

Lifetime Guarantee – Bill Gillham

Living Free in Christ – Neil Anderson

Seeing Yourself Through God's Eyes – June Hunt

Conociendo a Dios como Padre

Let God Love You – Malcolm Smith

"Padre Cuidadoso" ("FatherCare"), folleto. Jim Craddock (Escriba a Scope)

The Father Heart of God –Floyd McClung

The Healing Heart of God - Malcolm Smith

The Singing God – Sam Storms

What is the Father Like? – W. Phillip Keller

Your Parents and You – McGee, Springle & Craddock

Emociones/Culpa, Ira, Perdón

"Agony & Ecstasy, God's Answer to Man's Anxiety", folleto. Jim Craddock

"Anger, Fear in Disguise," Folleto – Bob George

"Finding Meaning in a World of Madness, A Many Colored Miracle", folleto. Jim Craddock

Foregiveness - Malcolm Smith

Fredom of Forgiveness – David Augsburger

Healing for Damaged Emotions – David Seamands

Search for Peace – Robert McGee

Where is God When it Hurts? – Philip Yancey

La Máquina del Desempeño/ La vida Llena del Espíritu

"Becoming a Candidate for a Miracle, Discovering the Catalyst for a Transformed Life" previously entitled "Touched by the Spirit", folleto. Jim Craddock

Growing in Grace – Bob George

Grace Walk - Steve McVey

Caminando Bajo Su Gracia: www.gracewalk.org o escriba a: Grace Walk Ministries, PO Box 725368, Atlanta, GA 31139-9368, Telefono 1-800-472-2311

Grace Works – Dudley Hall

"Living on the Cutting Edge of the Transformed Life", folleto. Jim Craddock

The Promise – Tony Evans

The Secret to the Christian Life – Gene Edwards

Transforming Grace – Jery Bridges

Tired of Trying to Measure Up – Jeff VanVonderen

Este libro de tareas y algunos de los recursos anteriormente mencionados estan disponibles en el Centro de Recursos de Scope (Scope Resource Center):

700 NE 63rd, Oklahoma City, OK 73105 (405) 843-7778 www.scopeministries.org

(Estos libros se mencionan como un servicio de Scope. Estos son recursos para ser usados en conjunto con el ministerio de guía Bíblica personal o en el programa de capacitación. La incorporación de estos libros no implica que Scope esté de acuerdo con todo el contenido de estos libros. Las pocas traducciones en castellano están mencionadas.)

Naturaleza del Hombre

Apéndice A - Lección 3

Terminología abreviada

Estos términos son definidos como los usa y entiende Scope:

1. Vieja naturaleza (viejo hombre)

Es el viejo linaje del hombre caído que ha sido condenado debido al pecado que viene desde Adán. Es la identidad con que cada descendiente de Adán ha nacido. (Romanos 5)

2. Nueva naturaleza (nuevo hombre)

Es el espíritu regenerado del creyente. Es el espíritu humano hecho vivo por, y unido al Espíritu Santo que ahora mora en él. El nuevo hombre es la vida de Cristo dentro del hombre regenerado.

3. Carne o carnal (vida propia)

Una condición o tendencia del hombre de obrar por sus propias fuerzas y/o por razones centradas en sí mismo. En un inconverso es el método natural de desenvolverse, esto es, sólo por medio del cuerpo y el alma. En el cristiano es la inclinación egoísta a actuar como si fuera sólo cuerpo y alma.

La carne puede ser descrita como "Mi demanda a ejercer mi derecho de ser yo mismo."

4. Pecado

La decepción que la realización propia (las necesidades pueden ser suplidas aparte de Dios), significado y propósito en la vida pueden ser experimentados aparte de Dios. En el cristiano es ese principio impío que habita dentro de él, pero que está separado del nuevo hombre porque el nuevo hombre es la vida misma de Cristo viviendo dentro del creyente y el pecado no puede ser parte de Cristo.

5. Pecados

Actos contrarios a la voluntad de Dios. Acciones del hombre las cuales "no alcanzan" a revelar la gloria de Dios. "Pecar" es aquello que resulta cuando el "pecado" es obedecido o consumado.

Acerca del Ministerio de Scope Ministries International

Scope Ministries International es un ministerio de cristianos profundamente dedicados al Señor que desean ayudar al Pueblo de Dios a descubrir y experimentar su potencial completo en Cristo. Desde 1973 *Scope* ha sido el laboratorio en el cual ha sido desarrollada la Verdad Bíblica en conceptos transferibles que han probado ser increíblemente efectivos en tratar con los eventos de la vida y los problemas humanos. Desde este crisol de experiencia humana, el *Scope* ha desarrollado un modelo estratégico que está tocando miles de vidas en este país y en países extranjeros.

Desde 1973 la meta de *Scope* ha sido servir al Cuerpo de Cristo, ministrando y equipando a los Cristianos para ser eficaces en satisfacer las necesidades de la gente doliente. *Scope* ministra a las necesidades emocionales, relacionales y espirituales de la gente, usando la Palabra de Dios y dependiendo del Espíritu Santo. Cada concepto ha sido aplicado a las situaciones de la vida real.

Scope es único porque está enfocado más bien en las soluciones que en las terapias, en las causas, no en los síntomas, en el potencial de una persona, no en sus problemas, en la transformación de una persona, no en informarla. Sea por medio de consejería matrimonial, individual o consejería en momentos de crisis, literalmente miles de personas que han buscado la ayuda de *Scope*, han experimentado vidas cambiadas.

Por muchos años, nuestro ministerio principal fue por medio de instrucción individual. Sin embargo, para satisfacer una demanda creciente de los servicios de *Scope*, fue desarrollado un nuevo medio para ministrar, llamado Grupo de Descubrimiento. La estrategia del Grupo de Descubrimiento es envolver a todos los que llegan a *Scope* en un pequeño grupo de estudio intensivo donde nuestros conceptos son aplicados a las necesidades y a los problemas personales. El éxito del Grupo de Descubrimiento le ha permitido a *Scope* incrementar grandemente el número de personas que son ayudadas.

Desafortunadamente, mientras que nuestra sociedad contemporánea produce una montaña de dolor y necesidad humana, no tiene nada con lo cual dirigirse a los problemas básicos del hombre. La única respuesta real, es entrenar un ejército de hombres y mujeres de Dios para tomar el reto. Ya que el único ejército disponible hoy es la Iglesia, la estrategia del ministerio de *Scope* es entrenar y equipar los laicos y los líderes de la iglesia, para dirigir los Grupos de Descubrimiento y para instruir Bíblicamente.

Somos *Scope Ministries International*, constreñidos por el llamado de Dios para demostrar la suficiencia de Cristo y de Su Palabra. Compartimos la vida de Cristo alrededor del mundo por medio de la investigación comprensiva, por medio del entrenamiento y de la instrucción personal eficaz. ¡Somos siervos suyos!

Oportunidades de Entrenamiento para Consejería Bíblica

Scope Ministries Internacional es un ministerio que equipa a la gente para hacer instrucción personal y discipulado Bíblico eficaz. Hemos invertido miles de horas en la investigación, observación y experiencia práctica en el desarrollo de un modelo de ministerio llamado Neumanética. Este curso de trece semanas es nuestro primer nivel de entrenamiento, ofrecido en las mañanas y en las tardes en *Scope* y por medio de correspondencia. Neumanética es un prerequisito para todas las otras clases de *Scope*.

Testimonios de los Miembros de la Clase de Neumanética:

"Yo he crecido desde que empecé esta clase, y he estado mucho más familiarizado con la Palabra en catorce semanas que en el entrenamiento del seminario por tres años y medio".

"La Neumanética me han mostrado la verdad sobre Dios y sobre mí mismo. He aprendido en esta clase lo que debería haber aprendido cuando fui salvo. Ahora le muestro a otros la verdad... les muestro a Jesús y Su naturaleza y realmente les hablo acerca del Espíritu Santo".

"Yo he sido bendecido realmente. Yo pensaba que sabía algunas cosas. Encontré que solamente las sabía intelectualmente, pero Dios las ha estado poniendo en mi corazón. Mi relación con Dios ha mejorado dramáticamente junto con mi matrimonio y mi relación con mis hijos.

Clases de guía personal bíblica y asuntos relacionados se llevan a cabo a través del año en *Scope*. El año de entrenamiento está dividido en tres semestres: otoño, primavera y verano. Las clases son ofrecidas al público para servir como un recurso para equipar a cristianos para que puedan encarar los problemas de sus vidas y para ministrar a otros. Los principios enseñados tienen una perspectiva bíblica acerca de las raíces y las soluciones a esos problemas.

Otras Clases que se Ofrecen:

- **Neumanética para Adultos Jóvenes** - esta clase se sugiere para los estudiantes de Secundaria
- **El Carácter y la Habilidad de un Consejero** - un estudio de dos Semestres, necesario para el proceso de consejería
- **Bosquejo del Antiguo Testamento** - enfatiza la aplicación de la Biblia para los temas de consejería
- **Bosquejo del Nuevo Testamento** - enfatiza la aplicación de la Biblia para los temas de consejería
- **Métodos de Estudio Bíblico** - capacita a los estudiantes para interpretar la Escritura correctamente y para aplicarla a las situaciones de la vida
- **Habilitando Grupos pequeños** - prepara a los estudiantes para dirigir el Grupo de Descubrimiento "Sé Transformado"
- **Evangelismo y Discipulado** - lo aplica al proceso de guía personal
- **Administración de tu Dinero** - enseña lo que dice la Biblia sobre el dinero y da pautas prácticas
- **Guía Matrimonial** - enseña las bases del matrimonio Bíblico
- **Gracia** - enseña el concepto Bíblico de la gracia y como se aplica a todas las áreas de la vida
- **Los Cristianos y el Sufrimiento** - pasajes de estudio Bíblico y ejemplos del sufrimiento

Programa de Entrenamiento de Scope por Dos Años

El programa de entrenamiento de *Scope* por dos años es una oportunidad para los cristianos que desean tener un ministerio de guía bíblica. Este programa se requiere para todos en el ministerio de guía personal bíblica de *Scope*. También está abierto a los laicos y a los obreros cristianos que desean ser equipados en estos principios y habilidades.

El programa requiere la asistencia a clases de dieciocho horas por semana, a las sesiones con el personal y con el supervisor, y un tiempo de práctica. Provee un plan de estudio completo de cursos de guía personal bíblica y teología, junto con supervisión personalizada y práctica en casos de guía personal bíblica actual progresiva. Los requisitos del programa son vigorosos, incluyendo ocho a diez horas de estudio personal por semana en adición a las dieciocho horas que se pasan en la oficina de *Scope*.

La investigación Bíblica es una parte continua del proceso de entrenamiento. Se requiere para la graduación el completar un reportaje de investigación relacionado a este ministerio. Esta investigación es presentada al Panel de Revisión del personal de *Scope*. Los graduados del programa de entrenamiento reciben un certificado por haber completado el programa.

El año de entrenamiento en *Scope* se divide en tres semestres: otoño, primavera y verano. Se puede entrar al programa al principio de cualquiera de estas sesiones. Se requiere una solicitud para entrar al programa.

Internado de Corto Tiempo:

El programa de internado de corto tiempo funciona usualmente durante el verano. Es una oportunidad de entrenamiento para los cristianos que están considerando un ministerio en guía personal bíblica y sirve también como una oportunidad de entrenamiento en dicho ministerio para aquellos que ya están envueltos en el ministerio de discipulado.

Algunas de las preguntas que se plantean son las siguientes:

- ¿Se dirige realmente la Biblia a los problemas que enfrentamos en la vida de hoy ?

- ¿Cómo cambio los hábitos?

- Si soy una nueva criatura, ¿Por qué todavía estoy pecando?

- ¿Cómo trato a las emociones desde una perspectiva Bíblica ?

- ¿Tiene algo que decir la Biblia sobre las penurias en mi vida?

- ¿Cómo puedo tener una relación significativa con Dios y con otros ?

El programa de internado requiere 24 horas de asistencia y provee un plan de estudio que cubre los principios y las habilidades básicas de guía personal bíblica. La asistencia a la clase, supervisión personalizada, interacción con guías experimentados, observaciones del proceso, estudio independiente y las sesiones con el personal son incluidas en el horario semanal.

Para más información sobre estas y otras oportunidades, y sobre los horarios de clases del *Scope* por favor diríjase a:

Scope Ministries International
700 NE 63rd Street
Oklahoma City, OK 73105-6487 USA
405.843.7778
training@scopeministries.org
o vea nuestra página web
www.scopeministries.org

Guía del Grupo de Descubrimiento

1. Horario

Se hará el esfuerzo necesario para comenzar y terminar a la hora. Será mucho mejor que llegue a la hora indicada

2. Confidencialidad

Todos necesitamos sentirnos libres de expresarnos abiertamente, sin temor de ser expuestos más adelante, aun por miembros de nuestro propio grupo, por tanto nada de lo que se haya dicho en el grupo sale del grupo. Cuando ustedes intercambien sus experiencias con un amigo o cónyuge, comparta solo lo que usted aprendió o lo que lo edificó. No comparta experiencias de nadie, sólo las suyas. No mencione ningún nombre, descripciones u ocupaciones de miembros del grupo con gente ajena al grupo. Durante la semana, no discuta otros miembros del grupo aun entre ustedes.

3. Comunicación unos con otros

- No trate de "solucionar el problema" de otra persona.
- Utilice frases con "Yo" en vez de "tu" o "usted"
- Practique Efesios 4:29; "Ninguna palabra torpe salga de vuestra boca, sino la que sea buena para edificación, para que dé gracia á los oyentes."

4. Participación

Esto hace que sus momentos con su grupo sean más provechosos para usted y para los que comparten sus ideas, experiencias y sentimientos. Nos beneficiaremos unos a otros, así que no deje de expresarse. Sin embrago teniendo en cuenta Santiago 5:16 (Confesaos vuestras faltas unos á otros, y rogad los unos por los otros, para que seáis sanos), comparta sólo sus propios pecados o debilidades, no los de otros.

5. Asistencia

La asistencia de cada miembro es importante. Su ausencia afecta la dinámica del grupo, por tanto dé prioridad a las reuniones del grupo. Si no puede asistir, llame e informe al líder del grupo su ausencia antes de la reunión.

6. Tareas

Las tareas diarias tienen como objetivo ayudarlo a interactuar con Dios cada día en asuntos que tienen que ver con sus necesidades y problemas individuales. El cambio y los remedios a nuestros problemas solo son posibles cuando permitimos que Dios entre en nuestra vida diaria. Cada tarea requiere normalmente de 20 a 30 minutos de su tiempo.

Convenio del Grupo de Descubrimiento

Para fomentar un alto nivel de confianza, amor y franqueza en mi grupo de investigación, Yo _____ convengo con los otros miembros de mi grupo a hacer lo siguiente:

- Daré prioridad para asistir a las reuniones de grupo que hayan sido coordinadas previamente. Escogeré a este grupo primero cuando tenga que tomar decisiones referentes a mis prioridades y mi tiempo

- Comprometeré mi tiempo en cada semana para terminar las tareas asignadas antes de las sesiones de grupo.

- Mantendré la confidencialidad de toda la información que el grupo me confía. No compartiré asuntos del grupo con nadie fuera de este o mencionaré dicha información dentro de una oración de grupo. Entiendo que romper la confidencialidad del grupo puede traer como consecuencia mi separación de éste.

- Apoyaré a los otros miembros del grupo en sus deseos de crecer emocionalmente y espiritualmente motivándolos a evaluar honestamente sus creencias y conducta.

- Seré honesto con mis sentimientos y emociones al participar en el grupo.

- Seré paciente con otros miembros del grupo así como permitimos a Dios obrar en la vida de cada uno de nosotros. Trataré de no dar consejo o presionar a otros miembros del grupo a hacer lo que yo pienso que pueda ser lo mejor para ellos.

- Informaré a mi líder de grupo de cualquier problema emocional o físico que pudiese surgir y prohibir mi participación en el grupo.

Firma: _____ Fecha: _____

_____   _____

_____   _____

_____   _____

_____   _____

Nos Gustaría Escuchar de Usted

Estamos muy interesados en escuchar como ha usado el Espíritu de Dios este material para cambiar su vida. Tenga la amabilidad de usar esta página para escribirnos una nota. Envié por correo su testimonio a la siguiente dirección: *Scope Ministries International* • 700 NE 63rd Street • Oklahoma City, OK • 73105-6487 • USA o por e-mail a la siguiente dirección: info@scopeministries.org.

Descubriendo la Raíz de nuestros Problemas – Lección Uno

Nombre _____ Fecha _____

1. Describa brevemente de "Día Uno" el problema con que esta luchando

2. ¿Cuales son algunas de sus creencias relacionadas a esa área en que usted tiene una lucha permanente?

3. ¿Cómo lo afectan estas creencias (emocionalmente, en sus relaciones interpersonales, en su conducta)?

4. ¿Qué es lo que Dios le ha mostrado en la lección de esta semana?

5. ¿Con qué frecuencia busca en la Palabra de Dios soluciones o respuestas a sus problemas?
   __ Nunca   __Rara vez   __ Frecuente   __ Muy frecuente   __ Siempre

6. ¿Qué preguntas tiene acerca de las tareas de esta semana?

7. Marque el gráfico para indicar la cantidad de tareas que ha completado esta semana.

	50%	100%

Escriba lo que le pide al Señor en oración:

Entendiendo las Buenas Nuevas – Lección Dos

Nombre _____ Fecha _____

1. ¿Qué entendía respecto a la salvación antes de esta lección?

2. ¿Cuales son los conceptos nuevos que ha obtenido de las "buenas nuevas" en esta lección?

3. ¿Cuándo fue que creyó usted personalmente en las "buenas nuevas" y recibió la vida eterna?

4. ¿Hay algo que haya hecho usted y que crea que Dios no le ha perdonado? Si es así, ¿qué es?

5. ¿Cuán confiado está de la presencia de Dios en su vida diaria?

6. ¿Qué creencias equivocadas ha identificado usted en la Lección de esta semana?

7. Marque el gráfico para indicar la cantidad de tareas que ha completado esta semana.

50%	100%

Anote sus pedidos de oración:

_____

_____

_____

_____

_____

_____

_____

_____

_____

_____

_____

_____

_____

_____

_____

_____

_____

_____

_____

_____

_____

Viéndonos como Dios nos Ve – Lección Tres

Nombre _____ Fecha _____

1. De acuerdo a lo que ha aprendido acerca de la naturaleza del hombre, ¿Qué ha cambiado en usted al llegar a ser salvo?

2. ¿Cómo es que el entender que tiene una nueva naturaleza le da confianza respecto a su salvación y su crecimiento espiritual?

3. ¿Cuales creencias equivocadas en su vida debe de dejar de lado?

4. ¿Cómo cree que su nueva identidad y confianza en el Espíritu Santo afectaría su manera de responder a sus problemas presentes?

5. ¿Qué preguntas tiene usted concerniente a la naturaleza del hombre y a su nueva identidad?

6. Marque el gráfico para indicar la cantidad de tareas que ha completado esta semana.

	50%	100%

Anote sus pedidos de oración:

_____

_____

_____

_____

_____

_____

_____

_____

_____

_____

_____

_____

_____

_____

_____

_____

_____

_____

_____

Llegando a Conocer a Nuestro Padre Celestial – Lección Cuatro

Nombre _____ Fecha _____

1. ¿Qué Creencias equivocadas acerca de Dios como Padre reconoció a través de esta lección?

2. ¿Cómo afectaría su vida el conocer y relacionarse a Dios como su Padre (en sus emociones, relaciones, conducta)?

3. ¿Cómo afectaría su vida el relacionarse a Dios como un Padre perfecto y cuyo amor no lleva condiciones?

4. ¿Cuál de las tareas de esta semana fue la más significativa para usted?

5. ¿Qué características de Dios necesitan reforzarse en su vida?

6. Marque el gráfico para indicar la cantidad de tareas que ha completado esta semana.

50%	100%

Escriba lo que le pide al Señor en oración:

_____

_____

_____

_____

_____

_____

_____

_____

_____

_____

_____

_____

_____

_____

_____

_____

_____

_____

_____

_____

Viviendo por el Espíritu – Lección Cinco

Nombre _____ Fecha _____

1. ¿Qué lo alentó más en el estudio de esta semana acerca del Espíritu Santo?

2. Haga una lista de algunos temores o preocupaciones que tenga respecto de rendir el control de su vida al Espíritu Santo.

3. ¿Qué es lo que siente que prevendrá que Dios le llene con Su Espíritu?

4. ¿Cómo afectaría su vida y sus actuales luchas el vivir por el Espíritu?

5. Marque el gráfico para indicar la cantidad de tareas que ha completado esta semana.

50%		100%

Escriba lo que le pide al Señor en oración:

_____

_____

_____

_____

_____

_____

_____

_____

_____

_____

_____

_____

_____

_____

_____

_____

_____

_____

_____

_____

Las Emociones que nos Controlan – Lección Seis

Nombre _____ Fecha _____

1. ¿Qué emociones negativas experimentó más la semana pasada? ¿Qué clase de pensamientos usualmente produjeron esta emoción?

2. ¿Qué le dicen estos pensamientos respecto de lo que está creyendo?

3. ¿Qué nuevos entendimientos o perspectivas le dio Dios cuando expresó sus sentimientos honestamente a Él?

4. ¿Cómo mejorará la práctica del método REED su relación con Dios y su calidad de vida?

5. Marque el gráfico para indicar la cantidad de tareas que ha completado esta semana.

50%	100%

Escriba lo que le pide al Señor en oración:

_____

_____

_____

_____

_____

_____

_____

_____

_____

_____

_____

_____

_____

_____

_____

_____

_____

_____

_____

_____

_____

Las Expectativas, la Ira y la Amargura – Lección Siete

Nombre _____ Fecha _____

1. ¿Qué es lo que lo ha puesto más molesto?

2. ¿Qué expectativas o derechos está usted guardándose que contribuyen a esta molestia?

3. ¿Cómo están afectando el no perdonar y el rencor su vida y relaciones personales?

4. ¿Ha perdonado a aquellos que lo han herido? Si no es así, ¿Cuáles piensa usted que son los obstáculos para perdonarlos?

5. ¿A quién Dios le condujo para que perdone por medio de esta tarea?

6. Marque el gráfico para indicar la cantidad de tareas que ha completado esta semana.

50%   100%

Escriba lo que le pide al Señor en oración:

_____

_____

_____

_____

_____

_____

_____

_____

_____

_____

_____

_____

_____

_____

_____

_____

_____

_____

_____

_____

La Máquina del Desempeño y la Culpa – Lección Ocho

Nombre _____ Fecha _____

1. ¿Cómo se hace evidente en su vida el estar viviendo en la "Máquina del Desempeño"?

2. ¿Qué leyes o normas ha tratado de vivir a fin de ganar la aceptación y aprobación de Dios? ¿Cuál ha sido el resultado de vivir por estas leyes o normas?

3. ¿Qué normas ha tratado de cumplir a fin de ganar un sentido de valor propio o de obtener la aprobación o aceptación de otros?

4. ¿Cómo ha afectado la calidad de su vida el vivir sobre la "Máquina del Desempeño"? ¿Y su relación con Dios? ¿y con otros?

5. ¿Cuál es su idea de cómo tiene que vivir la vida cristiana?

6. Marque el gráfico para indicar la cantidad de tareas que ha completado esta semana.

50%	100%

Escriba lo que le pide al Señor en oración:

_____

_____

_____

_____

_____

_____

_____

_____

_____

_____

_____

_____

_____

_____

_____

_____

_____

_____

_____

_____

_____

Una Vida Transformada – Lección Nueve

Nombre _____ Fecha _____

1. ¿Cuál ha sido lo más significativo que Dios le ha revelado durante este estudio de nueve semanas?

2. ¿Cómo ha comenzado a cambiar su vida esta verdad?

3. ¿Cómo ha usado Dios a su Grupo de Descubrimiento durante estos estudios?

4. ¿Cuál es una área en su vida en la cual usted quiere experimentar transformación?

5. Marque el gráfico para indicar la cantidad de tareas que ha completado esta semana.

50%	100%

Escriba lo que le pide al Señor en oración:

_____

_____

_____

_____

_____

_____

_____

_____

_____

_____

_____

_____

_____

_____

_____

_____

_____

_____

_____